高职高专学前教育专业系列教材

U0656429

安徽省高等学校"十三五"规划教材

幼儿园教育活动设计与指导（第二版）

主编◎倪志明

华东师范大学出版社
·上海·

图书在版编目(CIP)数据

幼儿园教育活动设计与指导/倪志明主编. —2 版.
—上海:华东师范大学出版社,2021
高职高专学前教育专业系列教材
ISBN 978 - 7 - 5760 - 1658 - 1

Ⅰ. ①幼… Ⅱ. ①倪… Ⅲ. ①幼儿园-教育活动-
教学设计-高等职业教育-教材 Ⅳ. ①G612

中国版本图书馆 CIP 数据核字(2021)第 100746 号

幼儿园教育活动设计与指导(第二版)

主 编 倪志明
责任编辑 刘 雪 余思洋
责任校对 胡 静
装帧设计 庄玉侠

出版发行 华东师范大学出版社
社 址 上海市中山北路 3663 号 邮编 200062
网 址 www.ecnupress.com.cn
电 话 021 - 60821666 行政传真 021 - 62572105
客服电话 021 - 62865537 门市(邮购)电话 021 - 62869887
地 址 上海市中山北路 3663 号华东师范大学校内先锋路口
网 店 http://hdsdcbs.tmall.com

印 刷 者 上海市崇明县裕安印刷厂
开 本 787 毫米 ×1092 毫米 1/16
印 张 15.75
字 数 350 千字
版 次 2021 年 9 月第 2 版
印 次 2024 年 8 月第 4 次
书 号 ISBN 978 - 7 - 5760 - 1658 - 1
定 价 39.00 元

出 版 人 王 焰

(如发现本版图书有印订质量问题,请寄回本社客服中心调换或电话 021 - 62865537 联系)

第二版前言

DI ER BAN QIAN YAN

幼儿园教育活动是幼儿园教育的基本活动之一,是促进幼儿身心健康发展的基本途径。设计并实施幼儿园教育活动是幼儿教师的重要工作,教育活动设计、组织与实施能力是幼儿园教师的核心工作能力。

党的二十大报告提出,我们要坚持教育优先发展,加快建设教育强国,坚持为党育人、为国育才,全面提高人才自主培养质量,办好人民满意的教育。为了适应新时代学前教育发展的要求,满足学前教育工作者的需要,我们从实际出发,对原版教材进行了修订。此次修订着重强调课程的自主适应性和操作指导性,特别重视实践实训的操作性和适用性,尤其注重引导学习者自主学习与实践,推动课程学习从课堂走向实训室和幼儿园一线,实现"教学做合一"与"课证融合"新理念。

本次修订由桐城师范高等专科学校倪志明副教授完成修改与校稿。本书在修订过程中,从相关文献和网站引用或借鉴了部分研究成果,在此向原作者表示诚挚的谢意。

限于编者学识水平和能力,本书难免有不妥与疏漏之处,恳请读者批评指正。

编者

2023 年 4 月

第一版前言

DI YI BAN QIAN YAN

幼儿园教育活动是幼儿在幼儿园的基本活动之一,是幼儿园对幼儿进行教育的基本途径,它和幼儿在园的生活活动、游戏活动一起构成了幼儿园的课程体系,在幼儿园课程中占据着重要的地位。现代幼儿教育理论认为,游戏活动是幼儿的基本活动,是幼儿在园的主导活动。同自由自主的游戏活动相比,教育活动可以被看成是在教师的引导下,幼儿自主的学习活动。通过教育活动,幼儿获取知识经验,形成技能技巧,养成行为习惯,培养基本能力,丰富情感体验,获得身心发展。因此,幼儿园教育活动是幼儿健康成长的主要助力,是幼儿园教育的基本活动。

幼儿园教育活动的设计与指导是幼儿园教师专业能力的核心指标。在《幼儿园教师专业标准》中,"教育活动的计划与实施"是幼儿园教师的四大核心能力之一,也是幼儿园教师专业化发展水平的重要指标。能够有效地设计并组织实施教育活动,是一名合格的幼儿园教师的基本要求。因此,幼儿园教育活动设计与指导这门课程是学前教育专业或幼儿教育专业的核心课程,是每位学前教育专业学习者的必修课,在学前教育专业课程体系占据中心地位。通过本门课程的学习,基本掌握幼儿园教育活动设计、组织、实施与评价的基本知识,了解幼儿园教育活动设计与指导的方式方法,形成"教育活动的计划与实施"能力,为成为合格的幼儿园教师打下坚实的基础。

本教材基于幼儿园教育活动在幼儿园课程中的中心地位,取幼儿园教育活动"狭义"之概念,将教育活动与生活保育活动、幼儿游戏活动并列,构成幼儿园课程体系的三大主要组成部分(详见本书第一章第三节)。这样就避免了将幼儿园教育活动与幼儿园课程相混淆,不至于内容重叠,从而有利于构建系统完善的学前教育专业课程体系。同时,这样也有利于学习者把握教育活动与游戏活动之间的区别,有助于学习者形成"游戏活动主导"的正确幼儿教育理念,剔除"教学活动主导"的错误幼儿教育理念,对于防止幼儿园教育"小学化"能够起到积极的促进作用。

本教材基于华东师范大学学前教育专家朱家雄教授关于幼儿园教育活动的结构化理论,构建了基本逻辑框架,将幼儿园教育活动从高结构化活动到低结构化活动分为科目教学活动、单元教学活动、主题教育活动、方案教学活动和区角活动几种。通过掌握这几种类型教育活动的设计，学习者就能够基本掌握幼儿园各种教育活动的设计，形成设计与指导的能力。这样的逻辑结构既有助于学习者系统掌握幼儿园教育活动的设计与指导，也使得本课程成为学习"五大领域"活动设计与指导的重要基础，同时也避免了与其相互冲突和相互重合，有助于学习者学习的结构化与系统化。

本教材针对专科层次的学习者，淡化了理论，强化了实践，设计编撰了九章内容。前四章是理论篇，着重介绍幼儿园教育活动设计与实施的基本理论，主要使学习者了解幼儿园教育活动的基本概念、设计的基础知识、实施的基本原则和评价的基本方法等，为具体的教育活动设计与实施奠定基础。后五章为实践篇，主要是针对从高结构化到低结构化的五种活动类型，详细介绍其设计的基本流程和方法以及该活动类型实施与指导的要点，使学习者能够掌握设计要领和方法，培养设计与计划的能力，同时给予相应的实践训练。

本教材的最大特色就是将一般性理论与具体的实践案例相结合，将知识学习与实际训练相结合，将教、学、做合一，使得学习者既能够从教材中学到理论知识，又能看到实际情况，还能够得到实践训练，从而综合提高学习者的素质和能力。为此，本教材还专门设计了"思考与练习"，要求学习者在掌握了各类型教育活动设计的一般流程与方法后，着手进行实践训练，从而将学到的知识立即应用于实践之中，缩短应用化的过程，提高实践实训的效力。

本教材由桐城师范高等专科学校倪志明副教授担任主编，负责全书的架构设计、人员组织、章节编写与校统稿工作，江苏如皋高等师范专科学校刘永华、桐城师范高等专科学校伯玲、田红艳、石凤伟老师参与有关章节的编写。具体分工如下：第一章、第二章、第四章、第七章(第二节)由桐城师范高等专科学校倪志明编写，第三章由桐城师范高等专科学校伯玲编写，第九章由江苏如皋高等师范专科学校刘永华编写，第五章、第六章由桐城师范高等专科学校田红艳编写，第七章(第一节、第三节)、第八章由桐城师范高等专科学校石凤伟编写。本教材中的部分案例由安徽省安庆市墨子巷幼儿园黄晓晴、安徽省池州市市直机关幼儿园汪栀香以及池州市妇联实验幼儿园王雪梅提供。

本教材的编写受到华东师范大学朱家雄教授的相关幼教理论启发，得到了华东师范大学出版社朱建宝先生和王瑞安女士的大力支持，同时也得到了一些同行的帮助与指导，在此表示衷心感谢！此外，在本教材编写过程中，参阅了大量同行专家的文献，采集了一些幼儿园优秀教师的教育活动案例，在此也一并表示感谢！未尽事宜请及时联系我们。

由于时间紧、任务重，加上编者学识、水平及经验有限，教材中难免存在不足、不妥与疏漏之处，恳请读者批评指正，对我们提出宝贵意见和建议。

编　者
2015 年元月

目 录
MU LU

理 论 篇

实践篇

理 论 篇

• 内容导览

第一章

幼儿园教育活动概述

本章学习目标

☞ 理解幼儿园教育活动的概念与特点

☞ 了解幼儿园教育活动的结构要素与类型

☞ 领会幼儿园教育活动与幼儿园课程之间的关系

本章内容纲要

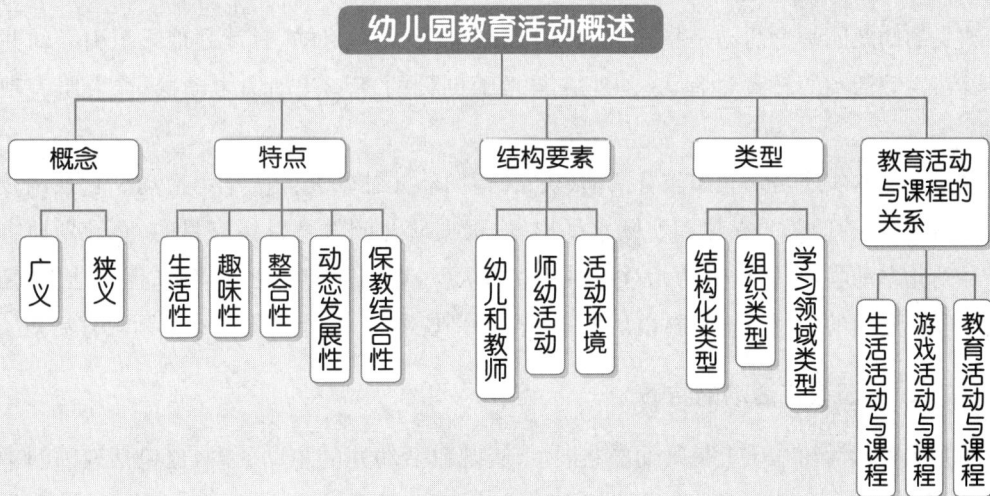

幼儿园教育活动概述

- 概念
  - 广义
  - 狭义
- 特点
  - 生活性
  - 趣味性
  - 整合性
  - 动态发展性
  - 保教结合性
- 结构要素
  - 幼儿和教师
  - 师幼活动
  - 活动环境
- 类型
  - 结构化类型
  - 组织类型
  - 学习领域类型
- 教育活动与课程的关系
  - 生活活动与课程
  - 游戏活动与课程
  - 教育活动与课程

第一节　幼儿园教育活动的概念与特点

作为幼儿园教育的基本形式和幼儿园课程实施的主要载体,幼儿园教育活动不仅能够促进幼儿的成长与发展,而且可以彰显幼儿的生命活力。华东师范大学陆有铨教授曾经说过:"幼儿园教育活动是幼儿教育的生命。"幼儿园教育活动是幼儿园教育的基本形式,是幼儿在幼儿园的一切活动的总和,它不仅促进了幼儿在幼儿园里的成长与发展,而且也彰显出幼儿的生命活力和游戏精神,是幼儿园教育的核心所在。

一、幼儿园教育活动的概念

幼儿园教育活动有广义和狭义之分。广义的幼儿园教育活动泛指幼儿在幼儿园开展的一切活动。狭义的幼儿园教育活动专指教师有目的、有计划地引导幼儿主动活动的过程。

(一) 广义的幼儿园教育活动

广义的幼儿园教育活动是指幼儿在幼儿园开展的一切活动。它包括幼儿在幼儿园里的生活活动、游戏活动和学习活动三个方面。幼儿园教育就是通过这些广泛的幼儿活动来实现的。其中,生活活动是幼儿的基础性活动,满足着幼儿的基本生理性需要,有助于培养幼儿良好的生活习惯和文明卫生习惯,是幼儿发展的基本保证;游戏活动是幼儿的主导活动,是幼儿生命活动的主体,对幼儿身心的全面发展起着关键作用;学习活动是幼儿的重要活动,对幼儿经验的获取和身心的全面发展起着重要的促进作用。这三个方面的活动实质上就是幼儿在幼儿园里全部的生命活动,也是幼儿园教育的主体。

(二) 狭义的幼儿园教育活动

狭义的幼儿园教育活动是指幼儿园教师以多种形式有目的、有计划地组织引导幼儿生动、活泼、主动活动的教育过程,是幼儿在与教师创设的环境互动中主动探索、大胆表现的过程。

这一定义的实质是幼儿园教育活动(狭义)指向幼儿在幼儿园的学习活动。它强调教师以幼儿为主体,从幼儿的兴趣和实际水平出发,根据幼儿园教育目标有目的、有计划地组织和指导幼儿主动学习,以增进幼儿对周围环境的认识,培养他们的学习兴趣,促进他们健康、活泼、主动、全面的发展。本教材以后的章节除特别说明外,均指狭义的幼儿园教育活动。

(三) 幼儿园教育活动的特质

幼儿园教育活动本质上是师幼的共同活动,既包括幼儿的主动活动,也包括教师的指导活动,其实质是幼儿在教师的指导下的主动活动,而非幼儿的自主、自在、自由活动,它包含两个方面的特质,即自主性和规范性。

1. 教育活动的自主性

《幼儿园工作规程》中明确指出："幼儿园的教育活动,是教师以多种形式有目的、有计划地引导幼儿生动、活泼、主动活动的教育过程。"蒙台梭利指出："儿童对活动的需要比对事物的需要更为强烈。"对于学前儿童来说,活动是他们学习的基本形式和存在状态。在幼儿园教育活动过程中,幼儿是整个活动的行动者、承担者、探索者和体现者。幼儿在教育活动中,理应享有选择与决定的自主权、探索与行动的自主权、表达与展示的自主权。也正是因为幼儿行使这些权利,他们在活动中通过自主性活动才能获得丰富的经验,在主动活动中发现问题并解决问题,从而获得身心发展。教师不能剥夺幼儿的活动自主权。否则,幼儿在活动中的被动表现,不仅压抑了幼儿的活动本能,无法充分展现幼儿的生命活力,而且妨碍了幼儿的主动发展,难以自觉遵守教师的活动规范,从而导致教育活动的混乱无序,影响教育活动的成效。

在幼儿园教育活动中,幼儿与教师都是教育活动中的重要因素,二者不可或缺又相互依存。在一个幼儿园教育活动中,幼儿是活动的主体,教师是活动的组织者、指导者,教师要从幼儿的兴趣和需要出发来组织活动,而不是从自己的意愿出发来组织活动。幼儿是教育活动的行动者和决策者,《幼儿园教育指导纲要(试行)》中明确提出"教师应成为幼儿学习活动的支持者、合作者、引导者",而不应成为幼儿学习活动的指挥者、干预者和监督者。幼儿在教育活动中充分自主的活动,既是幼儿生命力的本能体现,又是幼儿身心成长的关键,也是幼儿主动获取经验的过程。教师要顺应幼儿活动的兴趣和需要,引导幼儿的自主活动,激励幼儿充分活动、主动活动,让幼儿的活动本能得以充分展现,这才是教师的职责所在。

2. 教育活动的规范性

幼儿园教育活动不是幼儿完全自主、自在、自由的活动,而是在教师有目的、有计划地组织指导下的活动。这一本质特征其实也是教育的意义所在,教育活动就是教育者(教师)有目的、有计划、有组织地影响受教育者的过程。幼儿园教育活动只是人类社会多种多样教育活动中的一种形式,而且由于幼儿年幼弱小,在活动中存在着诸多障碍和困难,只有确立了教育活动的规范,在这一规范中开展活动,才能保证幼儿活动的顺利开展。

在幼儿园教育活动中,教育活动的目的、内容、方法以及活动环境等都受到一定的制约,尽管幼儿是活动的主体、活动的中心,但这并不代表教师就无足轻重,教师在教育活动中具有不可替代的作用。教师既是教育活动的设计者,也是幼儿活动的支持者与合作者,还是教育活动的协调者和评价者。教师在教育活动中的作用就是要不断顺应幼儿的活动进程,把握幼儿活动的规律,引导幼儿的活动更加深入地发展,获取更为丰富的经验和更深切的体验,从而促进幼儿身心的全面、和谐、健康发展。

3. 自主性和规范性的统一

幼儿园教育活动一方面体现出幼儿的活动自主性,另一方面又体现出教师对教育活动的规范与指导,二者在教育活动中相互依存、对立统一。如图 1-1 所示。

强调教师对教育活动的规范与指导

幼儿自主活动		教师规范活动
幼 儿	教育活动 师幼互动	教 师

强调幼儿对教育活动的自主活动

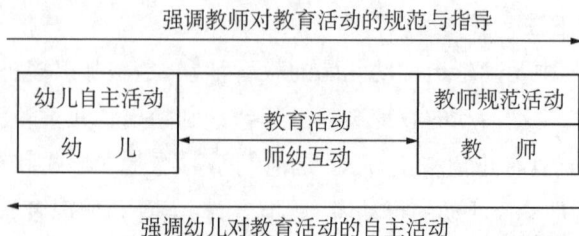

图 1-1 教育活动中师幼关系示意图

其中,幼儿作为活动的主人,决定着活动的进程、活动的方式以及活动的结果。而教师作为活动的引导者,创设适宜幼儿活动的环境,支持幼儿活动的开展,引导幼儿活动向教育目的的方向发展,调节着幼儿活动的进程,评价幼儿活动的成效等。二者之间既相互矛盾、对立统一,又相互依存、相互促进。二者之间关系的变化,体现出幼儿园教育活动的多种类型,也反映出教师的儿童观和教育观。

现代幼儿教育理念更多地遵循幼儿身心主动发展的规律,遵从幼儿的本能和需要,强调幼儿活动的自主性、积极性和创造性,让幼儿在生动活泼、自主自在的活动中自然成长,不再强调教育对幼儿的规训与教化以及教师对幼儿的控制与指挥。

二、幼儿园教育活动的特点

幼儿园教育活动与小学教育活动相比,除了教育活动共同的目的性、计划性和教师指导之外,还具有一些鲜明的特点,这些特点主要是由幼儿的身心特点和幼儿教育的特点所决定的。

(一) 生活性

教育本来就源于生活世界。只是到了近代,教育从生活世界远离,趋向于科学世界,于是教育与生活的距离越来越远。近代教育发展的这一趋向背离了教育的本质,使教育成为无源之水、无根之木。如今,教育发展重回人的生活世界。将人的培养置于生活世界之中,通过教育使人获得存在的意义,这已经成为当今世界教育思想发展的主流。在幼儿教育阶段,生活对于幼儿具有更深远的存在意义。刘晓东教授指出:"儿童脱离了自己的生活,就意味着鱼离开了自然水域而进入鱼缸,牛离开草地而进入了牛棚。"[①]因此,幼儿园教育活动要紧密地扎根于幼儿的生活之中,从幼儿的生活中来,再回归到幼儿的生活中去。

《幼儿园教育指导纲要(试行)》指出,幼儿园教育"各领域的内容要有机联系,相互渗透,注重综合性、趣味性、活动性,寓教育于生活、游戏之中"。幼儿园教育活动是幼儿园教育的基本形式,幼儿的年龄特点和身心发展需要决定了幼儿园教育活动必须立足于幼儿的现有生活,与幼儿的日常生活相联系,与幼儿的已有经验相联系。也就是说,幼儿只能在生活中学习生活,在交往中学习交往。即使是认知方面的教育活动,也要紧密结合幼儿的生活经

---

① 刘晓东. 儿童文化与儿童教育[M]. 北京:教育科学出版社,2006:258.

验,才能被幼儿理解和接受。因此,幼儿园的教育活动具有浓厚的生活化特征,教育活动目标指向幼儿的生活,为幼儿的健康生活服务;教育活动的内容来自幼儿的生活,获取的经验来自生活,归于生活;教育活动的组织与实施要贯穿于幼儿的一日生活之中。

(二) 趣味性

兴趣是最好的老师。幼儿园教育活动具有趣味性的特点,能够唤起幼儿的热情,引发幼儿的探究活动,从而促进幼儿的身心发展。幼儿园教育活动的趣味性首先表现在活动的内容和形式上,即贴近幼儿生活,选取丰富多样的活动内容,选择生动有趣的活动方式。幼儿园教育活动的趣味性还表现在教育活动环境和材料的选择上,即创设新奇多样的活动环境,提供真实自然的活动材料,促进幼儿的积极体验、大胆探索和积极创造。

要实现幼儿园教育活动的趣味性,首先,教师要从幼儿的兴趣和需要出发来开展活动,幼儿的兴趣和需要是幼儿自身的活动动力,顺应幼儿的兴趣和需要就能激发幼儿的活动本能,增强幼儿活动的乐趣,否则幼儿对活动索然无趣,教育活动就毫无生气,也不可能有效果。其次,教师还应增强教育活动的游戏性,将游戏活动与教育活动相契合,游戏性高的教育活动,其趣味性就高,幼儿就会动力十足、积极参与,活动成效显著。再次,教师要创设丰富多彩的教育环境,让幼儿在丰富的环境中活动,从而不会感到枯燥无味,并使幼儿在与丰富环境的积极互动中获得学习与发展。

(三) 整合性

所谓整合是指把不同类型、不同性质的事物组合在一起,使它们成为一个整体。幼儿园教育活动是一个系统工程,是在整合各方面的教育目标、协调各种教育资源,利用多种教育途径与方式,结合多领域教育内容,发挥多重因素影响的基础上而形成的。幼儿园教育活动的整合性实质上是其生活性的延伸,因为幼儿的生活是一体的,生活不会分成这样或那样的部分。生活反映在教育活动中,本身就是一个整体。就教育活动的目标而言,幼儿园教育活动的目标旨在促进幼儿身心的全面、和谐、健康发展,而多方面的目标又统一于幼儿的身心和谐发展的大目标上,从而构成了一个多领域、多层次整合而成的目标系统。就教育活动的内容来说,《幼儿园教育指导纲要(试行)》尽管将教育内容分为五大领域,但也明确指出幼儿园教育"各领域的内容相互渗透,从不同的角度促进幼儿情感、态度、能力、知识、技能等方面的发展"。此外,教育活动的整合性还体现在幼儿园与家庭、社区的密切合作,整合各种教育资源,从而为幼儿的健康和谐发展创造良好的环境和条件。

(四) 动态发展性

幼儿园教育活动不是静态不变的,而是不断动态变化的,是预设与生成的有机统一。英国课程专家斯腾豪斯认为,儿童的行为结果是无法预测的,教育活动目标不应以结果为中心,而要以过程为中心,教育活动和课程实施也应该是广泛的,要有动态发展性。幼儿园教育活动的动态性特征首先体现在教育目标的不断调整上,即教师需要根据幼儿的发展实际,适时调整教育活动的目标,有效促进幼儿的发展。动态性也体现在教育活动的过程中,教育活动进程不是一成不变的,而是一个适时调整、互动生成的动态过程。动态性还表现在教育活动环境的变换与更新上,即教师需根据幼儿的活动实际情况,对教育活动的环境不断地进行调整和再创设。

为此,教师在教育活动的组织实施过程中,要遵循教育活动的动态发展性,正确处理好计划与变化、预设与生成、过程与结果的关系,通过引导幼儿的自主活动,实现教育活动发展从平衡—不平衡—平衡的不断上升发展的过程。

(五)保教结合性

幼儿园教育活动与小学教育活动一个主要区别就是幼儿园教育活动不仅仅是教育活动,而且包含保育的含义,是"保教结合性"的活动。"保"是保育,它是指教师和保育员照顾幼儿的生活,维护幼儿的安全与健康。"教"是教育,它是教师按照全面发展的要求,有目的、有计划地组织幼儿开展各种教育活动,促进幼儿身心和谐发展。《幼儿园工作规程》明确指出:"幼儿园的任务是实行保育与教育相结合的原则,对幼儿实施体、智、德、美诸方面全面发展的教育,促进其身心和谐发展。"由于幼儿处于身心发展的特殊时期,其自主活动能力有限,自我保护和自我控制的能力较低,特别需要教师的关注和保护。幼儿园的保育工作不仅仅关注幼儿的生活活动,而且要贯穿渗透于幼儿一日活动的全程,在幼儿的生活活动、游戏活动和学习活动之中,都内在地包含着保育工作,也就是我们常说的"保中有教、教中有保、保教结合"。

因此,幼儿园教育活动既要关注幼儿的自主活动,也要关注幼儿在活动中的健康和安全。在幼儿园教育活动中,教师一方面要积极鼓励幼儿大胆探索、勇于行动、主动活动;另一方面还要采取有力措施,保证幼儿在自主活动中的健康与安全,促进幼儿的心理健康和社会适应。

三、幼儿园教育活动的结构要素

幼儿园教育活动作为幼儿园教育的主要组织形式,它包括以下三大核心要素。

(一)幼儿和教师

教育活动是人的活动,人是教育活动的主体,幼儿园教育活动中存在着两个方面的人的要素,即幼儿和教师。教育活动实际上就是幼儿与教师在一定的教育环境中,利用多方面资源,共同开展活动。师幼之间在活动中各自承担着一定的角色,也发生相互活动,共同推进教育活动的深入发展。

(1)幼儿是教育活动中的主体要素,是教育活动的主人,同时也是教育活动目标的出发点和落脚点。幼儿作为教育活动的中心,对教育活动的设计、组织和实施产生巨大的影响,幼儿的一切经验都会不同程度地影响教育活动。应该说,幼儿是整个教育活动的核心,左右着教育活动的一切，也是教育活动的全部归宿。因此在教育活动中，幼儿是教育活动的中心，是师幼互动的中心，同时也是教师关注的中心。

（2）教师是教育活动设计者、组织者，也是幼儿活动的指导者，还是教育活动得以顺利开展的关键要素。教师作为教育活动中积极的组织者与指导者，会影响教育活动的成效。其中，教师的教育观念会影响教育活动的设计与实施以及对待幼儿的态度；教师的教育行为将直接影响师幼活动及其进展；教师的仪表风度还会影响教师权威及师幼互动的效果。

（二）师幼活动

师幼活动是教育活动的本体，活动本身就是教育。教育活动就是幼儿与环境互动的过程。在教育活动中，幼儿开展多方面的学习活动，这是师幼活动的核心；教师有效地指导幼儿的学习活动，是教育活动的关键。二者相互依存、相互促进，共同推进教育活动的发展（参见图1-1）。

师幼活动是教育活动的本体，它同时包括活动内容和活动形式两个方面。

1. 活动内容

不存在无内容的教育活动，任何教育活动都包含着一定的教育内容。教育活动的内容主要包括情感、态度、知识经验、技能和方法等方面。幼儿通过教育活动，掌握这些内容，从而获得经验和身心发展。幼儿园教育活动的内容是广泛的，是与幼儿的生活紧密相联，是从生活中来，再到生活中去的。幼儿园教育活动的内容切忌从科学体系中来，到生活世界中去，这必然导致儿童精神世界的迷失。教育活动内容从多方面影响教育活动的组织实施：首先，内容的生活性影响教育活动的具体化和趣味性；其次，内容的适宜性影响幼儿的学习活动成效；再次，内容的多寡影响教育活动的有效性和教育质量。

2. 活动形式

内容与形式往往是不可分割的，教育活动形式是内容的载体，内容则是活动形式的实质。教育活动的组织形式多种多样，既有集体活动形式，又有小组活动形式，还有个别活动形式；既有单一的活动形式，也有整合的活动形式。教育活动形式本身无好坏优劣之分，但活动形式往往会影响教育活动的过程和活动的方法，影响师幼之间的互动效果。活动形式与活动内容以及活动环境之间的一致和顺应，就会产生整体性的作用，推进教育活动持续发展；反之，则会影响教育活动的顺利实施。

（三）活动环境

任何教育活动都是在一定的教育环境中实施的，幼儿园教育活动则是在幼儿园教育环境中组织开展的活动。实际上，幼儿活动就是幼儿主动与环境相互作用的过程，幼儿作为环境中的主体，与周围的环境、材料和教师积极互动，形成自主活动，这就是教育活动的基础。幼儿园教育活动是在幼儿与环境的互动活动基础上，通过教师的参与引导发展起来的。没有环境与材料，幼儿就没有自主活动，也就不可能产生幼儿园教育活动。环境是教育活动设计、组织与实施的重要因素：环境的丰富程度影响教育活动的多样性与丰富性；环境的适宜性影响教育活动的可行性和发展性；环境的安全性影响幼儿活动的安全性与主动性；环境的包容性影响教育活动的灵活性与创造性等。

上述三大核心要素在教育活动中的关系是既相互独立又相互依存，缺一不可的。它们统一于教育活动之中，又发挥着各自独特的作用，同时整体性地影响教育活动的开展。如图 1-2 所示。

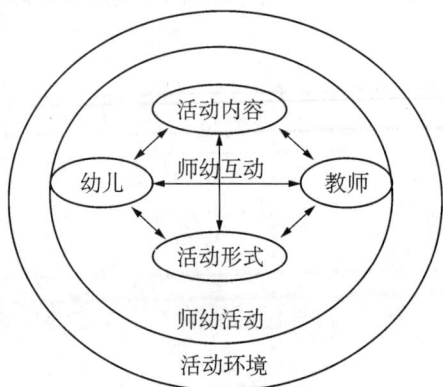

图 1-2　幼儿园教育活动结构示意图

第二节　幼儿园教育活动的类型

一、幼儿园教育活动的结构化分析

幼儿园教育活动是由多因素组成的一个系统结构，其中不同因素的变化都会带来教育活动的变化，由此产生了多种多样的教育活动，它们内容不同、形式各异，具有不同的教育价值和活动效益。华东师范大学朱家雄教授对幼儿园教育活动做过系统的结构化分析。他认为，幼儿园教育活动更多地是游戏活动和教学活动不同程度的结合，兼有游戏成分和教学成分。他还指出："每个幼儿园教育活动中所包含的'游戏活动'和'教学活动'的成分，决定着该幼儿园教育活动的性质。"[①]因此，幼儿园教育活动都可以被看作是一个"从'纯游戏活动'到'非游戏活动'（教学活动）的连续体上的某种状态"。

在从纯游戏活动到纯教学活动的连续体上，游戏活动与教学活动的不同的结合程度呈现出幼儿园教育活动不同的性质，反映出幼儿园教育活动的结构化序列。由此，幼儿园教育活动按照结构化的程度区分，可以分为"低结构化"活动、"中结构化"活动和"高结构化"活动。幼儿园教育活动从低结构化、中结构化、高结构化的不同特征，表明了教育活动是强调活动过程还是强调活动结果的不同价值取向。如图 1-3 所示。

---

① 朱家雄.幼儿园教育活动设计与实施[M].北京：高等教育出版社，2008：9—12.

幼儿的自然发展，让
幼儿获得一般能力

幼儿完成教师预定的教学任务，
让幼儿获得学业知识和技能

●————————●————————●————————●————————●

纯游戏　低结构化活动　中结构化活动　高结构化活动　　纯教学

◀————————————————
对活动过程的强调
对活动结果的强调
————————————————▶

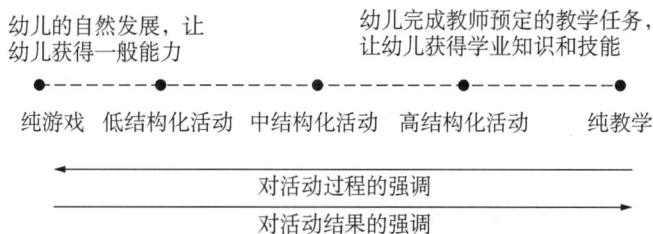

图 1-3　幼儿园教育活动的结构化程度

幼儿园教育活动的结构化程度一旦确定，幼儿园教育活动的目标主要是由谁确定，活动主要是由谁发起，活动的动机是什么，活动中教师和幼儿的角色是什么，以及活动是重过程还是重结果等问题也就一目了然了。

1. 低结构化活动

案例：低结构化活动

早晨户外活动，小、中、大班共五个班级来到操场上。操场上有固定安置的运动设施——大型多功能组合性的、单一功能的、各种可移动的运动器械——可任意组合的宽窄高低不等的平衡木、球类、拖拉玩具、轮胎、大大小小的木箱和纸板箱、投掷物、小车等。孩子们分别选择自己喜欢的项目活动起来，打破了班级的界限、场地分块的界限、活动内容的限制，教师则以定点与流动相结合的方式进行观察与指导。

这是一个低结构化的幼儿园教育活动。低结构化的教育活动的特征是：

（1）活动目标比较模糊、比较笼统，目标的表述是表现式、展开式的。

（2）活动主要是由幼儿发起，活动过程也是由幼儿决定。

（3）活动是比较自由的，幼儿有更多的机会自由选择，教师的控制是比较间接和隐蔽的。

（4）幼儿活动的动机主要来源于幼儿的需要和兴趣。

（5）活动强调过程取向，幼儿注重活动的过程，享受活动本身带来的乐趣，不太关注活动的结果；教师关注的也是幼儿的活动表现。

2. 高结构化活动

案例：高结构化活动

小班户外活动，活动内容为跨轮胎。教师将二十几个轮胎排列成多种形式，要求孩子们模仿教师学习跨轮胎。在活动过程中，教师则个别指导幼儿如何保持身体平衡，如何交替、并列使用双脚，如何使脚不落地等。最后，幼儿戴上头饰，手持小篮，跨过一条轮胎路，去"拔萝卜"。

这是一个高结构化的幼儿园教育活动。高结构化教育活动的特征是：

（1）活动目标明确，活动的内容有严密的流程。

（2）活动主题往往是教师事先预设好的，幼儿是按照预设的流程进行的，教师控制着整个活动的走向和进程。

（3）活动是由教师发起的，教师往往采用一些教育技巧引导幼儿参与活动。

（4）幼儿活动的动机主要来源于教师的奖惩。

（5）活动强调结果取向，教师强调活动的结果，评价活动成效的标准是活动结果达成目标的程度。

3. 中结构化活动

> **案例：中结构化活动**
>
> 中班户外活动，活动内容为玩轮胎。孩子们可以任意搬弄二十几个轮胎：有的滚轮胎，有的叠轮胎，有的钻轮胎，有的将轮胎排成队用来练跳跃，有的把轮胎组合搭成碉堡，有的把轮胎当成轮船等。孩子们自发地想出了十几种玩轮胎的方法，教师则顺着孩子们的玩法加以指导。

这是一个中结构化的教育活动，介于高结构化与低结构化活动之间。中结构化活动主要特征是：

（1）教育活动的目标清晰但不具体，表述多为表现性和过程性的。

（2）教育活动在一定范围内由幼儿自主活动，教师不加限定。

（3）幼儿活动的动机既源自兴趣，也受到教师的奖惩约束。

（4）活动偏向过程取向，幼儿注重活动的过程享受；但教师既关注过程，也关注结果。

二、幼儿园教育活动的结构化类型

根据幼儿园教育活动的结构化体系，结合幼儿园的教育实际，我们可以将幼儿园教育活动以结构化程度的不同作出区分，从高结构化活动、中结构化活动到低结构化活动，组成一个活动的连续体，在这个连续体上，具体的幼儿园教育活动无一例外地处于这个连续体中的一个位置。教育活动所处的位置不同，反映的教育价值取向就会不同，教育活动的目标追求、活动内容选择、活动方法的运用、活动中师幼互动方式以及活动的评价都会有所不同。如图1-4所示。

图1-4清晰地表明了各种教育活动在结构化连续体上的位置，也反映出它们的结构化程度。每种教育活动的结构化程度不同，也都具有自身独特的性质和特点，既有一定的优势和长处，也有一定的弊端和局限性。然而，幼儿园教育是一个系统工程，并不是单个教育活动的叠加，而是由各种教育活动的系统整合而成的。在设计幼儿园教育活动时，教师需要对

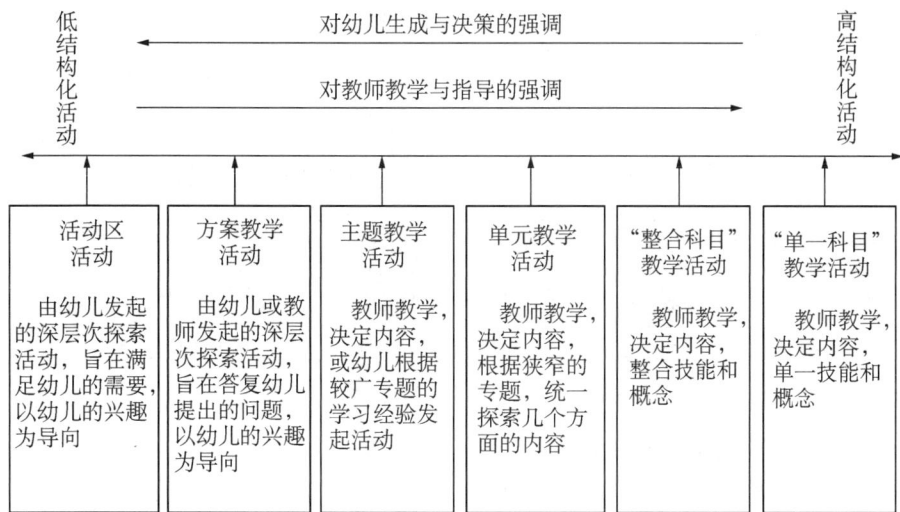

图 1-4 不同结构化程度的教育活动组成的连续体①

上述幼儿园教育活动的特点进行深入把握，针对幼儿园教育的目标和内容，采用适宜的活动加以设计，才能保证活动的适应性和有效性。

(一)"单一科目"教学活动

"单一科目"是指根据幼儿园教育的学科类别划分的各门学习科目，它往往是根据幼儿学习的不同内容来划分的，如幼儿学习的体育技能、音乐、绘画、手工制作、语言、数学、自然、科学、健康常识等科目。单一科目教学活动目标强调科目的知识与技能的获取；活动的内容是教师预设的科目知识或技能，而非幼儿自己的经验；活动过程强调教师的设计与控制，活动中的师幼互动倾向于以教师为主，幼儿围绕着教师指挥来开展活动，幼儿的自主活动空间受到教师的限制；活动的评价注重活动的结果和目标的实现。这是一种高结构化的活动类型，是分科课程思想在幼儿园教育活动中的具体化，体现了教学活动以教师为中心、以知识和技能为中心、以集体活动为中心的传统教育理念。

(二)"整合科目"教学活动

"整合科目"是指将两个及两个以上的科目有机结合到一个学习活动之中，形成一个具有多方面目标的教育活动。科目整合是基于学习活动中呈现出的多维科目知识和技能，整合科目教学活动将多方面的知识与技能统一于一个学习活动之中，从而增强了活动的效率，也有助于幼儿获取整体经验和整合的技能。如：教师将规范教育与语言教育整合于一个教育活动之中，通过幼儿对道德情境的讨论，让幼儿学习了道德的规范，同时幼儿的语言在活动中也得到发展；还可以在一个教育活动之中整合多个科目，将科学、语言、绘画和数学整合于一种动态的学习活动之中，可以同时达成多个方面的教育活动目标。尽管整合科目较之

---

① 朱家雄.幼儿园教育活动设计与实施[M].北京:高等教育出版社,2008:50.

单一科目教育活动而言,有一定的进步,它与幼儿"整体"学习方式相切合。但是,整合科目教学活动依然是一个高结构化的活动,活动同样还是注重目标的达成,强调教师的作用。整合科目教学活动是整合课程思想在幼儿园教育活动中的具体化,仍然体现着以教师为中心、以结果为导向的传统教育理念。

(三) 单元教学活动

单元教学是一种幼儿园综合性课程,由一系列的单元教学活动组成,单元教学活动是将各个学科科目的教学内容综合到一个单元"专题"之中,教师围绕着单元专题来开展一系列相关的预设的教学活动。其实,单元就是在一定时空之中具有一个活动主题的教学活动系列,单元之中的各个具体教育活动都是围绕单元专题展开的,彼此之间前后关联、相互依存,组成一个完整的教育活动单位。如"好玩的沙"这一单元活动,可以开展"沙的用处""沙漏""沙画""沙雕""沙箱设计"等一系列教育活动,这一单元活动涉及自然地理、人文社会、科学数学以及建筑、艺术等多领域的教育内容。相对于整合科目教学活动,单元教学活动具有更强的整合性,与幼儿学习方式更贴切,能够更好地联系幼儿的生活与已有的经验。但是单元教学活动还是注重幼儿在单元专题中的知识与技能的获取,注重行为目标的实现,注重活动结果而非活动过程,它是一种中高结构化的活动。

(四) 主题教学活动

主题教学活动就是在或长或短的一段时间内,围绕一个中心内容(主题)组织开展一系列的教育教学活动。主题教学活动最显著的特点是以主题(一个问题或一个事件)为中心,通过问题或事件,将学习内容整合在一起,在一定时间内,帮助幼儿获得与"主题"有关的较为完整的经验。由于主题或从幼儿的兴趣与需要出发,或从现有的材料与内容出发,或从课程的目标出发,因此,教师在单元主题活动中,对主题的形成与发展,以及主题与幼儿兴趣、需要之间关系的把握起着一定的作用。

主题教学活动也是一种综合性课程,由一系列的主题活动组成。主题活动可以是由教师确定活动目标和内容,也可以是由幼儿根据与主题相关的经验发起活动。主题教学活动是由教师发起活动还是由幼儿发起活动,会呈现出不同的性质。由教师发起的活动,其结构化程度较高,而由幼儿发起的活动,其结构化程度就较低。

总体而言,主题教学活动比单元教学活动的结构化程度低,主题教学活动中一系列主题活动既可由教师预设,也可由幼儿生成。这样就使得教育活动增加了不确定性和可变性,也使教育活动的可操作性大大降低,同时对教师的教育要求相应地也提高了。

(五) 方案教学活动

方案教学活动是指幼儿和教师一起围绕着某一主题开展的一系列持续的、深入的探究活动。方案教学活动与主题活动一样,也是围绕着某一主题展开活动的,但方案教学活动的主题大多是源于幼儿的兴趣和需要，而不是教师预设的。主题往往是幼儿在生活和幼儿园活动中生成的，围绕着主题，幼儿和教师一起讨论编制主题网络，制作主题网络程序图，一起按照主题网络图的路径开展活动。但这个主题网络也具有相当的不确定性和可变性，随着活动的深入，主题网络图会不断地发生变化，有增有减，动态调整，这使得幼儿开展方案活动时也有很强的选择性和自主性。

方案教学活动同主题教育活动一样，也是一种综合性课程。与主题活动相比，方案教学活动具有更低的结构性，活动多由幼儿发起，活动过程也是变动不居的，教师顺应着幼儿的活动进行指导，体现了过程取向的特征，能够在不同水平上适应幼儿的学习和发展。

（六）活动区活动

活动区活动也称为区域活动或区角活动，是指以幼儿的需要、兴趣为主要依据，考虑幼儿园教育的目标和正在进行的其他教育活动因素，将活动室或者教室划分一些区域，如积木区、表演区、科学区等，在其中投放一些适合的活动材料，制定活动规则，让幼儿自由选择区域，在其中通过与活动材料、同伴等的积极互动，获得个性化的学习与发展。[①] 幼儿在区角中活动主要有两种：一种是"作业"活动，一种是游戏活动。无论是"作业"还是游戏，幼儿的区角活动都具有很强的自主性和选择性，也具有不可确定性。因此，区角活动是一种松散的活动，也是一种低结构化的活动，其形式多样，多以小组活动为主，强调活动中幼儿之间的交流、合作、协商与分享。

三、幼儿园教育活动的组织类型

幼儿园教育活动除了可以依据其结构化程度来进行分类外，还可以从多个维度进行分类，产生不同的活动类型。这些类型在幼儿园教育活动的设计与实施中也具有一定的参考意义。

幼儿园教育活动根据幼儿参与活动的规模来看，可以分为集体活动、小组活动和个别活动。

（一）集体活动

集体活动是指全班幼儿在同一时间、同一空间内做基本相同的事情，是一种面向全班幼儿的集体教学活动。活动过程一般是在教师的组织和直接指导下进行。

在集体教学活动中，教师一般是按假想中幼儿的平均水平进行活动，教师根据预设的目标和内容，设计好教学的方案，根据拟定好的教学方案和步骤有条不紊地指导幼儿开展活动。因此，在集体活动时，教师如果能准确地把握幼儿的发展水平，则可以在较短时间内完成活动的要求，提高教育的效率，同时培养幼儿的集体感和纪律性。然而，幼儿的学习通常

---

① 王春燕.幼儿园课程概论［M］.北京:高等教育出版社,2010:185.

以感性活动和直接参与为主,幼儿的个别差异也是具体而实在的,集体活动很难照顾到每个幼儿的兴趣和需要,也难以让每个幼儿积极参与活动。因此,只有当学习内容满足全体幼儿的需求,且活动不需要过多的直接操作时,集体教学活动才可以发挥其最佳效果。

(二)小组活动

小组活动是指多个幼儿组成一个活动小组,一起共同开展活动。小组活动有两种不同性质的小组形式。

第一种是在集体教学中的分组教学活动形式,它看起来是小组活动,但实质还是集体教学活动。无论是同质异组还是异质异组,都只不过是采用小组的形式来进行的集体教学活动而已。

第二种是幼儿根据自己的兴趣和需要,自由地组成活动小组开展活动,这样的分组活动在方案教学和区域活动中最为常见。这是一种真正的小组活动,幼儿可以在同一时间自由选择活动内容和活动形式,活动组织和活动时间较为宽松自由。

(三)个别活动

个别活动是指幼儿或教师根据幼儿的兴趣和需要开展的个别性活动。个别活动既可以是幼儿自发自由的活动,也可以是教师有目的、有计划组织的活动。

个别活动的特点是教师可以与幼儿个别互动,这种互动既可以针对幼儿的特殊需要进行,也可以作为专门的辅导活动开展。

四、幼儿园教育活动的学习领域类型

幼儿园教育活动根据幼儿学习的不同领域,可以分为以下几种类型。

(一)语言教育活动

幼儿园的语言教育活动是指目标定向于幼儿语言发展的教育活动,是教师通过创设良好的语言环境,让幼儿在其中轻松自主地交流和表达,从而获取语言的发展,提高幼儿的思维水平。幼儿园语言教育的关键是教师创造一个自由、宽松的语言交往环境,支持、鼓励、吸引幼儿与教师、同伴或其他人交谈,体验语言交流的乐趣,学习使用适当的、礼貌的语言交往;鼓励幼儿大胆、清楚地表达自己的想法和感受,尝试说明、描述简单的事物或过程,发展语言表达能力和思维能力。因此,语言教育活动设计的核心是语言交流环境的创设与营造。

(二)健康教育活动

幼儿园健康教育活动是旨在促进幼儿身心健康和社会适应,维护幼儿身心平衡,培养幼儿文明健康行为习惯的教育活动。幼儿园健康教育活动的内容包括文明卫生教育、心理健康教育、安全教育和性教育等方面。幼儿园健康教育活动的关键是注重幼儿认知、情感和行为的三合一，从幼儿的认知和情感入手，最终形成幼儿良好的文明行为习惯。

（三）科学教育活动

科学教育活动是旨在激发幼儿的好奇心和求知欲，引导幼儿对周围事物和环境进行探究，以获取对周围事物的认识和科学的常识，促进幼儿认知发展的活动。科学教育活动的关键是幼儿积极主动地探究环境，教师要把激发幼儿学科学的兴趣、情感和探究科学的欲望放在首位，让幼儿在自主探究的过程中获得有关周围事物及现象的科学认识，从而形成初步的科学素养。正如《幼儿园教育指导纲要（试行）》所言："幼儿的科学教育是科学启蒙教育，重在激发幼儿的认识兴趣和探究欲望。"因此，教师"要尽量创造条件让幼儿实际参加探究活动，使他们感受科学探究的过程和方法，体验发现的乐趣"，还要"为幼儿的探究活动创造宽松的环境，让每个幼儿都有机会参与尝试，支持、鼓励他们大胆提出问题，发表不同意见，学会尊重别人的观点和经验"。

（四）数学教育活动

数学教育活动是指："旨在通过为幼儿提供有计划的与数、量、形、时间和空间有关的学习活动，奖励幼儿以自主的和与人合作的方式去获取有关事物之间关系的经验，主动建构数理知识，同时提高教师的教学和指导，习得一些有关的数学知识和技能。"[1]皮亚杰曾说："在相当程度上，幼儿是自己独立地、自发地发展这些（数）观念和概念的。"因此，数学教育活动的关键不是教师传授数学知识，而是"引导幼儿对周围环境中的数、量、形、时间和空间等现象产生兴趣，建构初步的数概念，并学习用简单的数学方法解决生活和游戏中某些简单的问题。"[2]因此，对于数学教育活动的设计，教师要注重创设探究性和建构性的环境，让幼儿主动探究，主动建构数学概念和数学知识。

（五）社会教育活动

社会教育活动是指旨在通过提供有目的、有计划的社会生活活动，让幼儿在活动中相互学习、相互交往、共同合作，让幼儿获取社会生活的经验，促进他们自我意识的形成，发展他们的交往与合作能力，增进他们对社会和世界的认识。社会教育活动是幼儿园发展幼儿的社会性品质、促进幼儿社会化的一条重要途径。幼儿通过社会教育活动，不断增强对社会生活的认识，掌握社会生活和社会行为的规范，形成良好的社会性品质，为幼儿适应社会生活奠定基础。社会教育活动设计的关键在于引导幼儿参加各种集体活动，在人际活动中学习，同时加强与家庭和社区的合作来开展活动。

（六）艺术教育活动

艺术教育活动是指幼儿园组织开展丰富多彩的艺术活动，引导幼儿在艺术活动中感受

---

① 朱家雄.幼儿园教育活动设计与实施[M].北京：高等教育出版社，2008：115.
② 教育部基础教育司.幼儿园教育指导纲要（试行）解读[M].南京：江苏教育出版社，2002：102.

美、表现美并创造美,不断丰富幼儿的艺术世界精神生活,形成其健康的品性,促进其和谐发展。艺术是实施美育的主要途径,幼儿园艺术教育活动的形式丰富多样,文学、音乐、绘画、欣赏、舞蹈、手工等各种方式都可以开展艺术活动。其关键在于幼儿艺术教育的目的不是仅仅让幼儿学习艺术的技巧,而是要丰富幼儿的情感世界——艺术正是幼儿情感表达的主要方式。因此,幼儿园艺术教育活动"应充分发挥艺术的情感教育功能,促进幼儿健全人格的形成。要避免仅仅重视表现技能或艺术活动的结果,而忽视幼儿在活动过程中的情感体验和态度的倾向。"[1]

(七) 体育活动

体育活动通常被看作健康教育活动的一种,这里单列出来,是因为体育活动与健康教育活动在目标、内容和方法上与健康教育活动有很大的差别,健康教育活动指向幼儿的知识与行为,而体育活动指向幼儿的身体运动与发展。体育活动是旨在促进幼儿身体发育、提高幼儿身体素质的教育活动,它着重强调通过身体运动即动作练习、体操训练、体育活动和体育游戏等方式来实现教育的目标。在幼儿园,幼儿由于活泼好动,非常喜爱体育活动,因此教师要通过开展户内外的体育活动来满足幼儿的活动需要,锻炼幼儿的身体,促进幼儿的身心健康发展。

第三节　幼儿园教育活动与幼儿园课程

一、幼儿园课程

幼儿园课程是指幼儿园旨在促进幼儿身心健康发展所提供给幼儿获得有益经验的一切活动。[2] 幼儿园课程作为幼儿园提供给幼儿的活动,它包括幼儿在幼儿园的生活活动、游戏活动,也包括幼儿在幼儿园里的运动和学习活动。幼儿园课程既有正规课程,如教师组织开展的教育活动,也有非正规课程,如幼儿自主开展的游戏活动和运动;既包括幼儿的各种自主活动,还包括幼儿园环境这种潜在的课程。因此,幼儿园课程是幼儿园教育的核心,是实现幼儿快乐生活和健康发展的关键。

一般来说,课程有三种不同的价值取向:学科取向、活动取向和经验取向。幼儿园课程在历史发展过程中也同样经历了这三种取向,从早期的学科取向课程到现代的活动取向课程和经验取向课程。在我国幼儿园课程的实践中,学科取向课程还大量存在,它是以学科知识与技能为目标,强调幼儿在课程学习中掌握学科的知识与技能,获得认知的发展。学科取向课程注重学科的知识体系,很少考虑幼儿的兴趣和需要,其实施需要教师激发幼儿的学习动机,利用各种手段引导幼儿学习学科课程的内容。因此,学科取向课程实施的教学活动往往是一种高结构化的教育活动。

活动取向课程认为幼儿园课程是为幼儿安排的活动,因此课程要注重幼儿的兴趣和需要,在幼儿的兴趣和需要的基础上组织开展活动。幼儿天生活泼好动,因此幼儿园课程要以幼儿的活动为中心组织和实施。活动取向课程强调课程实施中幼儿的自主性和主动性,注重课程实施活动的过程而不是结果。因此,活动取向的课程实施活动往往是一种中低结构化的教育活动。

经验取向课程认为,课程是为幼儿提供有益于其身心发展的经验。经验是蕴含于活动之中的,因此,经验取向课程也关注幼儿的活动,注重幼儿在活动中获取经验。但与活动取向课程的关注点不同:活动取向课程注重活动本身,关注幼儿活动的过程,不强调活动的结果;而经验取向课程更多地是关注活动中所能得到的经验,其实质是在活动结果与活动过程之间寻求一种平衡。

幼儿园课程相对于学校课程,有许多自身的特点,其最大的差别在于教育对象的差异。幼儿园课程的对象是3—6岁的幼儿,幼儿的学习依赖于其身心发展。因此幼儿园课程应该充分考虑幼儿的年龄特点和发展水平,更多采用适合于幼儿的活动形式。活动取向的幼儿园课程是一种适合于幼儿学习特点和发展水平的课程,是幼儿学习与发展的优选课程。

二、幼儿园教育活动与幼儿园课程

如前所述,幼儿园课程就是幼儿在园的各种活动,既包括幼儿在园的生活活动,也包括幼儿在园的游戏活动,还包括幼儿在园的学习活动和运动。而广义的幼儿园教育活动也是指幼儿在园的各种活动,包括幼儿在园的生活、游戏、学习等多方面的活动。因此,从广义的幼儿园教育活动来说,幼儿园教育活动就是幼儿园课程。

(一) 幼儿园生活活动与幼儿园课程

幼儿园的生活活动包括入园、餐点、盥洗、如厕、睡眠等环节,它是幼儿一日活动的重要组成部分,是完成课程目标,促进幼儿身心全面发展的基本途径之一。

良好的生活能力不但对幼儿身心健康的发展、知识的获得、能力的培养、品德的陶冶、个性的形成至关重要,而且还能在满足幼儿生活需要的同时,培养幼儿良好的生活习惯,对幼儿进行健康教育、养成教育、文明习惯教育。因此,幼儿在园的生活活动是幼儿园课程不可缺失的内容。

(1) 幼儿在园的生活活动既是幼儿的自然生活活动,也是幼儿园的一种教育活动(广义),通过幼儿园的生活活动,可实现幼儿身心的健康发展。教师应对幼儿生活中蕴含的教育价值保持敏感,关注幼儿的生活活动,抓住可利用的教育时机,挖掘幼儿生活中的教育价值,使幼儿得到全面发展。

（2）幼儿作为独立的个体进入幼儿园，面临的最大问题是独立生活，因此，生活技能的习得将决定着他们适应幼儿园生活的速度和发展情况。然而单纯的生活技能的学习对幼儿来说，可能会有些枯燥和困难，如果将幼儿园生活活动与幼儿园游戏相结合，以游戏的方式调动幼儿参与活动的兴趣，可以激发幼儿自主活动的愿望，使幼儿乐在其中。

（3）生活活动也是养成教育，而养成教育需要练习和操作。无论是生活技能的掌握还是幼儿生活习惯的形成，都是日积月累的结果，需要在真实情景中通过生活、游戏、练习等方式加以巩固。因此，教师应通过多种形式的练习和矫正，帮助幼儿将生活经验转变为生活技能，养成良好的生活习惯。

（二）幼儿园游戏活动与幼儿园课程

游戏是幼儿的主导活动，也是幼儿园的主要活动，更是幼儿园教育活动（广义）的主体。这是因为游戏是幼儿天性所在，是幼儿生命的存在方式，也是幼儿生命的基本需要。因此，幼儿园不能将游戏排除到教育活动之外，而应该在各种教育活动（广义）中，在幼儿园课程的整体之中，将游戏都置于其核心地位。

幼儿园的游戏活动是一种适应幼儿身心发展特点、满足幼儿兴趣和需要的自主自由的活动，不仅能带给幼儿巨大的身心喜悦和良好的情绪体验，而且具有重要的教育价值。游戏活动无论对幼儿的身体、心理还是幼儿的情绪情感，甚至幼儿的经验与能力都有重要的促进作用。因此，幼儿园游戏活动是幼儿园课程的核心部分，也是幼儿园课程实施的主要途径。幼儿园课程的游戏化特点是其与学校课程的根本区别，也是避免幼儿园教育"小学化"的关键所在。如果幼儿园用"上课"来代替幼儿游戏的话，幼儿园课程就会"小学化"，幼儿园课程也就不成其为幼儿园课程了。

当然，幼儿园游戏作为幼儿园课程的主要形式，并不是幼儿园课程的全部，幼儿园课程除了游戏之外，还包括幼儿园的生活活动、教育活动等。

（三）幼儿园教育活动（狭义）与幼儿园课程

狭义的幼儿园教育活动是指幼儿在教师指导下的有目的、有计划的活动。它只是一种广义的教育活动，因此，狭义的幼儿园教育活动是幼儿园课程实施的一种形式，是幼儿园课程的一个主要组成部分。

幼儿园教育活动是幼儿园课程的主要组成部分，和幼儿园生活活动、幼儿园游戏活动一起构成幼儿园课程的主体，这三种活动发挥着各自的功能和作用，各有所长，各具千秋。其中幼儿园生活活动是幼儿的基本生命活动，是幼儿身心健康成长的基础；幼儿园游戏活动是幼儿的主导活动，是幼儿生命的存在方式，也是幼儿最喜爱的活动，是幼儿园课程的核心；幼儿园教育活动是幼儿园有目的、有计划的教育活动，承担着实现幼儿身心全面发展的重任，是幼儿园教育的主导力量。构建幼儿园课程的关键，就是要把这种活动整合于幼儿园的一日活动中，合理安排三者的时间与空间关系，形成一个系统和谐的幼儿园课程体系。

思考与练习 ||||||||||||||||||||||||||||||||||||||||||||||||||||||||||||||||||||||||||||||||||||||||||||||||||||||

1. 什么是广义的幼儿园教育活动？什么是狭义的幼儿园教育活动？二者与幼儿园课程是什么关系？

2. 幼儿园教育活动与小学教学活动有什么区别？

3. 幼儿园教育活动为什么要与幼儿的生活相联系，并要体现生活性特点？

4. 幼儿园教育活动的要素有哪些？

5. 根据幼儿园教育活动结构化特征，可以将其分成哪几种类型？

第二章
幼儿园教育活动设计原理

本章学习目标

☞ 了解幼儿园教育活动设计的概念、程序和方法

☞ 理解幼儿园教育活动设计的基本原则

☞ 掌握幼儿园教育活动目标、内容、方法的基本理论与设计要领

本章内容纲要

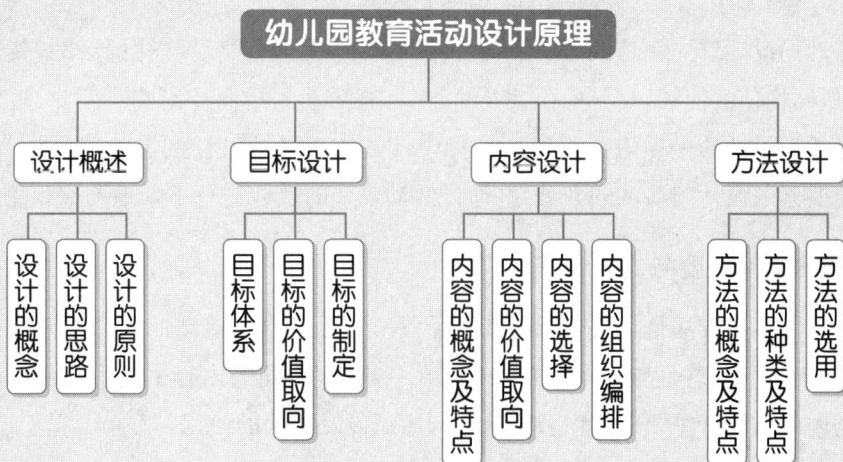

幼儿园教育活动设计原理

- 设计概述
  - 设计的概念
  - 设计的思路
  - 设计的原则
- 目标设计
  - 目标体系
  - 目标的价值取向
  - 目标的制定
- 内容设计
  - 内容的概念及特点
  - 内容的价值取向
  - 内容的选择
  - 内容的组织编排
- 方法设计
  - 方法的概念及特点
  - 方法的种类及特点
  - 方法的选用

第一节　幼儿园教育活动设计概述

一、幼儿园教育活动设计的概念

幼儿园教育活动设计，是指幼儿园教师依据一定的教育目标，选择一定的教育内容和方式，形成对幼儿实施教育影响的方案。它是幼儿园教师对教育活动的目标、内容和步骤的初步预期，也是幼儿园教师为促进幼儿发展有目的、有计划地开展的一项创造性工作。

一个好的教育活动设计，应该在先进教育理念的支持下，正确地把握和体现教育活动目标，能够满足幼儿某个或某些方面的成长需求，有着科学、完整的框架结构，并具有较强的可行性和操作性。在幼儿园的教育实践中，如何进行教育活动设计，不仅对于教育活动能否很好地开展有着重要的影响，而且也是衡量幼儿园教师教育水平的一个重要指标。

幼儿园教育活动设计总是在一定的教育教学理论基础上，通过对各种教育要素的有机组合、系统设计，形成一个有效的活动及其支持环境，让幼儿自主活动，获取有益经验及身心发展，从而达到教育活动的目标。因此，幼儿园教育活动的设计包含以下几个重要的内容。

（一）教育活动设计的指导思想

教育活动的设计是一项人为的活动，是教师有目的、有计划的工作。教师设计教育活动，就如同建筑师设计建筑一样，所不同的是建筑师所依据的是自然法则，而教师设计教育活动所依据的是社会法则，但他们的目的都是一样的，都试图使设计的结果更为有效。因此，教育活动设计总是包含着教师的教育理念，反映着教师的教育思想。

（二）教育活动目标的设计

教育活动的设计首先就是教师对活动目标的设计，无论是高结构化的活动，其目标明晰具体，还是低结构化的活动，其目标松散变动，都具有活动的指向性影响。因此，教育活动目标的设计是活动设计的一项重要内容。目标设计是整个活动设计的灵魂与统帅，左右着教育活动其他要素的设计与活动的开展，并通过活动效果的反馈进行不断地调整和完善。

（三）教育活动内容与方法设计

教育活动内容与方法是达成目标的基本手段。幼儿园教育活动的内容与方法往往是不可分割的，一定的内容总是与相应的方法联系在一起的，不同的内容采用不同的方法。幼儿园教育活动内容的设计主要包括内容的选择与组织以及方法的使用。

（四）教育活动环境的创设与资源的利用

教育活动总是在一定的教育环境中开展的，教育活动环境的创设直接影响活动的设计与活动的效率。因此,教育活动环境的创设是活动设计的应有之意。教育活动的设计与实施都会使用大量的资源,包括时间资源、空间资源、物质资源与文化资源等。教育活动设计需要对幼儿园及社区资源进行广泛开发,使之为幼儿园教育活动所利用。因为环境的创设与资源的利用会直接影响教育活动开展的成效。

二、幼儿园教育活动设计的总体思路

无论是高结构化的活动还是低结构化的活动,教育活动设计总是遵循着一定的思路来开展的。教师在设计教育活动时,总是按照一定的顺序来组织安排工作,这就是设计的程序与步骤,也就是教育活动的设计模型。如图2-1所示。

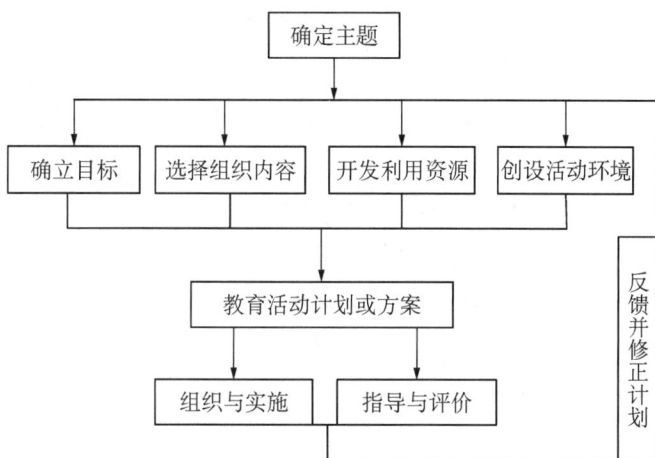

图 2-1 幼儿园教育活动的设计思路示意图

(一) 确定主题

任何教育活动都是有主题的。所谓主题,就是教育活动围绕着某一中心(主题)来展开。主题就是教育活动的灵魂与核心,也是教育活动的根本所在。无论是高结构化的活动还是低结构化的活动,其主题都是活动的中心。没有主题的教育活动只能是松散的、无序的、零碎的、无效的活动。因此,幼儿园教育活动的设计首先就是确定活动的主题。幼儿园教育活动的主题是丰富多样的,既有来自于幼儿生活的,也有来自于社会文化的,还有来自于幼儿的兴趣和需要的。但是,幼儿园教育活动的主题主要是以幼儿的生活和幼儿的兴趣为源泉。教师在明确主题时,要以幼儿的生活和兴趣为出发点,将幼儿感兴趣的事物与活动作为教育活动的主题,这样才能适应幼儿活动的需要。

幼儿园教育活动主题的产生有预设与生成这两个方面的来源,并且需要处理好它们之间的关系。

1. 预设的主题

预设的主题是指教师按照课程计划预先设置和安排的教育活动,以系统地促进幼儿的身心发展。高结构化的教育活动往往都是预设的主题。预设的主题有以下几个特点:

(1) 预设的主题具有计划性、系统性和控制性,便于教师组织和指导。

(2) 预设的主题的教育活动往往具有高结构性,有助于系统地促进幼儿的学习和发展。

(3) 预设的主题有时会脱离幼儿的需要和兴趣,远离幼儿的生活,难以适应幼儿的个性化需求。

2. 生成性主题

所谓生成性主题是指在幼儿在生活、游戏和学习的过程中自主地产生的活动主题。生成性主题有以下几个特点:

(1) 生成性主题是自发产生的,没有系统性和计划性,甚至相互之间没有联系。

(2) 生成性主题多数是幼儿自主产生的,所以是幼儿需要和感兴趣的。

(3) 生成性主题不是都具有教育活动的价值,它需要教师对其进行课程价值的评估与筛选。

3. 主题预设与生成的关系

预设的主题多数是教师根据课程计划来设置的,具有计划性、控制性和系统性,是幼儿园课程的主体。当前我国幼儿园教育活动的主题大多数是预设的。生成性主题是幼儿在教育活动或者生活游戏中自主产生的,是幼儿感兴趣的,具有个性化的特点。在幼儿园教育活动中,教师要特别关注生成性主题,因为生成性主题是幼儿自主产生的,幼儿自然会积极活动。

主题的预设与生成是相对的,有时主题也会从预设向生成发展。下面这个案例就能反映了主题从预设到生成的关系。

> **案例:从"认识雾"到"认识雪"①**
>
> 今天大班老师准备的教育活动主题是"认识雾"的活动。可是,就在活动开始的前一天晚上,一场多年不见的大雪光顾了幼儿园所在的南方城市。大雪纷纷,飘落下来堆积在马路上、园子里,晶莹剔透,雪白雪白的。雪在这座南方的城市里可谓是多年不见了,小朋友们一早起床,就非常兴奋,情绪高涨,对雪充满了好奇,产生了强烈的玩雪欲望。
>
> 老师根据天气突然发生变化的具体情况,将原来的教育活动"认识雾"主题替换成"认识雪",及时地重新安排了教育活动,让幼儿在亲密接触雪的过程中,开展多种多样的活动:堆雪人、观雪景、收集雪……让孩子们在罕见的雪天环境中感受大自然的神奇,探求大自然的奥妙,了解与雪相关的知识。
>
> 这一生成性的活动主题不仅仅满足了幼儿的好奇心和探究欲,还给幼儿园教育活动带来了丰富多彩的内容和形式,激发了幼儿学习的动力,使幼儿获得自主性的发展。

---

① 张晓辉,倪志明.幼儿园课程[M].北京:北京师范大学出版社,2012:122.

（二）确定目标

幼儿园教育活动是有目的、有计划的活动，因此活动目标是整个教育活动的统帅，是教育活动的出发点和归宿点。幼儿园教育活动目标的确定是教育活动设计的主要内容。

幼儿园教育活动目标的设计直接影响教育活动的发展方向，决定着教育活动对幼儿发展的作用。因此，教师在确立教育活动目标时，要坚持科学性、发展性、教育性、适应性的基本原则。

对于结构化程度不同的幼儿园教育活动，其目标的确定往往采取不同的路径。低结构化的教育活动，活动目标强调过程，目标比较宽泛；高结构化的教育活动，活动目标强调结果，目标比较具体。因此，教师在设计教育活动目标时，要考虑不同结构化教育活动，其目标设计采取不同的方式。如图 2-2 所示。

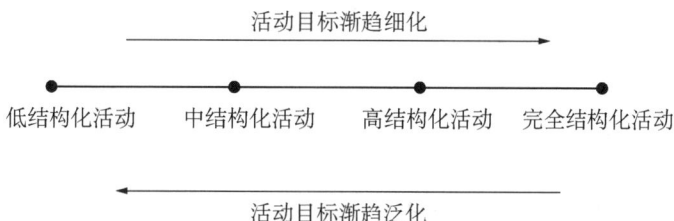

活动目标渐趋细化
→

低结构化活动　　中结构化活动　　高结构化活动　　完全结构化活动

←
活动目标渐趋泛化

图 2-2　不同结构化教育活动的目标示意图

高结构化的教育活动在确定目标时，教师采用的是预成式，即根据幼儿园课程的总目标，将之层层分解，形成具体的活动目标。

低结构化的教育活动在设置目标时，教师应心中有幼儿，并根据幼儿的兴趣和需要设置活动目标。教师应该采取先内容、后目标的过程；或先大致确定活动目标，再根据活动过程调整活动目标。这就要求教师心目中有大目标，通常表现为：教师在幼儿的即兴兴趣与需要的激发下，经过与幼儿讨论而产生的；或者是教师在活动计划时有具体的目标，但在执行的过程中不拘泥于这一目标。

（三）选择、组织内容

教育活动内容是实现教育活动目标的载体，在教育活动目标确定的基础上，教师要有针对性地选择教育内容并合理地加以组织编排，以保证教育活动目标的落实。

高结构化教育活动的内容往往比较具体、固定，由教师决定活动内容；而低结构化的教育活动是由幼儿决定活动内容，其往往是可变、泛化的。因此，在设计幼儿园教育活动内容时，教师应该根据活动的类型来选择内容并加以组织与安排。如图 2-3 所示。

在设计高结构化的幼儿园教育活动时，教师往往偏重于学科取向的教育活动内容。即教师从目标出发选择活动内容，或者是从教材出发选择活动内容，往往不大考虑幼儿的兴趣和需要。

活动内容趋向具体、固定

低结构化活动   中结构化活动   高结构化活动   完全结构化活动

活动内容趋向灵活、可变

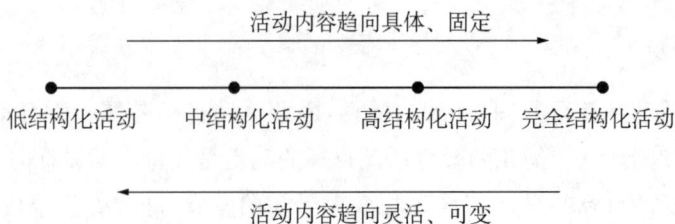

图2-3   不同结构化教育活动的内容示意图

在设计低结构化的幼儿园教育活动时，教师往往偏重于经验取向的教育活动内容。即从幼儿的兴趣入手选择活动内容，或者是从幼儿已有的经验入手选择活动内容。

（四）开发利用资源与创设活动环境

幼儿园教育活动的设计与实施离不开丰富的教育资源，活动的开展也需要在一定的教育环境之中。因此，教师在设计与指导教育活动时，需要利用各种教育资源，创设丰富的教育环境，让幼儿在丰富的活动环境中，充分利用各种资源与材料来自主活动。

幼儿园教育活动的设计与实施要充分利用各种有效的教育资源，其资源来自于多个方面：幼儿自身的资源、家庭资源、社区资源、网络资源，以及教师自身资源等。在利用这些资源时，教师应遵循适宜性、经济性、合作性等原则，综合各方面的资源为教育活动的设计与实施服务。

幼儿园教育活动环境是教育活动的根本要素，在设计与实施教育活动时，教师应创设适宜活动开展的环境，既要创设丰富的物质环境，更要创设轻松、自由、愉快的心理环境。

（五）制定教育活动的计划与方案

幼儿园教育活动设计的最终结果就是教育活动的计划或方案。尽管教育活动计划或方案不是一成不变的，在实施过程中会随着活动开展的情况而不断发生着变化，教师需要根据实际情况制定活动方案。但是教育活动设计的成果是体现在活动计划或方案上的，教育活动计划或方案是教育活动实施的主要依据。因此，教师设计的教育活动，都要形成教育活动的计划或方案。教育活动的实施实际上就是计划与方案的执行、修订与完善的过程；教育活动评价也是依据教育活动的计划与方案来确定评价的指标与衡量活动的成效的。幼儿园教育活动有着不同的性质，其活动的计划或方案也具有很大的差异。如图2-4所示。

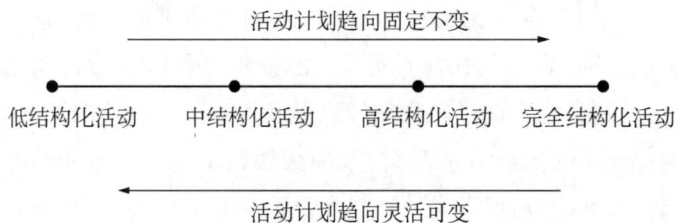

活动计划趋向固定不变

低结构化活动   中结构化活动   高结构化活动   完全结构化活动

活动计划趋向灵活可变

图2-4   不同结构化教育活动计划示意图

　　高结构化的教育活动,其计划或方案是固定不变的,灵活性很小,教师往往根据活动的计划与方案来实施教育活动,幼儿需要适应教师设计的活动步骤与环节;教师也通过多种方式调动幼儿的积极主动性来实施教育活动计划,最终衡量教育活动成效的是教育活动计划实施的效果。

　　低结构化的教育活动,其计划或方案变动不大而灵活性很大,教师往往需要根据幼儿活动的发展来修订计划,以适应幼儿的自主活动,因此幼儿在活动中具有较大的自主权;教师也要随着幼儿活动的变化而不断调整活动计划与指导以适应幼儿活动的发展,而衡量教育活动成效的不再是计划实施的效果而是幼儿在活动中的表现及收获。

(六) 教育活动的再设计

　　幼儿园教育活动设计形成教育活动的计划或方案,通过实施与评价的过程,一定会发生意想不到的变化,这是因为会受到幼儿活动的自主性和环境的变化性等因素的影响。因此在教育活动实施过程中,教师要根据实际情况,对原定的教育活动计划进行调整,对原来的方案进行修订,使之适应教育活动开展的实际情况及发展变化,这就是教育活动的再设计过程。教育活动的再设计往往是教师在对活动实施进行反思的基础上调整活动方案的过程,尽管这一过程不一定像第一次设计活动那样细致严谨,但再设计是任何一个教育活动都不可或缺的环节。教育活动的再设计是完善教育活动的过程,对于提高教育活动的成效影响深远,它既是教育活动设计的关键之所在,也是教师的教育艺术之所在。

三、幼儿园教育活动设计的原则

　　幼儿园教育活动的设计既要适应幼儿身心发展的特点,又要遵循儿童活动的规律及教育的规律,还要因地制宜地合理利用教育资源来创设环境、开展活动。因此,教育活动的设计需要教师遵循多个方面的原则,才能设计出科学、有效、适宜的教育活动,从而保证幼儿园教育活动实施的成效。

(一) 发展性原则

　　发展性原则是指在教育活动设计中,必须准确把握儿童的身心发展特点,以此为依据着眼于促进儿童在身体、心理和社会性等方面的全面发展。幼儿园教育活动不是幼儿的自由活动,也不仅仅是"玩",而是在幼儿活动中的学习活动,是趋向于促进幼儿身心发展的活动。因此,在设计幼儿园教育活动中,首先关注教育活动的目标与结果,其次关注教育活动的过程。教师设计出的教育活动是否成功有效,就是看教育活动最终对幼儿的身心发展有没有起到促进作用。

　　发展性原则包含两个方面的含义:一方面,教师设计幼儿园教育活动,要以促进幼儿的全面发展为出发点,充分考虑幼儿的年龄特征和个性特点,适应幼儿身心发展的水平。教师设计的教育活动既不能拔高要求,也不能盲目滞后。另一方面,发展性原则指向教育活动的设计要以促进幼儿的身心全面和谐发展为落脚点,将"发展"作为设计的核心理念,在教育活动设计过程中,教师应始终以幼儿为本,以幼儿的进步与成长为本,以促进幼儿的发展为第一要务,以"发展"统领教育活动的目标、内容、方式、指导与评价等各个方面的设计。

要贯彻这条原则,教师首先要确立正确的儿童观和发展观,视幼儿的发展为一个自然与文化相互作用的过程,也是幼儿积极主动与环境互动的过程,要承认幼儿的发展具有自身的规律和特点。其次,教师要将幼儿的身心发展作为教育活动设计的重要目的。幼儿园教育活动就是为了幼儿的发展而存在的,幼儿的身心发展是幼儿园教育活动的落脚点。在设计教育活动时,教师要将教育活动立足于幼儿的"最近发展区",让教育活动成为促进幼儿发展的重要力量。再次,教师还要特别关注个别差异,幼儿的身心发展具有个别差异性,同龄幼儿也差异很大,不仅表现在水平上,而且表现在类型上。因此,在设计教育活动时,教师要充分考虑教育活动的个别适应性,多采用小组活动的形式,少采用集体教学形式,适当采用个别教育形式。

(二) 幼儿主体性原则

幼儿主体性原则是指在幼儿园教育活动设计中,教育活动主体是幼儿,设计的出发点是幼儿,设计的归宿点也是幼儿,要以幼儿为中心设计教育活动。幼儿园教育活动是幼儿的自主活动,活动的主体是幼儿而不是教师,教师是活动的支持者、合作者和引导者、促进者。《幼儿园教育指导纲要(试行)》指出:"教师应成为幼儿学习活动的支持者、合作者、引导者。"因此,在设计幼儿园教育活动时,教师要将设计的关注点放在幼儿身上,而不是教育的目标或内容上;将教育活动的过程设计成为幼儿自主活动的过程,而不是教师的教学过程;将教育活动的环境创设成为适合幼儿活动的环境,而不是教师喜爱与控制的环境。

幼儿主体性原则包含三个方面的含义:其一,教育活动的设计要以幼儿为中心,将教育活动的出发点和归宿点指向幼儿,而不是其他方面(目标、内容、方式、结果);以幼儿的活动成效作为衡量活动质量的关键指标,以幼儿在活动中的表现作为评价教育活动的标准,将教育活动设计成幼儿积极主动、兴趣盎然的活动。其二,以幼儿为本,就是在教育活动设计中,将关注点放在幼儿身上,要以幼儿为主体,设计丰富多彩的幼儿活动,让幼儿成为教育活动的中心,而不是仅仅关注教师活动的设计。其三,在设计教育活动时,教师要将幼儿置于教育活动中师幼关系的平等地位,构成一种民主平等、相融和谐的师幼关系,将教师的指导活动与幼儿的自主活动有机结合,成为一个互动融合的活动。

在设计中贯彻这一原则,教师首先需要树立现代儿童观和教育观,摒弃"小大人"观念,坚持"儿童就是儿童"的现代儿童观,坚持"儿童中心"的现代教育观,坚持民主平等的师幼关系理念,将这些思想与理念深入到教育活动之中。其次,教师设计的教育活动,要始终把幼儿置于中心地位,让幼儿的自主活动成为教育活动的主体,而不是教师自己的活动。在教育活动中,教师要摆正自己的位置——幼儿活动的支持者、合作者与促进者,而不是指挥者、控制者与鉴定者。教师在教育活动中的作用就是对幼儿活动的支持、关注和促进,教师指导的关键就在于促进幼儿自主活动的发展。再次,教师要多开发各方面的教育资源,让幼儿拥有活动的条件和材料,以支持幼儿的自主活动。同时,教师还要创设丰富的环境,让幼儿园成为幼儿自主活动的"乐园",成为幼儿快乐生活的"家园"。

(三) 整合性原则

整合性原则是指在幼儿园教育活动设计中,教师要将幼儿身心发展的不同目标、幼儿学习的不同内容和不同方式方法有机整合,使之构成一个不可分割的整体,并将其融入教育活动之中形成一个完整、自然的活动,从而让幼儿在这样的活动中获取整体经验和全面发展。整合性原则的关键在于教师在设计幼儿园教育活动时,要将教育活动与幼儿的生活活动和游戏活动整合起来,使教育活动既生成于生活活动之中又要融入游戏活动之中。这样,教师设计的幼儿园教育活动才是整合性的教育活动。

整合性原则体现在三个方面:其一,教育活动要将教育活动目标定位于幼儿身心的整体发展上,定位于幼儿的整体经验的获取上,而不是某个单一目标上。其二,将幼儿学习的不同领域内容融为一体,从幼儿的生活中生成活动的主题,使幼儿学习的不同内容相互渗透、互为联系而成为一个整体。其三,幼儿活动的方式方法相互渗透、有机整合,集体活动形式、小组活动形式和个别活动形式有机整合;高结构化活动、中结构化活动和低结构化活动相互渗透和组合,形成一个充满趣味的活动整体。

教师在贯彻这一原则时,首先是要确立幼儿发展和幼儿教育的整体观念。幼儿发展是幼儿身心整体的发展,学习的经验是生活的整体经验,教育活动就是要全面促进幼儿的身心发展,促使幼儿整体经验的获取而不是部分经验的获取。其次,在设计教育活动时,教师要将教育活动的目标定位于幼儿的认知、动作、行为、情感态度等方面的整体上,不能偏向于某一方面,特别是偏向于知识与技能方面。再次,在设计教育活动时,教师要将幼儿学习的不同方式与方法加以有机组合,让幼儿在操作、实验、游戏、体验、表现、创造等多种方式下学习,深入活动之中探究事物,获取全面丰富的经验。

(四) 适宜性原则

适宜性原则是指在教育活动设计中,教师要把握幼儿的年龄特点和个性特点,因地制宜地利用教育资源,创设适宜的环境,使教育活动能够适应幼儿、适应生活、适应环境,让幼儿在这样的教育活动中轻松自由地活动。教育活动的设计不只是教师的"头脑风暴",还是教师根据幼儿实际、教育实际和地区实际来因地制宜地进行设计。教育活动的设计,教师除了遵循幼儿的特点、教育的规律之外,还要依据幼儿园和社区的实际状况,设计出适宜的教育活动。否则,凭空臆想设计出的教育活动就会脱离实际,将会使幼儿无所适从。

适宜性原则体现在三个方面:其一,设计的教育活动要与幼儿相适宜,既适应幼儿的年龄特点和个性特点,也适应幼儿的兴趣和需要。其二,设计的教育活动要与幼儿园的环境与资源相适应,是幼儿园教育资源能够支持的活动,也是与幼儿园环境相适宜的活动,如农村地区幼儿园的环境与城市幼儿园的环境差别很大,在城市环境基础上设计的活动就可能与农村幼儿园的环境不相适宜。其三,设计的教育活动与地区的社会生活相适宜,幼儿的活动更多地是从幼儿的生活中来,回到幼儿的生活中去。因此,教师设计的教育活动应该以幼儿的社会生活为背景,与幼儿的社会生活相适宜。

在贯彻这一原则时,首先教师要把握不同年龄幼儿的发展特点、学习特点以及个性特点,设计的活动要具有灵活性,能够适应不同幼儿的特点和需要。其次,教师在设计教育活动时,尽可能地从幼儿的社会生活中发掘主题,组织开展活动,既适应幼儿生活,又能因地制宜。再次,教师要充分开发幼儿园和社区的各种资源,创设适宜的教育环境,丰富教育活动的条件,以便于在实施教育活动时,具有充分的资源和良好的环境背景来支持教育活动的顺利开展。

第二节　幼儿园教育活动目标设计

幼儿园教育活动是一个由活动目标、内容、方法和手段、师幼互动以及活动环境构成的整体。其中,活动目标是教育活动的统帅,它既是教育活动的起点,也是教育活动的终点;既是选择教育活动内容、方式方法和活动策略的依据,也是教育活动评价的参考标准。教育活动的目标是幼儿园教育活动的"指南针"和"方向盘",它可确保教育活动向正确的方向发展。如果活动目标一旦偏离,整个教育活动就会失去正确的方向,从而导致教育活动的无效甚至反作用。因此,幼儿园教育活动目标的设计是教育活动设计中的重中之重,也是幼儿园教育活动的关键所在。

一、幼儿园教育活动目标体系分析

幼儿园教育活动目标是指通过教育活动所要达到的预期目的。幼儿园教育活动目标是幼儿园课程目标的下位目标,与幼儿园课程目标存在内部的关联性。幼儿园教育活动目标比幼儿园课程目标更为具体,更具有可操作性。幼儿园教育活动目标指向幼儿的身心发展和经验获取,包含着丰富的内容,无论是从纵向层面还是横向层面的分析,都会形成不同层次的目标。

(一) 幼儿园教育活动目标的纵向结构

幼儿园教育活动目标的纵向结构是指幼儿园教育活动目标具有不同的时间维度,在不同的时间维度上就有不同的活动目标,而且还有上下位的关系。如图2-5所示。

在图2-5中,由下至上,教育活动目标从单个教育活动目标到学年教育活动目标,构成了一个梯级层次的目标体系。多个单个教育活动目标可以构成一个单元教育活动目标,许多单元教育活动目标可以形成学期教育活动目标,两个学期目标构成一个学年目标。与之相对应的就是教育活动的计划,教育活动目标是教育活动计划的统帅,在设计幼儿园教育活

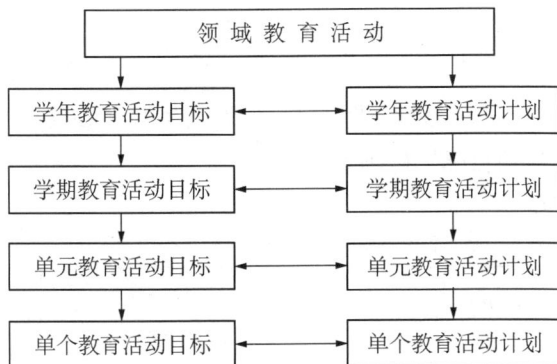

图 2-5 幼儿园教育活动目标的纵向结构示意图

动、制定教育计划时,首先就是要制定目标。而每个方面的目标都会从上至下分解成更为具体的目标。如图 2-6 所示。

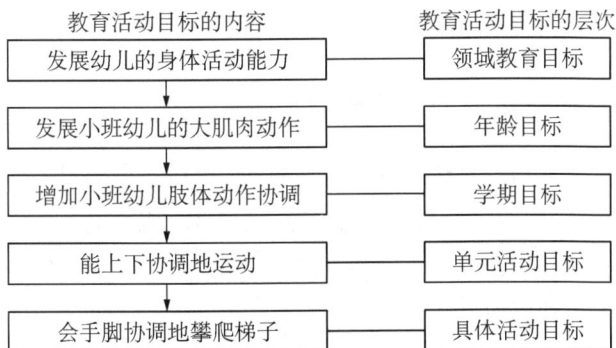

图 2-6 具体教育活动目标的纵向结构示意图

(二) 幼儿园教育活动目标的横向结构

幼儿园教育活动目标的横向结构主要是指教育活动目标所包含的内在内容体系。如何科学合理地建立一个目标体系,教育学家和心理学家们提出了多个目标理论,其中尤其以美国教育心理学家布卢姆等人建立的"教育目标分类学"理论最有影响力,它以人的身心发展的整体结构为框架,为教育目标体系的建立提供了一个比较规范的参考标准。这个目标体系包括三大方面:

第一,认知方面:分为知识、理解、应用、分析、综合、评价六个层次。

第二,情感方面:分为接受、反应、估价、组织化、性格化五个层次。

第三,动作技能方面:包括反射运动、基本运动、知觉能力、身体能力、熟练运动和有意沟通六个层次。

《幼儿园教育指导纲要(试行)》从五大领域分别提出了各个领域的教育目标:第一,健康领域目标;第二,语言领域目标;第三,科学领域目标;第四,社会领域目标;第五,艺术领域目标。

综合上述两个方面,根据幼儿发展与学习的特点,我们可以构建出适宜幼儿发展的教育活动目标的横向结构(见表2-1)。幼儿园教育活动目标只有在这两个维度上加以综合,才能形成科学合理的教育活动目标结构体系。

表2-1　教育活动目标横向结构关系

	认知方面	情感方面	动作技能方面
健康领域			
语言领域			
科学领域			
社会领域			
艺术领域			

二、幼儿园教育活动目标的价值取向

对儿童发展、社会要求和教育活动的不同理解,反映在教育活动目标上呈现出不同的价值取向。这些不同的目标取向既反映了教育活动的基本性质,也表明了教育活动在儿童发展上起到的不同作用。概括起来,幼儿园教育活动设计存在着三种价值取向的目标:行为性目标、生成性目标和表现性目标。

(一) 行为性目标

行为性目标是指以幼儿具体的、可观察的行为表示幼儿园教育活动目标,它指向幼儿在教育活动后自身行为的变化。行为性目标主要包含四个目标构成要素:

(1) 行为主体(A),即由谁去完成教育活动预期的行为。

(2) 核心行为(B),即用于描述预期行为的核心行为。

(3) 行为条件(C),即核心行为发生的特定情境或方式。

(4) 行为达成程度(D),即通过活动所达成的目标的最低水平。

> **案例: 行为性目标**
>
> (1) 在某幼儿园大班语言领域《熊小弟的栅栏》的故事活动中,教师把活动目标设计为:通过观察画面,让幼儿讲述故事内容,能说出故事中的人物是谁,它遇到了什么问题,又是怎样解决的。在这一目标中,"幼儿"为"行为主体","讲述故事内容"为"行为","通过观察画面"为"条件","能说出故事中的人物是谁,它遇到了什么问题,又是怎样解决的"为"标准"。这样的目标让人很明确地知道了幼儿在活动中将要做什么和期望的结

果是什么,此目标表述要比"让幼儿读懂画面,理解故事内容"更有利于教师把握。

　　(2)在观察后　　　(幼儿)　　　　能　　　　说出沙与石头的不同点。

　　(行为条件)　(行为主体)　(行为达成程度)　　　(核心行为)

　　(3)能模仿教师　　连贯地　　完成体操动作。

　　(行为条件)　　(行为达成程度)　(核心行为)

　　行为性目标关注的是教育活动中可观察到的行为结果,具有客观性和可操作性。以行为性目标来确定幼儿园教育活动目标,具有具体化、结构化、可观察性和操作性的特点,能够提高教育活动的计划性、可控性和操作性。一般来说,行为性目标在设计高结构化活动时使用较多,能够适应高结构化活动的规范性和严密性。

　　行为性目标强调目标的可理解性、可把握性和可操作性,能够指导教师具体实施教育活动并评价其教育活动效果,但并不是行为性目标越具体越好,行为越细化、越精确化容易导致出现一些偏差,如在教育活动中教师只见目标而不见幼儿的个性发展,使这些目标成了幼儿的身心充分发展的障碍,不利于发挥教师的创造性和幼儿的主体性。教师应铭记泰勒的观点,在目标的概括化与具体化之间寻求一个合适的"度",这就对教师提出了很高要求。同时,教师还应注意行为性目标强调的是那些可以观察的外显的行为变化,但幼儿的发展有许多方面是难以转化为这些行为指标的,因此需要考虑目标的其他取向,并对行为性目标进行补充。

　　行为性目标适用于一些非高智能型的认知活动、文化传递性质的活动、养成性习惯活动。

　　其优点是:幼儿学习的结果事先可以详细叙述,并可以通过行为得到表现;幼儿学习的内容是相当具体明确的;幼儿学习的结果是可以观测到的。

　　其缺点是:容易忽略幼儿学习的主体性和主动性;忽视那些难以用行为来表述的学习目标;目标过于具体,教育活动过程相对缺乏灵活性。

(二) 生成性目标

　　生成性目标也叫过程性目标或展开性目标,是指在教育情境中随着教育过程的展开而自然生成的教育目标,它不是由外部事先规定学习者要达到的结果。如果说行为性目标关注的是结果,那么生成性目标关注的则是过程,强调教育基本上是一个演进过程,而且是渐进生长的一个有机的过程,既扎根于过去又指向于未来。生成性目标反映的是幼儿经验生长的内在要求,是问题解决的过程和结果。

　　英国教育家斯腾豪斯认为,教育主要包括"训练""教学""引导"三个过程。"训练"是指使儿童获得动作技能的过程;"教学"是指使儿童获得知识信息的过程;"引导"是指使儿童获得以知识体系为支持的批判性、创造性的思维能力,这是儿童进入"知识本质"的过程。教育的本质就在于"引导"。"教育即引导儿童进入知识之中的过程,教育成功的程度即是它所导致的儿童不可预期的行为结果增加的程度。"①斯腾豪斯认为,"训练"与"教学"可用行为性目标来陈述,而"引导"则不能用行为性目标来表述。他认为,生成性目标是以过程为中心,以儿童在活动中的表现为基础展开,强调儿童、教师与教育情境交互作用过程中所产生的目标。

生成性目标追求的是"实践理性",是以过程为中心,以幼儿在活动中的表现为基础展开,强调幼儿、教师与教育情境交互作用过程中所产生的目标。生成性目标注重从幼儿获得经验的目的出发构建目标,强调幼儿主动活动的过程,关注如何为幼儿提供有助于个体自由发展的学习经验,以促进其个性的完善发展。如意大利"瑞吉欧"的幼儿教育方案、美国的"项目活动"等都是典型的以生成性目标为取向的课程。

案例: 生成性目标

(1)中班科学活动"神奇的影子"的活动目标:
引导幼儿对光影科学现象的探究兴趣,激发幼儿的好奇心和求知欲。
(2)大班社会活动"妈妈您辛苦啦"的活动目标:
感受妈妈养育孩子的辛苦,加深对妈妈的爱。

生成性目标较少带有预设的痕迹,课程实施的过程能比较充分地发挥幼儿的主体性,幼儿可以在活动过程中以及与教育活动情景的交互作用中产生自己的目标,而不是由教师强加目标,这有利于促进幼儿的终身学习。但这类目标具有一定的模糊性和不确定性,比较难以实施,对教师的专业素质和能力提出了较高的要求,而且容易遗漏必要的系统知识的学习。

生成性目标由于体现在幼儿活动的过程之中,它反映的是幼儿在活动过程中的行为、情感、态度和能力的变化,因此生成性目标具有灵活性、变化性和不可控性的特点。

其优点是:适合低结构的幼儿园教育活动,能满足幼儿的兴趣、需要,有助于促进幼儿个性的发展与完善。

其缺点是:具有不可预测性和不可控性;不容易操作,难以被教师广泛运用;容易使目标导向缺乏科学性、计划性和系统性。

(三) 表现性目标

表现性目标是由美国课程学者艾斯纳提出的一种目标取向,是指在教育情境的种种际遇中每一位学习者个性化的创造性表现。这种目标取向的提出,与艾斯纳所从事的艺术教育有关。他发现,在艺术领域中,预定的行为性目标不适用,因此提出表现性目标作为其补充。这样,可以让每个幼儿在具体的教育情境中产生个性化表现,追求的是幼儿反应的多元性,而不是同质性。

---

① 朱家雄.幼儿园课程[M].上海:华东师范大学出版社,2003:144.

艾斯纳认为,在课程编制中存在两种目标:教学性目标和表现性目标。教学性目标是在课程计划中预先规定好的,明确指出幼儿在完成一项或几项学习活动后所应习得的知识、技能,旨在使幼儿掌握现成的文化工具,这种目标适合于表述文化中已有的规范和技能,对大多数幼儿而言是共同的。而表现性目标则强调幼儿的个性化,关注幼儿创造性的培养,它不规定幼儿在完成学习活动后应该获得的知识、技能,而是指向每个幼儿在教育情境的种种"际遇"中所产生的个性化表现,它描述的是学习的际遇、情境、问题或者任务。

> **案例：表现性目标**
>
> （1）大班科学活动"有趣的尾巴"中提出教育活动的目标：
> 让幼儿观察生活中动物的尾巴,并讨论不同尾巴的特点。
> （2）中班幼儿参观动物园的活动目标：
> 参观动物园并讨论那儿有趣的事情;喜欢动物园里哪些动物。

这类表现性目标的学习结果与预期目标并非一一对应,而是一种美学评论式的评价。对幼儿活动及其结果的评价,依据的就是幼儿的创造性和个性化表现。

表现性目标强调学习者个性的发展和创造性的表现,强调学习者的主体性和个性化,尊重学生的个别差异,它期望的不是学习者反应的一致性,而是反应的多样性和个体性。但艾斯纳所提出的表现性目标并非是要取代教学性目标,而是要完善课程目标,从而使不同的学科、不同的学习活动有更为适合的目标,最终体现出对学习者主体性的尊重,表现出对"解放理性"的追求。

其优点是:可以让幼儿运用已有的经验创造性地进行个性化的表现,而不要求幼儿有统一的反应,有助于幼儿的个性化和创造性的发展。它特别适合表述那些情感、态度类的目标以及中、长期目标。

其缺点是:具有不可预测性与不可控制性,在教育活动设计中不容易把握和操作,难以被教师广泛运用。其目标表述比较模糊,对教育活动的评价带有主观色彩,难以对教育活动的实施起到导向作用。

总之,不同取向的目标各有其长处,也各有其短处。每种目标取向都有其存在的价值,也有其适用的范围,它们之间并不是相互排斥或对立的,而是相互补充和相互联系的。在幼儿园教育活动目标设计中,教师要根据以上三种取向目标的特点,灵活地加以应用,合理地表现教育活动目标的内容及层次,使教育活动目标设计具有全面性、科学性和创造性。

三、幼儿园教育活动目标的制定

幼儿园教育活动目标的制定受到多个因素的影响:第一,受到幼儿园课程目标的制约,因为课程作为教育活动体系从上位制约着教育活动目标的制定;第二,受到幼儿身心发展水平和特点的制约,不同的幼儿参与同样的教育活动会产生不同的结果,因此教育活动的目标会有所差别;第三,还会受到幼儿园教育活动性质的影响,不同结构化程度的教育活动,其目标的制定有着明显的差异。因此,教育活动的设计者要心中有目标。

(一) 幼儿园教育活动目标的内容

任何一个幼儿园教育活动,无论是高结构化活动还是低结构化活动,其目标的具体内容不外乎以下几个方面。

1. 知识与经验

幼儿通过学习获取知识与经验是幼儿园教育活动的主旨,也是活动的必然结果。幼儿在教育活动中,通过多种方式的学习,必定会获得有益的经验和知识。这些知识与经验主要有两个方面的来源:一方面是教师在教育活动中的指导,教给幼儿的一些常识或者是幼儿同伴在相互交流与合作中提供的知识;另一方面是幼儿自己在活动中通过观察模仿、积极探索、主动活动而获取的经验,这样获取的经验具有很强的迁移性。

2. 技能与技巧

幼儿在教育活动中会通过自身的学习获取技能与技巧,这些技能是幼儿生活与发展的基础,如幼儿的动作技能是其身体运动发展的基础。技能与技巧需要幼儿通过观察模仿来进行学习,需要幼儿在教育活动中不断地锻炼来掌握。因此,幼儿要习得此类目标就必然需要一个长期教育活动过程,而不是靠一个教育活动就能实现的。

3. 能力与发展

能力是人从事活动的一种稳定的心理特征。心理学的研究表明,能力是活动的基础,也是活动的条件;能力只能在活动中获得提高,在活动中得到发展。因此,幼儿园教育活动目标的主要内容就是幼儿各方面能力的提高与发展,幼儿的认知能力、身体运动能力、情绪情感能力、意志力及实际操作能力、交往能力等都是在教育活动中得到锻炼与提高的。儿童身心的发展是一个从不成熟到成熟的过程,教育活动就要建立在最近发展区上,通过引导幼儿主动活动,以促进幼儿身心全面发展。

4. 行为与习惯

幼儿正处于人生成长的初级阶段,各种行为及习惯是幼儿成长的主要目标,形成良好的行为、养成良好的习惯是幼儿园教育活动的主要目标。在幼儿教育阶段,幼儿的良好行为及习惯是通过幼儿的生活活动、游戏活动以及教育活动来养成的。在具体的教育活动中,幼儿的良好行为及习惯是教师设计教育活动目标的一项重要内容。

5. 情感与态度

情感与态度目标是幼儿园教育活动目标中的主要内容。幼儿对人、物、事的情感与态度正处于一个形成与发展的阶段,幼儿对事物的情感与态度直接决定着幼儿的行为与行动,它是幼儿兴趣和需要的源泉。因此,在幼儿园教育活动中,教师特别要关注幼儿的情感与态度方面的目标,将其作为幼儿园教育活动目标的核心内容。

案例: 游戏活动"老鹰捉小鸡"的目标

（1）喜欢做"老鹰捉小鸡"的游戏（情感、态度）。

（2）能安全躲避"老鹰"，反应灵活（技能、能力）。

（3）能说出"老鹰捉小鸡"游戏的规则（知识、经验）。

（二）幼儿园教育活动目标的设置

幼儿园教育活动目标设置需要依据活动的对象与活动的性质。针对不同发展水平的幼儿，教育活动目标的设置要有适宜性；针对不同结构化程度的教育活动，其目标的设置也要与之相适应。同时，教师在制定教育活动目标时要有开放性和灵活性，以便于适应教育活动的变化。

案例: 小班科学活动"好玩的泥土"的目标

（1）对泥土感兴趣，有探索的欲望，喜欢玩泥土小游戏，体验其中的乐趣。

（2）感知黄泥的特性，探索"和泥巴"的方法。

（3）学习玩泥土小游戏，愿意与同伴分享自己的发现和快乐。

在这一教育活动目标中，包含着多方面的目标内容，涉及幼儿身心发展的多个方面：

一是认知方面：黄泥的特性，"和泥巴"的方法。

二是动作技能方面：玩泥土小游戏。

三是情感方面：对泥土感兴趣，有探索的欲望，喜欢玩泥土小游戏，体验其中的乐趣，愿意与同伴分享自己的发现和快乐。

同时，这一教育活动目标也包含有多重取向的目标：

第一，行为性目标：感知黄泥的特性，喜欢玩泥土小游戏，学习玩泥土游戏。

第二，生成性目标：对泥土感兴趣，有探索的欲望，探索"和泥巴"的方法。

第三，表现性目标：体验其中的乐趣，愿意与同伴分享自己的发现和快乐。

在设置教育活动目标时，还要注意以下几个方面的问题：第一，活动目标不是一成不变的，而是动态发展的，可以不断调整的。教师要根据幼儿在活动中的表现与兴趣的转变等方面的变化，灵活地调整教育目标。第二，活动目标的制定既要面向全体，又要照顾到幼儿的个别差异。教师在确定目标时要有一定的弹性，既要有最低标准，也要有一定的上升空间，使幼儿的学习潜力得以充分发挥。第三，活动目标的制定要涵盖全面，具有整合性，涉及不同课程领域的内容，尽量包括幼儿全面发展的各个方面。

(三) 幼儿园教育活动目标的表述

幼儿园教育活动目标的表述方式有两种：从教师的角度表述和从幼儿的角度表述。

1. 从教师的角度表述

在表述活动目标时，从教师的"教"这一角度出发确定活动目标，表述教师期望通过教育活动帮助幼儿获得的学习效果，指明了教师在教育活动中应该做的工作，对明确教师在教育活动中的角色与作用有很大帮助。从教师的角度出发表述教育活动目标时，我们常用"教育""引导""鼓励""帮助""激发""使"等字眼来表述教师的"教"。如以下目标表述：

培养幼儿的早期阅读习惯，初步知道一页一页地翻书；

引导幼儿对光影科学现象的探究兴趣，激发幼儿的好奇心和求知欲；

鼓励幼儿大胆、清楚地表达自己的感受和想法；

激发幼儿探索动物尾巴奥秘的兴趣，培养幼儿喜爱动物的美好情感。

从教师的角度表述教育活动目标，有利于教师更好地把握自己的"教"。但同时也可能会使教师过多地关注自己的"教"，考虑"教什么""怎么教"，而忽略幼儿的"学"和"学习过程"。

2. 从幼儿的角度表述

从幼儿的角度表述教育活动目标，指出了幼儿在学习以后应该知道的和能够做到的表现，明确了幼儿的发展程度。一般来说，我们常用"学会""喜欢""感受""说出""创编""理解""能"等词语来表述幼儿的学。如以下目标表述：

能正确运用序数词表示楼房的层数和栋数；

喜欢参加音乐伴随下的游戏活动，有初步控制自己的能力；

学习各种与同伴合作分享的方法，在尝试合作中体验一起玩的快乐；

学习并理解食物金字塔，能根据营养搭配知识对原来的设计纠错。

目前，大多数人主张从幼儿的角度表述教育活动目标，以促使教师注重幼儿的主体地位，关注幼儿"学什么"和"怎么学"的问题，以及注重幼儿的学习方式，关注幼儿的学习效果，避免以往教师"以教定学"，而是让教师更注重"以学定教"。

案例：中班音乐欣赏活动"小鸭的舞蹈"的目标

　　1. 从教师的角度表述目标

　　(1) 引导幼儿感受音乐与生活经验相联系，鼓励幼儿用动作、符号等多种方式表达自己的感受。

　　(2) 鼓励幼儿积极参与欣赏活动，让其感受音乐活动的乐趣。

　　2. 从幼儿的角度表述目标

　　(1) 能够将音乐的感受与生活经验相联系，大胆用动作、符号等多种方式表达自己的感受。

　　(2) 能够积极参与欣赏活动，感受音乐活动的乐趣。

第三节 幼儿园教育活动内容设计

幼儿园教育活动的内容是实现教育活动目标的载体和媒介,是幼儿学习的对象,是幼儿身心发展的基础。幼儿园教育活动内容包罗万象,涉及人类社会生活的方方面面,涵盖了自然、社会、人自身的全部内容。幼儿园教育活动内容也是实现活动目标的手段,必须与教育活动目标相一致,反映设计者的教育思想与理念。因此,幼儿园教育活动内容设计是幼儿园教师认真分析幼儿生活、合理选择和组织内容以及合理安排幼儿活动,并将之有条理地呈现的过程。内容设计是教育活动设计的关键环节,是教育活动设计的主体部分,其质量的高低直接影响教育活动的成败。

一、幼儿园教育活动内容的概念及特点

教育活动内容是指教育活动中包含的知识、技能、价值观念和行为规范等一系列的人类文化经验,是人类对自然、社会生活和人自身所形成的经验体系,反映了人类文明发展的水平。教育活动内容是学习者通过学习活动所需要掌握的内容,也是教育活动最终结果的实质,反映在教育活动目标的具体内容上便是学习者在教育活动过程中学习的对象。

幼儿园教育活动内容是指为实现教育活动目标,要求儿童学习、获取的知识经验、技能技巧以及行为经验的总和。[①] 幼儿阶段是儿童成长的基础阶段,是幼儿认识世界、认识社会和认识自身的初始阶段,幼儿学习的内容要保证幼儿的健康成长,为幼儿适应生活、健康成长奠定基础。因此,幼儿园教育活动内容强调学习内容的基础性、启蒙性、全面性和发展性。幼儿园教育活动要根据幼儿的发展水平,依据人类经验体系,科学合理地进行选择和编排,以利于幼儿的学习和发展。幼儿园教育活动内容与中小学教育内容相比,具有几个方面的特点。

(一)广泛性和启蒙性

幼儿园教育是幼儿的启蒙性教育,是幼儿成长初期的起始教育,也是为幼儿进一步的发展奠定基础的教育。鉴于幼儿是儿童发展的早期阶段,其学习能力和活动能力都是有限的,能够掌握的知识经验、认识理解的现象与问题、参与的活动与运动都是基本的与初级的。因此,幼儿园教育活动内容是幼儿能够学习的基础内容,具有全面性,涵盖了自然、社会、科学、数学、生活、体育、健康、文学、艺术等多个方面;而这些方面的内容都是粗浅的,具有启蒙性。

如在大班科学活动"宇宙英雄奥特曼"中,教师尝试告诉幼儿"怪兽"是由一种叫碱的物质构成的,它是透明的,但是有一种东西就能把它找出来,它的名字叫酚酞试剂,因为碱遇到酚酞就会变成红色,所以小朋友就能看到"怪兽"了。那什么东西能消灭"怪兽"呢?它是一种叫做酸的溶液,因为酸碱可以中和。这里所涉及的知识是相对复杂的物理结构变化与化

① 黄瑾.幼儿园教育活动设计与指导[M].上海:华东师范大学出版社,2007:42.

学反应机制,教师教育活动设计的内容显然已超出了幼儿的经验范围,不仅使幼儿难以理解,而且也无益于幼儿认知的发展。

(二) 综合性和整体性

幼儿园教育活动内容具有综合性和整体性的特点。在幼儿阶段,他们认识的世界都是整体的,而不是分割的,是包含着自然、科学、人文、艺术等各方面内容的世界。因此,幼儿在教育活动中的学习也是综合的、整体的学习,而不是分门别类的学习。幼儿园教育活动内容要适应幼儿的学习特点,就需要强调其综合性和整体性,将幼儿认识的事物与现象整体地呈现于幼儿面前,让幼儿在整体的活动中认识事物、获取经验。幼儿园教育活动内容要实现其综合性和整体性,就需要从自然世界、幼儿生活和幼儿自身来汲取教育活动内容,这样既适应了幼儿的学习需要,又反映了学习的综合性和整体性。

以前我国幼儿园教育将教育内容根据学科领域划分为语言、数学、自然、常识、音乐、美术和体育等方面,是人为割裂世界的整体性,违背幼儿学习的综合性特点,是不适应幼儿学习的。如今,我国幼儿园教育将其内容整合为语言、健康、科学、社会和艺术五大领域,有了较强的综合性,能够提供幼儿学习的整体经验。但这样的学科整合仍然会分离生活与学习的整体性,不能反映幼儿整体的生活世界,一样会造成幼儿学习的困扰。事实上,真正的整体是幼儿的生活,幼儿的生活包含着学习的一切,包含着各种经验。因此,真正实现教育活动内容的综合性和整体性,就要从幼儿的生活世界出发,让幼儿在生活中学习,在生活中成长,在生活中探索,从生活中获取经验。这样做就能全面、整体、真实地反映幼儿生活世界的本来面目,有助于幼儿获取整体的经验,促进幼儿的健康成长。

(三) 生活性和生成性

如前所述,幼儿园教育活动内容的整体性反映的是幼儿生活世界的一体性,幼儿园教育活动内容适应一体化的生活世界,提供给幼儿学习的内容就是综合性的。幼儿园教育活动内容就是要从幼儿的生活世界中来,再回到幼儿的生活世界中去。因此,幼儿园教育活动内容大多是来源于幼儿的日常生活,而不是书本和教材,这是幼儿园教育活动内容的突出特征,也是其与中小学教育内容的根本差异。教师在组织教育活动内容时,要关注幼儿生活,善于发掘幼儿生活中的有益经验,将其编排为教育活动内容体系,从而适应幼儿的学习特点,满足幼儿学习的需要。

幼儿园教育活动内容要从幼儿生活中来,就必然是生成性的,而不完全是教师预设的。生成性的教育活动内容会随着幼儿生活世界的变化而变化,也会随着幼儿的兴趣和需要的变化而变化,这需要教师不断更新教育理念,适应幼儿的生活,适应幼儿的发展,以敏锐的眼光、机智的心灵把握幼儿生活中的各种教育要素,从中提炼适合幼儿学习并促进其发展的教育内容。

幼儿园教育活动内容要与幼儿的生活经验相联系,生成于幼儿的生活与活动情境之中,不能脱离幼儿的生活,否则教育活动就成了无源之水、无本之木,失去了发展的意义,也很难为幼儿所接受。

二、幼儿园教育活动内容的价值取向

幼儿园教育活动内容包罗万象,涉及幼儿生活的方方面面,涉及社会文化经验的各个方面,其范围十分广泛。对此,不同的学者有着不同的看法,对教育活动内容有着不同取向,也因此形成不同的教育活动内容体系。

(一)学科取向的教育活动内容

学科取向的教育活动内容是以学科来标识教育活动的内容。学科科目是人类文化经验的集合,是幼儿学习的主要内容。以学科科目来标识教育活动内容,与社会文化相契合,对幼儿获取系统的人类文化经验至关重要。学科取向将教育活动内容视为教学的材料,教育活动内容主要是教师预设的,它规定了教师在活动中教什么、幼儿就学什么,是十分具体明确的。学科取向的教育活动内容由于没有从幼儿的兴趣和需要出发,忽视幼儿生活的经验,因此往往不能引起幼儿的学习兴趣和动机。

在幼儿教育阶段,幼儿园教育活动的内容以学科来组织,就形成了幼儿学习的多个科目:语言、数学、自然、科学、社会、健康、体育、音乐、美术、舞蹈、手工等。这些科目成为幼儿学习的主要内容,也就成为幼儿园教育活动的主要内容。

(二)活动取向的教育活动内容

活动取向的教育活动内容是将教育活动内容视为幼儿的各种活动,关注的是幼儿做什么、怎么做。这种取向认为,幼儿的学习是在活动中探索、体验和创造,在活动中学习的。因此幼儿园教育活动内容就是幼儿自主开展的各种活动。教师要根据幼儿的兴趣和需要,组织幼儿开展丰富活动,在"做中学",在"做中求进步"。活动取向的教育活动内容强调幼儿的活动本身,关注的是幼儿在活动中的内在表现和经验获取,而不是外在的知识内容和活动结果。

欧美国家的许多幼儿园将幼儿的活动作为教育活动的内容,广泛开展游戏、工作、唱歌、律动、感统训练、故事、实物观察、烹饪等活动,让幼儿在这些自主活动中获取经验,获得发展。我国上海市的《上海市学前教育课程指南》也将幼儿园教育活动内容以幼儿园一日活动为维度划分为四类活动:生活活动、运动、学习活动、游戏活动。

(三)综合取向的教育活动内容

综合取向的幼儿园教育活动内容是将幼儿的学习活动加以整合,形成综合性的教育活动内容,通过多种教育活动进行学习,以期幼儿可以获得全面的、整体的、丰富的经验。这种整合在幼儿园教育活动内容的设计中表现为以下三个维度的整合:

一是幼儿经验的整合。每个幼儿的需要、兴趣、经验等都是一个独特的有着内在联系的统一体,在幼儿的成长与发展过程中,外在刺激只有与幼儿已有经验相互作用并整合内化,幼儿才能获得成长与发展。幼儿园教育活动内容则是从幼儿获取经验的角度将学习内容整合成几个学习领域,供幼儿综合性学习,从而获取整体性的发展与学习经验。

二是学科知识的整合。每个学科知识都有其自成体系的知识要素,整合就是对所选出的各种学习内容,在尊重差异的前提下,找出彼此之间内在的联系,整合为一个有机整体,使学科知识产生互补的效果,使学习者的学习产生累积效应。学科知识的整合,就是将不同学科的知识内容通过一个主题联系起来,形成一个整合性的学习内容,让幼儿进行综合性学习。

三是社会生活整合。以社会生活的需求为中心整合知识经验,使之形成具有一定联系的整体。这种整合往往是以幼儿身边的事物为出发点,整合相关知识经验,形成以社会生活为中心的教育活动内容,让幼儿运用已有的经验在解决问题的过程中主动学习,扩展新经验。这种整合的教育活动内容不仅能被幼儿接受,还能激发幼儿的学习积极性。

综合取向的幼儿园教育活动内容表现形式是多样的。英国的幼儿园课程《学会学习》就是从幼儿身心发展的经验角度将幼儿园教育内容整合为七个发展领域:自我意识、社会能力、文化意识、交际能力、动作与感知能力、分析与解决问题的能力、美感与创造意识。[①] 我国《幼儿园教育指导纲要(试行)》则是从学科知识的整合角度将幼儿学习的内容相对划分为健康、语言、社会、科学和艺术五大领域,就是综合各方面的内容,形成幼儿学习的综合领域,并且使各个领域的学习都能全面促进幼儿在身体、知识、技能、能力、情感态度等方面的发展。

三、幼儿园教育活动内容的选择

为了达成教育活动的目标,需要涉及纷繁多样的教育活动内容,因此教育活动内容的选择是一项复杂的工作。在设计教育活动过程中,教师要兼顾幼儿、社会和知识逻辑等各方面的因素,合理地选择教育活动内容,恰当地加以组织编排,促使儿童获取丰富的经验,促进儿童身心和谐发展。《幼儿园教育指导纲要(试行)》中明确指出:幼儿园教育活动内容的选择在符合健康、语言、社会、科学和艺术各领域的内容时,同时应该体现以下三个原则:一是既适合幼儿的现有水平,又具有一定的挑战性;二是既符合幼儿的现实需要,又有利于其长远发展;三是既贴近幼儿的生活来选择幼儿感兴趣的事物和问题,又有助于拓展幼儿的经验和视野。

教师在设计具体的幼儿园教育活动内容时,要遵循多方面的原则和要求,才能适应幼儿的学习,满足社会的需要,促进幼儿的发展。

(一) 教育活动内容的选择必须符合且有助于实现教育活动目标

幼儿园教育活动内容是实现教育活动目标的载体,因此,教育活动目标是活动内容选择的主要依据,教育活动内容的选择与组织要与活动目标相对应,要有助于实现教育活动的目标,这就是教育活动内容选择的目的性原则。总的来说,教育活动内容要实现教育活动目

---

① 袁贵仁. 中国教师新百科(幼儿教育卷)[M].北京:中国大百科全书出版社,2003.

标,就要覆盖和对应幼儿园教育活动的五个方面目标:①有助于幼儿获得基本常识和基本技能;②有助于发展幼儿的各种能力;③有助于幼儿获得积极的情感态度;④有助于促进幼儿的社会适应和社会交往;⑤有助于幼儿掌握有效的学习方法。

任何一个教育活动,其目标和内容都必须是相互对应和互为联系的,没有无内容的目标,也没有无目标的内容。这就要求教师在设计教育活动时,将内容的选择和目标的制定统一起来考虑:制定什么目标,就选择相应的合适内容;选择什么活动内容,就生成相应的活动目标。如教育活动目标是"能进行简单的分类",那么教育活动内容的选择就要有助于这一目标的实现,选择各种事物进行分类,以利于幼儿建立起类别概念,掌握分类的方法。实现"分类"目标的活动内容就可以选择诸如"形状分类""颜色分类""植物分类""动物分类""服装分类"等活动内容。再如教育活动内容为"认识青蛙",其教育活动目标相应地设置为"了解青蛙的身体构造""了解青蛙的生活习性""培养幼儿爱护动物的情感"等。

在高结构化活动设计中,教育活动的目标决定着教育活动的内容,往往是先目标后内容,教师先确定活动目标,根据活动目标选择并组织内容,安排幼儿的活动。在低结构化活动设计中,因为教育活动内容多是生成的,所以是先有了幼儿的学习主题和内容后再定目标,教育活动的目标往往是教师根据幼儿的学习主题和活动内容随后生成。

(二) 选择教育活动内容要考虑幼儿的年龄特征和发展水平

幼儿园教育活动的主体是幼儿,无论什么样的目标和内容都是要幼儿通过自主活动来实现的,因此幼儿的年龄特征和发展水平是制约教育活动内容的主要因素。在设计教育活动中,对于教育活动的内容的选择和组织教师必须考虑活动对象的发展水平及年龄特点,合理地安排活动内容。同一个活动的主题,在不同年龄阶段的幼儿学习中,其学习的内容和达到的目标都有所差异。如"春天的花儿"这一主题,小、中、大班都可以开展此项活动,但针对小班幼儿的活动内容主要是"感知春天色彩斑斓的各种花儿";中班幼儿不仅仅"感知花儿",而且可以"画花儿""做花儿";大班幼儿更上一层楼,可以给各种花儿分类,了解各种花儿的习性等。

在设计幼儿园教育活动内容时,教师要考虑幼儿的发展水平,选择的教育活动内容既要符合幼儿已有的发展水平,又能促进其进一步的发展。正如《幼儿园教育指导纲要(试行)》中提出的,教育活动内容的选择"既适合幼儿的现有水平,又有一定的挑战性""既符合幼儿的现实需要,又有利于其长远发展"。如何实现这一标准呢? 教师在设计教育活动内容时,就要将活动内容的难度水平置于幼儿的"最近发展区"之内,在幼儿的"最近发展区"中,幼儿既能够自主学习,又需要教师的支持和自己的努力。

"最近发展区",指的是儿童已经达到的发展水平和即将达到的发展水平之间的差距,其操作性定义可以表述为"儿童自己独立完成的智力活动任务和在成人或有能力的伙伴帮助下所能完成的任务之间的差距"。这个距离空间恰恰是教育的"用武之地"。同一年龄阶段的幼儿既有共同的最近发展区,也有各自不同的最近发展区。教育活动内容的选择既要适合幼儿的一般年龄特点,又要适合幼儿的个别差异。因此,了解本地区、本园、本班幼儿的一般发展和特殊需要,是教师选择适宜的幼儿园教育活动内容所必需的前提,同时还要考虑内容应符合幼儿的兴趣和需要。

(三) 幼儿园教育活动内容的选择应以幼儿已有经验为基础,与幼儿的日常生活相联系

幼儿园教育活动内容是幼儿学习的内容,这就需要活动内容能够为幼儿所理解、能把握、会行动。因此,教师在选择幼儿园教育活动内容时,一定要建立在幼儿已有的知识经验基础上,能够与幼儿的日常生活相联系。这样的内容才是幼儿感兴趣的,是幼儿所需要的。《幼儿园教育指导纲要(试行)》中就特别强调:"应根据幼儿的已有经验和学习的兴趣与特点,灵活、综合地组织和安排各方面的教育内容,使幼儿获得相对完整的经验。"

教师在选择幼儿园教育活动内容时,要从幼儿的日常生活中选择内容,让大自然、大社会都成为幼儿的"活教材",让幼儿在丰富的社会生活中学习,获取有益的经验。这就要求教师熟悉和理解幼儿的社会生活,把握幼儿的成长经验,充分开发和利用各种教育资源,在丰富的教育资源中来选择合适的教育活动内容。

其一,教师要关注幼儿日常的生活。日常生活是教育活动的不竭源泉,是幼儿经验所覆盖的领域,教师要善于从幼儿的生活中发掘教育活动的素材,使之成为幼儿学习的内容。如春天来了,幼儿园就可以开展春游活动,让幼儿接触大自然,认识大自然,热爱大自然;到了"六一"儿童节,幼儿园就可以开展一些节庆活动,让幼儿在快乐的节日活动中学习与锻炼等。

其二,教师要加强与幼儿家庭和社区的联系。幼儿是生活在家庭和社区之中的,家庭和社区中的各种幼儿接触到的事物、现象和问题都可以成为幼儿探索的对象、学习的内容。如幼儿的家庭生活中的各种事物、各种生活活动、各种生活现象等都可以成为幼儿园教育活动的内容;幼儿生活社区中的各种事物、各种社会现象也都可以作为教育活动内容,让幼儿认识和理解;各种社区活动也可以让幼儿参与,幼儿在参与社区活动中获取社会生活经验,理解地区传统文化。

其三,教师要不断关注社会生活的发展变化,紧跟时代的发展。幼儿通过各种现代信息媒体了解现实世界的变化,其生活的经验也随之不断丰富和更新,因此,教师要善于从幼儿感兴趣的"时髦"话题中把握教育的契机,组织教育活动,丰富幼儿的社会生活。当代社会的新科技、新事物日新月异、层出不穷,都是幼儿认识和学习的对象,这些时代新事物和新现象既能够引起幼儿的兴趣,又能够让幼儿获得社会发展的经验,使幼儿从小就能够适应生活、适应社会。如"飞船上天""网络天地""手机生活"等,是幼儿生活中常见的新事物和新现象,都可以纳入幼儿教育活动之中,这有利于幼儿学习社会生活的新经验,从而适应现代社会生活。

(四) 幼儿园教育活动内容的选择要能够引起幼儿的兴趣,满足幼儿的学习与发展需要,适应幼儿学习的特点

兴趣是最好的老师。在幼儿园教育活动内容的选择上,幼儿的兴趣是内容选择是重要依据,因为幼儿阶段的特点决定了兴趣是幼儿活动的根本动力,对于感兴趣的事物,幼儿就会全身心投入其中,主动活动,积极学习。所以,教师在选择教育活动内容时,要以幼儿感兴趣的事物为切入点,引导幼儿积极主动地学习。具体来说,可从以下几方面着手:首先,教师在教育活动中要关注幼儿的兴趣,从他们感兴趣的事物中选择教育价值丰富的内容,让幼儿学习。其次,教师要将必要的教育活动内容转化为幼儿的兴趣,发展为幼儿的需要,从而促使幼儿主动学习。最后,教师要适应幼儿的学习特点,采取幼儿感兴趣的活动方式,如游戏、操作、实验等,引导幼儿主动积极地参与活动。

幼儿学习的特点是直观性学习,学习的方式是活动性的,学习的结果是经验性的。因此,幼儿园教育活动内容要适应幼儿的学习特点,引起幼儿的活动兴趣,就需要选择那些直观性、情境性和活动性的内容,使幼儿能够通过直接感知、操作和体验将学习内容转化为自己的直接经验。《幼儿园教育指导纲要(试行)》也提出,教师要"善于发现幼儿感兴趣的事物、游戏和偶发事件中所隐含的教育价值,把握时机,积极引导。"

(五) 幼儿园教育活动内容的选择必须注意的几个问题

由于受到教师教育观念、教育水平和资源环境的制约,幼儿园教育活动内容的选择容易出现偏差。现实中的幼儿园,在教育活动内容的选择上容易产生以下几个方面的问题。

1. 教育活动目标流失

教师在选择教育活动内容时,偏重智育,偏重基本知识与技能的比重,较少情感态度方面的内容。教育活动内容是为实现教育活动全面发展的目标服务的,现实中教育活动往往注重知识技能的学习,而忽略了幼儿情感态度方面的目标。因此,选择的教育活动内容偏重于实现智育的目标,不重视促进幼儿情感态度方面的发展。

2. 教育活动内容超载

教育活动内容超载,就是说选择的教育活动内容超过了幼儿的发展水平,内容量大,内容偏难、深,向成人世界靠拢。最为突出的超载表现就是教育活动内容的"小学化",这严重违背了教育的适宜性原则。为此,教育活动内容的选择应适宜于幼儿学习又有助于幼儿的发展,最佳的立足点就是幼儿的"最近发展区"。

3. 教育活动内容远离幼儿生活

教育活动内容远离幼儿生活,就是说教育活动内容偏向于学科内容,脱离幼儿的生活实际,按照成人的经验选择内容,忽视幼儿已有的经验。这样的活动内容不仅幼儿不感兴趣,而且由于没有幼儿已有经验的支持,幼儿也很难真正学习好。

4. 教育活动内容缺乏提升, 仅仅适应了幼儿的现有需要

如果选择的教育活动内容停留在对幼儿经验的简单重复上或是幼儿过于熟悉活动的内容,这对幼儿缺乏新鲜感,无助于幼儿新经验的获取以及身心的发展。

四、幼儿园教育活动内容的组织编排

目前,幼儿园教育活动内容主要是以综合性的主题活动为主,将幼儿学习的多方面内容整合到一个主题框架中,围绕着某一主题开展多种活动,获取整体的经验,促进幼儿身心的整体发展。因此,这种主题框架下的教育活动内容的组织与编排打破了原有的学科逻辑结构,呈现出综合化的倾向。

(一)教育活动内容组织编排的方式

幼儿园教育活动内容的组织编排是指将幼儿园教育活动内容兴趣化、有序化、结构化,以产生适宜的学习经验和优化的教育效果,促进幼儿主动学习,实现教育活动的目标。目前,在幼儿园教育活动内容的组织编排上,主要有以下三种方式:

1. 直线式

直线式的内容编排是一种纵向组织的方式,关注幼儿发展的阶段性和学习的层次性,如幼儿园小班、中班和大班有不同的内容要求和学习重点,可以按照从简单到复杂、从具体到抽象的原则,安排适合幼儿年龄特点的各种活动内容。

案例:中班上学期数学教学活动安排表(节选)

表2-2　中班上学期数学教学活动安排表

活动周次	活 动 内 容
……	……
第四周	点心和牛奶(复习5以内的数)、风筝和鸟(认识6以内的数)
第五周	会变的数字卡片(复习4、5、6)
第六周	给数字口袋送礼物(复习7以内的数)
第七周	运水果(认识8)、先和后(区分事物的顺序)、采蘑菇(复习8以内的数)
第八周	摆纽扣(复习8以内的数)、粗和细(认识粗细)、刺猬背枣(8以内的数序)
第九周	荷塘里(认识9)、小猴摘桃(认识粗细)
第十周	把一样多的放在一起(感知8、9的数量)、复习数量、做比9少的点卡(判断9以内的数量)
……	……

2. 整合式

整合式的内容编排是指将不同领域的内容进行横向联系和整合。幼儿园教育活动内容的整合是在充分考虑幼儿的年龄特点和认知规律的前提下,使各领域的内容有机联系,相互

渗透,注重综合性。

表 2-3　大班上学期幼儿园整合教育活动方案

课程设计点	活动名称	活动目标
我很特别	1. 许愿墙	学念儿歌,体会儿歌段落的停顿和押运 知道一年有 12 个月,初步获得年和月的概念 知道自己的年龄,能用相应的数字来表现
	2. 特别的我	设计生日蜡烛,培养幼儿的创造性 说出自己的喜好,感知每个人独特的喜好 能清楚、有重点地表达自己的想法
	3. 这就是我	联想代表自己的符号 学习设计属于自己的信封和信纸
	4. 我的宝贝	鼓励幼儿与同伴分享自己心爱的东西 能够围绕"我的宝贝"交流讨论
	5. 生日快乐	知道各种庆祝生日的方式,体验过生日的乐趣 能够用统计的方式对讨论结果进行归类

3. 螺旋式

螺旋式的内容编排是指在不同阶段,教育活动内容会重复出现,但是这些重复出现的内容不是简单地重复,而是在深度和广度上都有所加强,呈现出螺旋式上升的特点。

案例：幼儿园教育活动"认识四季"

在幼儿园的科学教育活动中,小班、中班和大班都有"认识四季"这一主题的教育活动内容,以帮助幼儿初步形成有关四季特征和四季更替的概念。

（1）小班幼儿"认识四季"的活动内容主要是:"花儿真漂亮""宝宝不怕冷""大风和秋叶""玩雪花"等,以帮助小班幼儿初步感知四季的明显特征。

（2）中班幼儿"认识四季"的活动内容安排为:"云彩和风儿""美丽的菊花""秋天的果实""冬天的脚印"等,使幼儿对不同季节的特征、不同季节动植物的生长等有更进一步的认识。

（3）大班幼儿"认识四季"的活动内容安排为:"四季妈妈的四个娃娃""夏天消暑""动物怎样过冬"等活动内容。

---

① 周兢,陈娟娟.幼儿园活动整合课程指导[M].南京:南京师范大学出版社,2002:16.

上述案例中的教育活动内容随着幼儿身心发展水平的提高,逐步提升其内容的深度和广度,以适应幼儿的发展水平,促进幼儿的发展。这种活动内容的编排方式体现出螺旋式上升的特点。

(二) 幼儿园教育活动内容组织编排的策略

在具体的教育活动内容的组织编排时,教师需要采用多种策略,以适应幼儿的学习特点和活动内容的整合。不同结构化的教育活动,其内容的来源是不同的,就要采用不同的策略对内容进行组织编排。高结构化的活动,其教育活动内容往往是预设的成分多,因此其组织编排也会以教师教学的材料为准,采用"结构化"策略;低结构化的活动,其教育活动内容往往生成的成分大,因此其组织编排会以儿童的兴趣和经验为准,采用"情境化"策略。

1. 高结构化教育活动内容的"结构化"组织策略

幼儿园高结构化教育活动,是教师预设的活动,其目标和内容都是计划预定的,这样的教育活动内容以幼儿获得预设的知识和技能为目标,设计者会详细分析活动目标与目标之间的关系,内容与内容之间的关系,然后确定好具体的、相对固定的活动内容,一般会根据学科的逻辑来组织编排。因此采用的是结构化组织编排策略,具体如下所述:

第一,教师根据教育活动目标选择活动内容,然后依据教师的教学材料来组织编排教育活动的内容,将其整合成适合幼儿学习的活动内容。教师从教材出发组织编排活动内容,首先要对一个活动内容或作品素材尽量从不同的层面进行挖掘和内容设计;其次要从幼儿的视角出发,分析教材内容所蕴含的核心经验,将其组织成为幼儿学习的经验体系。

案例: 小班教育活动"爱护牙齿"

教师从这一主题出发,组织了以下活动内容:

(1) 讲故事"小熊为什么牙疼""什么都吃牙健康";

(2) 了解"牙齿的构造";

(3) 学儿歌《刷牙歌》;

(4) 角色扮演"牙医看病";

(5) 家园合作活动"保护牙齿"。

以上案例,教师是从教材内容入手,根据活动的主题组织教育活动内容,形成相互联系、相互促进的教育活动内容体系,让幼儿通过学习获取系统化的经验。

第二,教师根据教育活动的内容,从内容之间的相互联系出发,构建教育活动内容关系网,然后逐步开展活动,系统学习关系网中的全部内容。这种结构化组织策略也被称之为"关系网络图"模式。关系网络图是指教师从活动的内容入手,将活动内容的相关方面组织成一个相互关联的结构图,使之体系化,以利于教师根据这个网络图来组织开展教育活动,使幼儿通过学习活动获得完整的经验。如主题"汽车",教师根据汽车的类型构建了一个学习内容的关系网络图。如图2-7所示。

2. 低结构化教育活动内容的"情境化"组织策略

低结构化教育活动,其教育活动目标和内容生成的成分较大,其活动内容的组织往往采用情境性策略,就是根据活动的情境和儿童的经验来组织活动内容,形成相互关联的内容体系,使儿童获取的经验是整体经验。情境化策略有两种:

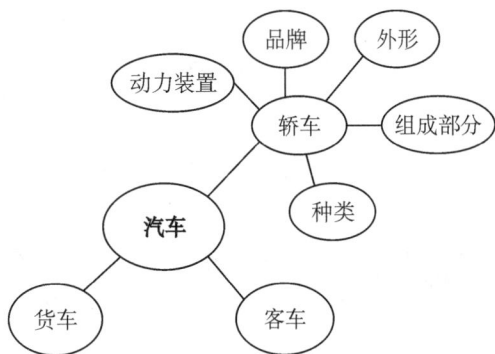

图2-7　"汽车"主题活动内容关系图

（1）根据幼儿的经验来组织编排活动内容的策略。该策略就是以幼儿已有的经验为基础,根据幼儿的生活经验来组织活动内容。由于这样组织的活动内容来源于幼儿的生活,因此适应幼儿的活动需要,有助于唤醒幼儿探究的欲望。如大班社会活动"我为妈妈过节",教师根据"三八妇女节"和幼儿的社会生活经验,组织编排了"夸夸我的好妈妈""妈妈爱我、我爱妈妈""做个礼物送妈妈"以及亲子活动"我为妈妈过节"等活动,让幼儿在实际的生活活动中学习、交流和探索,从而获取有益的经验。

（2）根据幼儿的兴趣来组织编排教育活动内容。幼儿的兴趣是幼儿园教育活动的不竭动力,在低结构化活动中,兴趣是教育活动内容的源泉。教师根据幼儿在活动中的兴趣,灵活地组织活动内容,顺应幼儿的活动需要,促进幼儿的发展。这种组织策略要以幼儿真实的兴趣为中心,选择并组织编排内容,实现教育活动的目的。

案例:《海绵宝宝》①

近期幼儿对《海绵宝宝》动画片非常感兴趣,片头曲的旋律更是人人会哼,甚至有一人哼唱众人和的效应。教师决定借这首主题曲开展一次活动。当教师播放这首曲子时,立即引起小朋友们自发的跟唱和欢呼。许多幼儿提出:"老师我想唱《海绵宝宝》的歌!""我想用《海绵宝宝》的歌跳舞!""我想用来打打击乐!""我想画海绵宝宝和海星"……小朋友们有许多想法,这时教师感到一种单一的形式已不能满足幼儿的愿望,于是她采纳了小朋友们的建议,设置了"小舞台""小画廊"等活动空间,为幼儿提供了图谱、操作卡、舞蹈道具等材料,让幼儿可以自主选择开展"海绵宝宝"的活动。幼儿在生动有趣、材料丰富的环境中自由探究,自主表现,获得有益的经验,体验创造表现带来的快乐,也激发了他们的创造思维。

---

① 袁爱玲.幼儿园教育环境创设[M].北京:高等教育出版社,2010:127。

第四节　幼儿园教育活动方法设计

活动方法是幼儿园教育活动的重要要素,它直接影响教育活动的效果。幼儿园教育活动方法是以幼儿的学习方法为中心,辅之以教师的教育指导方法,通过一定手段将幼儿学习与教师指导相联合的手段与方式。幼儿园教育活动方法的设计就是在充分考虑幼儿学习特点的基础上,选用适合幼儿学习与发展的方式和方法来开展教育活动。

一、幼儿园教育活动方法的概念及特点

幼儿园教育活动方法是指幼儿与教师在教育活动中所采用的活动方式与手段。它包括相互统一的两个方面:一个是幼儿的学习活动方法,另一个是教师的教育指导方法。这两个方法是相互依存、对立统一、融为一个整体的。其中,幼儿的学习活动方法是教育活动方法的核心,而教师的教育指导方法是支持、引导并促进幼儿学习活动的。如图 2-8 所示。

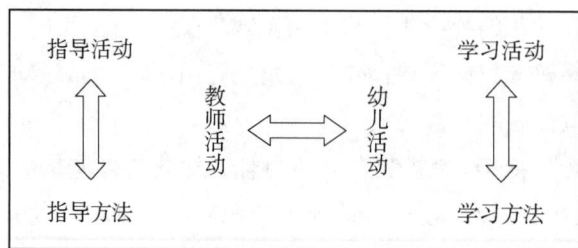

图 2-8　幼儿园教育活动方法示意图

在幼儿园教育活动过程中,教师活动与幼儿活动是高度统一、不可分割的,其中幼儿活动是中心,教师活动是主导,教育活动方法是以幼儿活动方法为中心的学法与教法的统一体。

幼儿园教育活动不同于中小学的课堂教学活动,与中小学教学方法比较,幼儿园教育活动方法有着自己的特点:

1. 活动性

幼儿园教育活动方法最鲜明的特点就是活动性,活动性是指幼儿园教育活动方法是以幼儿的动态活动即直接感知、实践操作和亲身体验为主,而不是以幼儿身体的静态活动为主。这与幼儿活泼好动的天性相关,陈鹤琴先生曾说过:"儿童生来好动,他喜欢听这样,看那样;……忽而立,忽而坐;忽而跳,忽而跑;忽而哭,忽而笑。没有一刻的工夫能像成人一样坐而默思。"[1]幼儿也正是在这样的自主活动中获取经验和技能、锻炼能力、培养性格的。"幼儿借助于活动而学习,他借助爬行活动学习爬行,借助走路活动学习走路,借助说话而学习

---

① 陈秀云,陈一飞.陈鹤琴全集(第一卷)[M].南京:江苏教育出版社,2008.1.

说话。"[①]在幼儿自主活动中,幼儿往往喜欢通过身体的动态活动,加强与环境的相互作用,加强与同伴和教师的相互作用,以促进其身心的成长。因此,在幼儿园教育活动中,活动方法的选用要以幼儿活动为中心,采用那些适合幼儿身体运动、能够促进幼儿身体活动的方法。

2. 游戏性

幼儿园教育活动方法的最大特点是游戏性。游戏性是指幼儿园教育活动具有游戏的成分,其活动方法也具有游戏的成分。如图2-9所示。

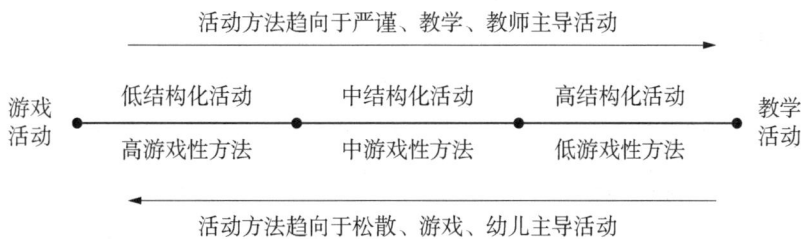

图 2-9 幼儿园教育活动方法游戏性示意图

幼儿园教育活动方法具有游戏性的特点是与幼儿自身的活动特点相一致的。幼儿具有天然的游戏倾向,游戏是幼儿活动的主要形式;幼儿的任何生命活动都含有一定的游戏成分,具有游戏性,而幼儿也最喜欢游戏活动。因此,保证教育活动方法具有游戏性是教师选用幼儿园教育活动方法的一个重要标准。

3. 操作性

幼儿园教育活动方法的操作性是指幼儿在教育活动中是依赖于自己的亲身操作性活动来学习的,也就是"做中学"。这就决定了幼儿园教育活动方法具有"操作性"的特点。在教育活动中,幼儿总是通过自己的直接感知、亲身经历和动手操作来学习,从而获得自身的发展。因此,教师在选用教育活动方法时,要充分考虑活动方法的"操作性"特征,让幼儿在实际的"做"中学,从而让幼儿获取有价值的直接经验,同时充分发展幼儿的身心素质。

二、幼儿园教育活动方法的种类及特点

幼儿园教育活动方法多种多样,根据不同的分类标准可以分成许多种方法。这里主要依据幼儿的学习活动方法来对教育活动方法进行分类。

(一) 直观感知法

直观感知法是指幼儿直接通过各种感官感知事物的外在特征,了解事物现象,形成直接经验和丰富体验的学习方法。幼儿最初了解身处的世界主要是通过自己的亲身感知来实现

---

① 珍妮特·沃斯,戈登·德莱顿. 学习的革命[M]. 顾瑞荣,等,译. 上海:上海三联书店,1997:213.

的,亲身感知所获得的直接经验是幼儿进一步认知世界以及身心发展的坚实基础。幼儿运用这种方法学习,加强与环境的直接互动,亲身体验事物之间的关系,把握事物的特点,是幼儿认知世界的主要途径之一。

直接感知法是幼儿通过亲身感知来获取直接经验,因此这种方法是由幼儿自我把控、自主活动的。通过这种方法获得的直接经验形象生动、体验丰富,具有广泛的相互联系性和极强的情境迁移性,对幼儿认知事物和世界具有关键性的基础作用。

由于直观感知法是直接对事物和现象进行感知,因此它往往需要在真实或虚拟的环境中实施。这就要求教师在教育活动中提供情境或环境,让幼儿在丰富的情境、环境中互动,直观感知事物的属性和特征,了解事物和现象,从而获取生动丰富的直接经验。

直接感知法的优点是幼儿通过直接感知获取生动形象和丰富经验,使得幼儿直观地认知真实的复杂世界,把握事物关系,为将来幼儿理性地认知世界、把握事物本质奠定基础。但直观感知法获取的直接经验是松散零碎的,不具有认知结构性,与以后需要掌握的科学知识体系不相兼容,因此需要幼儿在后续学习与实践中不断同化与顺应,最后再纳入科学的知识结构中。

在幼儿园教育活动中,幼儿要运用直观感知法学习,首先要教师提供真实或虚拟的直观感知对象,这是直观感知的必要条件,因此教师需要准备条件,创设情境,为幼儿提供直接感知的事物或形象。其次,教师在指导幼儿仔细观察、用心感知的同时,要引导幼儿认真思考,以增强直观感知的广度和深度。再次,教师在幼儿观察与感知后要引导幼儿进行总结,以便幼儿及时将观察与感知的成果经验化、系统化。

(二) 示范模仿法

示范模仿法是指幼儿通过观察他人的示范行为,然后模仿这些示范性行为来学习,从而习得目标性行为的方法。它是一种观察模仿的学习方式,它的学习对象为"榜样"或"示范者",观察模仿学习就是观察榜样示范、模仿榜样行为。因此,榜样是观察模仿学习最重要的要素。"榜样的力量是无穷的",幼儿的榜样主要来自以下几个方面:

一是父母。父母是幼儿身边最亲近的人,影响力最大,榜样示范性最为明显。父母无论好的还是不好的言行举止,都可能成为幼儿模仿的对象。

二是同伴。幼儿会从同伴那里模仿学习,同伴由于年龄、思维甚至性别等方面的相似与相近,加上长期相互交往互动,同伴行为就会成为幼儿模仿的主要对象。

三是教师。由于幼儿教师在幼儿面前具有权威性,因此教师的言行举止也同样具有很强的示范性,教师也是幼儿观察模仿的主要对象。

四是象征性人物。象征性人物不是生活中的真实人物,而是符号性人物。它是通过语言或图片、图像而呈现出的人物形象,如葫芦娃、奥特曼等。这些象征性人物特别受幼儿喜欢,因此往往成为幼儿观察模仿学习的榜样。

在幼儿园中,教师和同伴行为是幼儿观察模仿的主要对象,教师也可以利用一些象征性人物的榜样行为让幼儿模仿学习。由于通过观察与模仿来学习不需要复杂的认知活动,因此观察模仿学习成为幼儿最重要的一种学习方式,也是幼儿最容易实施的学习方法。

在幼儿园教育活动中,教师可以充分利用幼儿观察模仿学习的特点,让幼儿观察模仿教师或者同伴等榜样的示范性行为来获取经验、习得技能、掌握良好行为,这就是示范模仿学习法。示范模仿学习法就是教师通过自身、幼儿同伴或者象征性人物做出示范性行为,引导幼儿观察模仿,从而习得某些目标性行为的方法。这一方法在技能学习、行为养成等方面具有较大优势。但由于观察模仿是一种替代性学习方式,在诸如认知性强、体验性丰富的学习活动方面会有一定的局限性。

在幼儿园教育活动中运用示范模仿法,教师首先要做好示范,好的榜样示范是保证幼儿正确模仿的先决条件,因此教师要充分做好准备,提供丰富多样、示范准确的"榜样示范",以便于幼儿观察学习。其次,教师要引导幼儿细致观察,同时辅之以适当讲解,以帮助幼儿正确把握学习内容,正确模仿。再次,教师要注意循序渐进,不断帮助幼儿改进模仿行为与动作,切不可操之过急,以免打消幼儿观察模仿的积极性。

(三) 亲身操作法

亲身操作法也被称为"做中学",是指幼儿通过亲身操作、完成任务来学习的方法。幼儿早期是以"直观动作思维"为主的,从出生到三四岁,幼儿主要是通过自己的亲身操作来认知事物的,幼儿的早期经验也主要是通过亲身操作获取的,因此操作学习是幼儿最重要的学习方式。即使到了幼儿中、后期,操作学习也是幼儿的重要学习方式之一。

亲身操作学习有两种:一种是工具性操作,即幼儿通过操作工具进行活动的方式,如制作、实验、奏乐等;另一种是身体性操作,即幼儿通过操作自己身体进行活动的方式,如跳舞、体育活动等。无论是操作工具还是自己的身体,幼儿都是通过自己身体与事物及环境的互动来实现操作活动的。因此,操作性学习的最大特点就是幼儿身体的全面运用,这对于幼儿通过身体感知外部世界、促进动作发展具有不可替代的作用。另外,幼儿本身活泼好动,操作学习应是幼儿最喜欢的学习方式之一。

亲身操作法是幼儿亲身活动、操作学习,是在"做中学"。幼儿在"做"的过程中,不仅仅是身体活动,而且是身心全面参与,即认知、情感、意志等心理活动也参与其中,因此操作学习是一种综合性活动,对于幼儿身心全面发展起到重要的促进作用。

亲身操作法是幼儿通过身体运动、亲身操作进行活动,而幼儿的操作能力受到幼儿身心发展水平和幼儿动作水平的制约,幼儿的操作学习法具有相应的年龄差异。因此,教师在幼儿园教育活动中引导幼儿操作时,一定要区别对待,因人而异。另外,操作学习还受到操作工具和操作材料的影响,因此教师在引导幼儿活动时,也要因人、因材而异。

在幼儿园教育活动中,教师引导幼儿运用操作法学习,既要关注幼儿的动手操作,还要保障幼儿操作过程中的安全;既要注重操作材料的选择,也要注重操作工具的使用。教师在指导幼儿活动时,不仅仅要关注幼儿"做"的结果,更要关注幼儿"做"的过程,注重幼儿操作过程中的身心投入情况和问题解决能力,只有这样,亲身操作法才能发挥全方位的作用。

(四) 情境体验法

情境体验法是一种体验式学习,是指幼儿在创设的情境中,通过认知感悟和情感体验来进行学习的方法。情境体验法是一种体验式综合学习,它不仅仅是情感体验活动,也需要认知活动的参与,甚至还伴随着身体运动。因此,情境体验法不仅仅能丰富幼儿的情感体验,也会促进幼儿的认知发展,还能促进幼儿的身体发展。

情境体验法是幼儿在情境中通过感悟与体验来学习的,这与传统的认知学习是不同的。幼儿体验式学习必须在特定情境中(真实或虚拟的)来进行,幼儿通过亲身感知,感受情境中的事物,在情境中激发情绪情感,从而获取丰富而真实的体验。因此,情境体验法具有很强的情境性。情境体验法与认知学习法相比,具有一些独特的学习特点,详见表2-4。

表2-4　两种学习方式的比较

认知学习法	情境体验法
过去的知识经验	及时的感受感悟
感知、记忆、思考	感受、领悟、体验
注重知识、技能与智力	注重情感、态度与观念
单一的环境刺激	多元的情境体验
标准化学习	个性化学习
间接学习	直接学习
注重结果导向	注重过程导向
强调个人成果	强调团队分享

由此可见,情境体验法更注重个人在情境中的感悟体验,通过感悟体验活动激发主体的情绪情感,并形成一定的兴趣、态度。因此,情境体验法是一种注重活动过程而非结果的学习方法。

在幼儿园教育活动中,教师引导幼儿运用情境体验法活动时,首先要创设出适合幼儿感悟的丰富情境,情境创设是体验学习的先决条件,活动情境需要教师和幼儿共同创设。其次,教师要引导幼儿从多方面感悟情境,体验情境中的事物,全面感知情境事物与现象,形成丰富多彩的情感体验。再次,教师还要引导幼儿运用多种方式分享各自的体验,从而不断丰富幼儿的情感体验,增强幼儿的情感与态度。

(五) 交流讨论法

交流讨论法是指幼儿在教师的指导下,通过与教师和同伴的对话、交流、讨论等互动活动来展开学习的方法。交往是幼儿的天性活动,幼儿通过与他人的交往,学习知识,获取经验,锻炼能力,实现发展,逐步成长为一个社会人。交流讨论法是一种交往式学习,也是幼儿常用的一种重要学习方法。

交流讨论法是幼儿与教师和同伴在相互平等的地位上,通过相互的对话、交流和讨论,共同参与学习活动,以探求知识的过程。与认知学习相比,交流讨论学习不仅仅注重知识学习,还强调幼儿情绪情感的激发,在相互交流互动中,幼儿的认知、情感、个性等心理活动得以全面融合,使得幼儿身心在互动中全面投入、获得发展。交流讨论的过程,不仅仅是对话交流,还伴随着质疑与探索、理解与明辨,这大大地促进了幼儿知识的建构与迁移。交流讨论学习作为一种交往式学习,是幼儿在相互交往的过程中学习,不仅仅对于幼儿建构知识、澄清观念起到重要作用,而且能使幼儿在交往中学习交往、学习合作、学习共享,最终促进幼儿的社会化发展。

教师在使用交流讨论法开展活动时,幼儿往往会不自觉地偏离教育活动主题;幼儿的对话、讨论、交流也费时耗力,因此教师在引导幼儿开展交流讨论时要注意以下几点:首先,教师在引导幼儿相互对话、交流和讨论时,需要引出能够引起幼儿共同兴趣的话题,让每个幼儿积极参与交流讨论之中。其次,教师还要时刻把握幼儿交流讨论的方向,把控交流讨论的范围,以免幼儿的交流讨论偏离话题或脱离主题。再次,教师在指导幼儿的交流讨论时,特别要注意自身的态度,要以平等尊重的态度指导幼儿,同时也要求幼儿相互尊重、平等对话,否则交流讨论就会成为权威宣讲,从而失去交流讨论法的真谛。

(六) 游戏活动法

游戏活动法是指幼儿在教育活动中,通过游戏形式开展活动的方法。游戏是幼儿的基本活动,也是幼儿最重要的学习方式。《幼儿园工作规程》指出:"游戏是对学前儿童进行全面发展教育的重要形式。"作为幼儿最喜欢的活动,游戏不仅仅是幼儿园的主导活动,也是幼儿园教育活动的一种主要方法。

游戏活动是儿童天性的生命活动,具有自主自愿性、虚拟象征性、欢快愉悦性的特点,幼儿园教育活动运用游戏法开展活动,既能满足幼儿游戏需要,还能激发幼儿活动兴趣与积极性,全面促进幼儿的身心发展。因此,游戏活动法是幼儿园教育活动最重要的方法。

幼儿园教育活动中运用游戏法活动,教师要特别注意以下几点:

(1)在教育活动中,幼儿游戏要服从并服务于教育活动的目标与内容,不能为游戏而游戏,否则游戏法就成了"纯游戏"活动,就不再是教育活动方法。

(2)教师在设计教育活动时,要充分考虑游戏活动的特点,既要设计行之有效的游戏活动,同时也要为幼儿的游戏活动做好准备,以免游戏活动流于形式。

(3)教育活动中的游戏法是实施教育的重要方式和手段,其目的是完成教育活动的任务与目标。教师赋予幼儿游戏自主权同时要注意指导幼儿游戏,不要让游戏偏离活动的主题。

(4)教师在教育活动中指导幼儿游戏,不可强行控制幼儿的游戏过程,不能过分干预幼儿游戏,而应将游戏的主动权还给幼儿,从而确保游戏法的效果。否则,游戏法就会变成"表演法",失去游戏活动的真正价值。

(七)探究发现法

探究发现法是幼儿通过自主的探究活动,发现问题、解决问题的活动过程。这是一种探究式学习。探究式学习是幼儿自主发现、探究现象、解决问题的学习方式,是幼儿围绕着一个主题而开展的自主探索、自由表达、合作交流和质疑解惑的学习活动。这种学习方式对激发幼儿的探索兴趣、满足幼儿的好奇心、发展幼儿的创造力具有重要意义。

幼儿的好奇心非常旺盛。"儿童生而无知,后来长大起来,逐渐与环境想接触,他的好动能力和模仿能力逐渐滋长,而好问心也渐渐起来。"①这是幼儿探究发现的源泉与动力。幼儿自主发现、自由探索、发现问题、解决问题的过程,就如同科学家科学发现、科学探究的过程一样,这一过程同样是幼儿发现知识、积累经验、提高能力的过程。在幼儿园教育活动中,教师要充分激发幼儿的好奇心,创造条件引导幼儿自主探究、发现问题、合作交流、解决问题。特别是在认识自然、了解世界、发现问题、面临挑战的时候,教师还要引导幼儿运用探究发现法自主探索、寻求答案、解决问题,这有助于培养幼儿主动思考、自主探索的科学态度和科学精神。

探究发现法是幼儿自主、独立探索、解决问题的活动,对幼儿的经验与能力有一定的挑战性。因此,在引导幼儿开展探究式活动时,教师要因地制宜、因人而异,不搞"一刀切"。其次,教师要创造条件,支持鼓励幼儿自主探索、自我发现。再次,教师要特别注重幼儿探索发现的活动过程,而不必过度关注探索的结果,即使没有满意结果,幼儿在探索发现过程中也已经收获满满。

三、幼儿园教育活动方法的选用

教师在设计幼儿园教育活动、选用活动方法时,不仅要充分考虑教育活动的目标、内容,还要考虑幼儿的发展水平与活动能力,同时还要满足幼儿的活动需要,激发幼儿的活动兴趣,调动幼儿的活动积极性。

(一)影响教育活动方法选用的因素

1. 教育活动目标

幼儿园教育活动目标是教育活动的灵魂与统帅,是制约活动方法的首要因素。幼儿园教育活动目标有知识经验、技能技巧、能力习惯以及情感态度等,要有效达成这些活动目标,就需要选用相应的方法来活动。知识经验的获取需要幼儿通过亲身活动来感知、记忆、思考并不断积累;技能技巧则需要幼儿观察模仿、不断练习来形成;能力是幼儿活动的成果,需要幼儿"做中学";情感态度则要求幼儿在活动中通过不断感悟、亲身体验来积累与升华。

---

① 陈秀云,陈一飞.陈鹤琴全集(第一卷)[M].南京:江苏教育出版社,2008:194.

2. 教育活动内容

教育活动内容是重要的活动要素,也是影响活动方法的重要因素。不同性质的活动内容也需要相应的活动方法来学习。语言教育需要师幼之间、幼幼之间的互动交流,需要幼儿想说、敢说、多说;体育教育则需要幼儿运动自己的身体来实现;音乐教育既可以引导幼儿在情境中感悟体验,还可以配合律动、舞蹈来加强体验;科学教育则需要幼儿亲身实践、探究发现。

3. 教育活动组织形式

幼儿园教育活动有集体活动形式,也有小组活动和个别活动形式,不同的活动方法适合不同的活动形式。集体活动形式由于人数多、活动集中,需要一定的规范活动,因此活动方法需要教师主导、幼儿自主,活动方法的教学性大于游戏性。小组活动形式则需要幼儿之间的互动合作,才能发挥团队作用,因此互动合作的活动方法有利于小组之间的相互支持、相互合作,共同完成教育活动。而个别活动形式则是幼儿个人的自主活动,因此独立自主的活动方法更适合于个别活动。

4. 幼儿的发展水平与活动能力

教育活动是幼儿的自主活动,需要幼儿的认知、情感与意志心理活动的参与,同时幼儿的身体活动也伴随其中,因此幼儿园教育活动方法的选用会受到幼儿身心发展水平与活动能力的制约,也受到幼儿知识经验的影响。教师在选用活动方法时,要充分考虑幼儿的能力水平,创设多样化的环境支持幼儿选用适合自身的活动方法来开展活动,以保障幼儿的活动安全。

5. 教师的教育理念

教师的教育理念是决定幼儿园教育活动方法选用的关键因素。幼儿园教育活动虽然是师幼共同活动,其核心活动也是幼儿活动。但幼儿由于年龄小、认识浅,还不能完全控制自己。因此幼儿园教育活动的目标、内容不可能完全由幼儿决定,而活动方法的选用自然也会受到教师的影响。教师关于幼儿学习与发展、师幼关系的理念以及教育活动思想等都会对方法的选用产生重要影响。比如,教师对于教育活动中师幼地位的不同理念就会影响教育活动方法的选用。如图 2-10 所示。

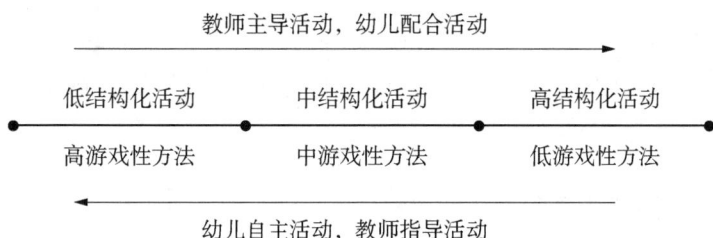

图 2-10　幼儿园教育活动方法取向示意图

可见,教师对师幼活动关系的理念会极大地影响教育活动方法的选用,倾向于幼儿自主活动的教师就会选用高游戏性的方法开展活动,而倾向于教师主导活动的教师则会选用低游戏性的方法来开展活动。

(二)幼儿园教育活动方法选用的原则

1. 目标性原则

教育目标是教育活动的灵魂与统帅,制约着教育活动内容与方法的选择。因此,在选用教育活动方法时,教师首先要坚持目标性原则。凡促成目标实现的方法是有效的、可行的,凡不利于目标实现的方法都是无效的、可弃的。

2. 适应性原则

方法是人使用的,因此幼儿园教育活动方法的选用必须坚持适应性原则。教师选用的活动方法首先要适合幼儿使用,适应于活动内容。不能适应活动内容的方法往往起不到活动效果,达不成活动目标;而不适合幼儿使用的方法则无用且无效。不仅仅如此,教育活动方法还需要适合活动情境,适应师幼互动。

3. 游戏性原则

任何幼儿园教育活动方法都具有一定的游戏性,只不过不同的方法其游戏性有高有低,没有游戏性的方法是纯粹的教学法。幼儿园教育活动与小学教学活动的根本区别就在于游戏性。设计幼儿园教育活动一定要坚持游戏性,否则幼儿园教育活动就会演变成"小学化"的教学活动。因此,要避免幼儿园教育活动"小学化",教师就必须坚持游戏性原则,选用具有一定游戏性的方法或者直接采用游戏法来开展活动。

4. 多样性原则

幼儿园教育活动多是整合性活动,而非单一内容、单一目标,往往是整合多方面内容,实现多样化目标。因此,为适应多方面内容,达成多样化目标,教师就需要采用多样化的方法来开展活动,以利于幼儿的全面发展。多样性原则要求,一个教育活动需要选用多个活动方法、开展多方面活动来促进幼儿的学习与发展。

5. 安全性原则

幼儿园教育活动具有保教结合性,既要促进幼儿学习,更要保证幼儿安全。在开展幼儿园教育活动时,必须坚持安全第一的原则,以保证幼儿身心健康,这是幼儿园教育活动的终极目标。因此,选用幼儿园教育活动方法时,教师要充分考虑幼儿能力、环境因素和互动关系,选用合适恰当的方法开展活动;在活动过程中,教师也要主动指导,防患于未然,消除幼儿活动中的安全隐患,保障幼儿的活动安全。

(三)选用幼儿园教育活动方法的策略

1. 掌握幼儿学习特点, 提高教育活动方法的适应性与有效性

幼儿具有独特的学习方式与特点,只有教育活动方法与幼儿的学习特点相契合时,教育活动方法才是适当的方法,也才能发挥其作用。因此,教师要理解并掌握幼儿的学习特点,

在设计教育活动时,选用适合幼儿学习特点的方法开展活动,从而收到事半功倍的效果。

2. 转变幼儿教育理念,增强教育活动方法的现代化与先进性

教师的教育理念是制约幼儿园教育活动成效的关键所在,教师在设计与实施幼儿园教育活动时,要以现代科学的幼儿教育理念为指导,运用先进的方法和现代化手段,引导幼儿开展学习活动。

3. 研究教育活动规律,保证教育活动方法的科学性与有效性

教育活动具有一定的法则与规律,这些法则与规律是制约教育活动成败的重要因素。教师要不断探索教育活动的规律,确保教育活动的科学性。教师在设计与实施教育活动时,一定要遵循教育活动规律,选用科学的活动方法,采用科学的教育手段,保证教育活动的成效。

4. 采用情境组织策略,增强教育活动方法的针对性与灵活性

幼儿园教育活动都是在一定情境中展开的,而情境会随着活动进展而不断变化。在实施幼儿园教育活动时,教师要随着教育活动的进展,采用灵活机动的方法引导幼儿深入学习、全面发展。教师要根据情境的变化和幼儿兴趣,采用针对性措施与方法,充分调动幼儿活动的主动性、积极性与创造性,不断提高活动效率,增强活动成效。

5. 注重方法多样整合,提高教育活动的全面性与整合性

幼儿园教育活动多数是整合活动,整合了多维目标、多方面内容和多重任务。因此,教师在设计与实施教育活动时,也必须采用多样化方法、整合多方面手段,引导幼儿全面展开学习活动,完成多重任务,实现多维目标。

思考与练习

1. 幼儿园教育活动设计的基本思路是什么?
2. 幼儿园教育活动设计应该遵循哪些基本原则?
3. 举例说明幼儿园教育活动目标有哪三种取向?
4. 幼儿园教育活动内容的组织编排方式有哪几种?
5. 幼儿园教育活动方法的特点是什么?
6. 幼儿园教育活动方法选用的原则是什么?
7. 举例说明教师如何选用幼儿园教育活动方法?

第三章

幼儿园教育活动的资源与环境

本章学习目标

☞ 了解资源与环境在幼儿园教育活动设计与实施中的作用

☞ 掌握幼儿园教育活动资源开发与利用的途径与策略

☞ 掌握幼儿园教育活动环境创设的原则和方法

本章内容纲要

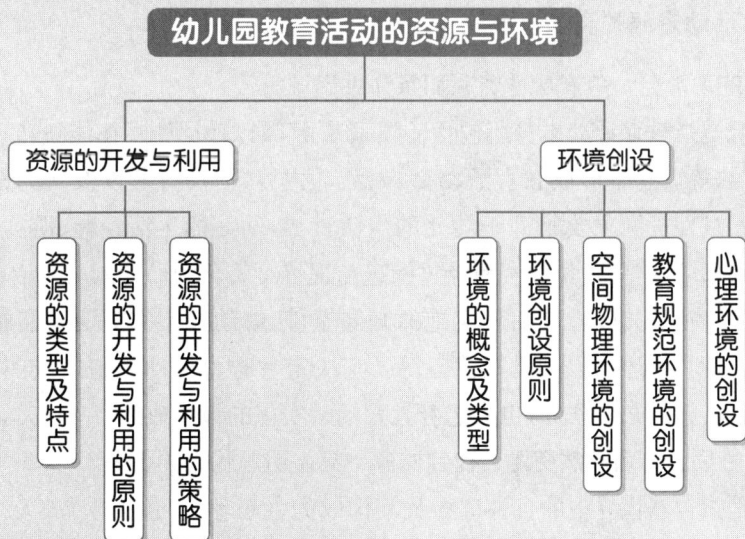

幼儿园教育活动的资源与环境

资源的开发与利用
- 资源的类型及特点
- 资源的开发与利用的原则
- 资源的开发与利用的策略

环境创设
- 环境的概念及类型
- 环境创设原则
- 空间物理环境的创设
- 教育规范环境的创设
- 心理环境的创设

第一节　幼儿园教育活动资源

教育活动资源是幼儿园教育资源的一个方面,是幼儿园教育活动形成的原材料和实施条件。可以说,没有教育资源就无法开展教育活动。幼儿园教育活动在设计、组织与实施过程中都需要丰富的知识、经验、技能与情感态度等资源,耗费着大量的人力、物力、财力以及时间与空间资源,这些资源有些是幼儿园本身拥有的,有些是幼儿园不具备的。这就要求教师树立开放性的教育资源观,开发并利用各种自然、社会和人文资源,为开展幼儿园教育活动创造条件。

一、教育活动资源的类型及特点

教育资源也称教育条件,《教育大词典》的解释是:"为保证教育活动正常进行而使用的人力、财力、物力的总和以及教育的历史经验或有关教育信息资料。"教育资源是教育活动的要素之一。任何教育活动都要以一定的资源条件为前提,教育资源投入的多少以及利用效率的高低是评价教育效果的重要标准之一。现代教育的发展越来越重视教育资源的投入和利用,现代教育的开放性特点更强调要综合利用各种教育资源为教育活动服务,以提高教育的效率。

教育活动资源是幼儿园教育资源的一个方面,也是幼儿园课程资源的一个重要部分。教育活动资源是指幼儿园教育活动赖以形成并不断发展所包含的各种要素来源及其必要的实施条件。它包括教育活动中的各种人力、物力、财力以及文化资源等,它是一切教育活动得以顺利实施的必要条件。教育资源十分丰富,它广泛存在于自然、社会中以及人自身上,需要教师从中开发出来,使之成为教育活动资源并充分加以利用,为幼儿园教育活动服务,促进幼儿的学习与发展。

(一)教育活动资源的类型及其特点

1. 按资源的功能分,有素材性资源和条件性资源

素材性资源是指教育活动本身所包含的要素来源,如知识经验、技能技巧、行为习惯、情感态度、活动方法等。它是形成教育活动目标、活动内容、活动方法以及活动成果的主要资源。幼儿园的素材性资源主要来源于幼儿的生活世界,幼儿的生活经验、游戏活动、师幼互动等都是其要素来源,这些素材性资源经过筛选与提炼可转化为幼儿园教育活动资源。

条件性资源是指幼儿园教育活动实施的必要条件,如幼儿园教育活动实施所必需的人力、物力、财力、时间、场地、媒介、设施设备等。它决定着教育活动实施的范围与水平,是教育活动得以顺利实施的必要条件,也决定着教育活动实施的最终成效。

2. 按资源性质分,有自然资源、社会资源、文化资源和人力资源

自然资源是指自然世界中的各种事物及其构成的生态环境,包括季节、天气、动植物、山川河流、地形地貌等。它是幼儿了解自然、探究世界并获取经验的主要内容和必要条件。自

然资源具有天然性、自发性、地域性和潜在性的特点。

社会资源是指人类创造出来的社会事物、社会现象和社会活动等方面的资源,包括社会生产生活及其工具、社会组织机构及其规范、社会现象及事件、社会商品及服务等。它是幼儿了解人类社会、学习社会规范、形成社会性品质的主要内容和必要条件。

文化资源是指人类社会在历史发展进程中创造出来的社会意识、社会文化与人类精神。它包括物质文化资源、制度文化资源和精神文化资源三方面。它是幼儿学习掌握的主要内容。

人力资源是指教育活动中所涉及到的各方面的人。它包括幼儿与教师、家长与社会人员、管理人员和研究人员等。人力资源是教育活动中最重要、最能动的资源,同时还是教育活动资源的开发者。

3. 按存在空间分,有幼儿园资源、家庭资源、社区资源和网络资源

幼儿园资源是指幼儿园本身所存在、所拥有的各类资源,主要包括教师与幼儿、设施与设备、环境与文化等。幼儿园资源是幼儿园发展的基础,是幼儿园自主掌控的资源,具有便利性、现实性和创生性的特点,是幼儿园教育活动最常用的资源。

家庭资源是指幼儿的家庭及其所拥有的各类资源,主要包括家长、家庭设施、家庭环境、家庭文化等。家庭资源是决定幼儿成长发展的核心力量,也是幼儿园可以拓展利用的活动资源,可以有效补充幼儿园本身资源的不足,为教育活动开展提供广阔的资源支持。

社区资源是指幼儿园所在的社区所拥有的各种资源,主要包括社区人员、社区环境、社区组织及服务,社区文化传统等。社区资源为社区全体居民所有并为之服务,自然也能够成为社区幼儿园重要的资源,若能充分开发利用这些资源,就可为幼儿园教育活动拓展资源空间。

网络资源是指以信息方式存在于网络之中的各种资源,包括文字信息、图形图像信息、多媒体信息和网络工具及虚拟社区等。今天的人类开始进入网络化信息时代,人类的许多资源都在网络化,以便于保存与传播,同时网络也在不断创造出新的人类资源。信息化网络资源具有数量大、智能化、虚拟化、网络化和多媒体等特点,对于延伸人类感知、促进儿童发展具有不同寻常的作用,是其他资源所不可替代的。

(二) 教育活动资源的特点

1. 教育活动资源的具体多样性与潜在性

教育活动资源广泛丰富,存在形式多种多样。实质上,教育活动资源从本源上说和社会资源是同构的,社会资源的多样性决定着教育活动资源的潜在丰富性:既有来自于自然的,也有来自社会的;既有园内的,也有园外的,还有网络的;既有人力,也有物力;既有显性的,也有隐性的;既有文字和信息,也有实物和活动等。多种多样的资源,为幼儿园和教师因地制宜地开发和利用教育活动资源提供了广阔的空间。

幼儿园教育活动资源不仅具有多样性,而且因地域不同、文化差异以及教师的水平差异,还呈现出具体性的特征。因地域不同,可用于开发与利用的教育活动资源亦有所不同,其组成形式和呈现形态也会千差万别。比如,冬季的东北天气寒冷、大雪飘飘,而云南则四

季如春、鸟语花香;同样的资源在教师眼里也会因其水平差异而大相径庭。

　　自然界和人类社会中拥有的具体多样的资源虽然为教育活动资源的开发与利用提供了无限的空间,但这些资源只是潜在的教育活动资源。只有那些具有教育活动意义,能够走进幼儿园教育活动领域,并能为幼儿所理解和接受的资源才是真正的教育活动资源。也就是说,一切多样丰富的资源都具有潜在性,都必须经过教师选择、开发和利用之后,才能由可能的教育资源转化为现实的教育资源,从而实现其教育价值与作用。比如,幼儿园所在社区的公园,它是城市社区重要的环境资源,是市民休闲娱乐的重要场所,但它也是潜在的教育资源,幼儿园可以利用公园良好的生态环境,带领幼儿在公园里开展丰富多彩的活动,这样城市的社区公园就可以成为幼儿园教育活动的重要资源。否则,城市的社区公园也仅仅只是城市的一道风景线,只是发挥着它的休闲与生态功能。

　　教育资源的具体多样性意味着幼儿园拥有丰富的可待开发利用的教育资源,而教育资源的潜在性又决定着这些资源必须经过专业人员的精心筛选和细致加工才能成为教育活动要素与实施条件。只有幼儿园教师具有明确的资源意识和敏锐的感知力,具备一定的资源开发能力,才能开发与利用丰富的教育资源。从这个意义上说,教育活动资源一方面具有相对量上的潜在丰富性,另一方面在现实绝对量上却又是稀缺的。

　　2. 教育活动资源的多质性与可替代性

　　教育活动资源不仅具有具体多样性的特点,而且还具有多质性的特点。正所谓"横看成岭侧成峰,远近高低各不同"。相同的教育活动资源对于不同教育活动有着不同的用途和价值。例如动、植物资源,既可以成为幼儿认识生物、了解科学的资源,也可以成为幼儿调查、统计的资源,还可以成为幼儿园创设学习环境(自然角)的重要资源。教育活动资源的多质性,要求教师慧眼识珠,善于挖掘资源的多种教育价值。

　　不同的教育资源往往还具有相同的教育价值与作用,教育活动资源之间具有可替代性的特点。处于不同地域的幼儿园拥有着丰富但差异性很大的教育资源,但对于教育活动而言,这些千差万别的教育资源可以相互替代,达到殊途同归的效果。例如对于幼儿园环境教育活动而言,农村地区良好的自然生态环境具有极高的教育活动资源价值;而城市则拥有丰富的家庭与社区资源,开发利用这些资源,如垃圾分类、节约用水等,同样可以培养幼儿的环保意识。

　　3. 教育活动资源的综合性与动态生成性

　　幼儿园教育活动是一种整合性活动,不仅在目标上是全面的,在内容上是整合性的,而且在组织实施中也是综合性的。教育活动的设计与实施需要开发利用综合性的教育资源,任何单一性的教育资源都无法实现全面的活动目标。例如培养幼儿独立性的教育活动,不仅仅需要开发利用园内资源开展活动来培养幼儿独立自主的意识和自我服务能力,而且需要开发利用幼儿的家庭教育资源来培养幼儿的自主习惯和独立活动能力。

　　教育活动资源在教育活动中也会随着活动的进展而不断生成。幼儿园教育活动并不是一成不变的,它总是在预设和生成中不断整合与发展。教育活动过程中的一些重要变化都有可能成为重要的教育资源，从而改变原来教育活动的组织和实施，而这些资源是事先无法预知的。例如在教育活动实施的过程中，幼儿的一个错误、一句题外话、一个不经意的念头也能成为可资利用的教育活动资源。这就需要教师善于把握机会，宽容地对待幼儿，开发这些生成性资源，调整原有教育活动结构，激发幼儿兴趣，生成新的教育活动计划并付诸实施。

二、教育活动资源的开发与利用的原则

教育资源是幼儿园教育活动形成与发展的必要条件，决定着教育活动的水平与成果，因此开发与利用丰富的教育资源是教师的重要工作。《幼儿园教育指导纲要（试行）》指出，幼教工作者应该"综合利用各种教育资源，共同为幼儿的发展创造良好的条件"，以促进幼儿的全面发展。可见，资源的综合开发与合理利用是幼儿园一项重要的教育工作。

1. 开放性原则

开放性原则要求教师以开放的心态对待自然与社会资源，尽可能开发与利用有益于幼儿园教育活动的一切资源。有些幼儿教师时常抱怨园内条件差，无法实施自己设计的教育活动。殊不知，资源无处不在，班上没有园里有，教师没有家长有，园里没有园外有，只是需要教师慧眼识珠，发掘利用，而不是坐而抱怨，临渊羡鱼。坚持开放性原则，教师首先要具有开放的心态，尽可能地开发与利用一切有利于教育活动的资源，为幼儿的发展创造丰富的环境和条件。其次，教师要与相关人员通力合作，发挥团队力量，共同开发教育资源，建设共享教育资源库，实现教育资源的合作共享。再次，教师要赋予教育活动以弹性和灵活性，以积极宽容的心态对待幼儿活动，以敏锐的眼光捕捉有价值的生成性资源，把握机会，将其转化成为教育活动资源。

2. 经济性原则

经济性原则是指教育活动资源的开发与利用要尽可能用最少的开支和精力，达到最理想的开发与利用的效果。经济性原则是教育活动中资源开发与利用的一般性要求，因为任何教育活动都不可避免地消耗着社会经济资源。教育活动资源的开发与利用要本着经济高效的原则，合理地加以开发，综合地加以利用，这样才能节约资源、保护生态，而不是一味地追求教育活动资源的丰富多样和现代化。经济性原则要求教育活动资源的开发与利用，首先要用最节省的经费开支取得最佳效果，而不是不计成本地最求"高大上"。其次，教育资源的开发与利用要尽可能就地取材，不应舍近求远、好高骛远，园内有的不求诸于园外，本地有的不求诸于外地。再次，开发出的教育资源应当充分利用，使之成为教育活动的要素和必备条件，充分发挥教育活动资源的效益。

3. 合作性原则

合作性原则要求教育资源开发与利用的相关人员要通力合作、协同工作、共同开发并共享教育活动资源。教育资源的开发建设工作是一项工作量很大、任务很重而且复杂系统的工作，不仅仅需要教师群体合作开发，还要家长和相关人员参与其中，这些资源开发建设人

员要相互支持、相互合作、密切配合,共同开发建设,形成系统力量。另外,要避免单枪匹马、各自为战,重复开发和低效利用教育活动资源。坚持合作性原则,要求在人员上,教师、家长、教育专家以及相关人员要相互支持,通力合作,密切配合,形成幼儿园教育活动资源开发与利用的合力;在内容上,教育资源的开发与利用要有所侧重,突出特色,分工合作,避免重复开发和多重建设而浪费了宝贵的时间和精力;在开发成果上,要求做到资源共享,整合利用,高效力发挥教育资源的作用,避免教育活动资源的低效利用和闲置浪费。

4. 因地制宜原则

因地制宜原则要求教育活动资源的开发与利用应从实际出发,发挥地域优势,突出幼儿园特色,做到因地制宜,扬长避短,合理开发利用。尽管教育活动资源多种多样,但相对于不同的地区、幼儿园,可资开发与利用的教育活动资源具有极大的差异性,这就要求资源的开发与利用应从实际情况出发,发挥地域优势,扬长补短,因地制宜。首先,教师要从幼儿园实际出发,从幼儿实际出发,注重教育资源的适切性,不要追求"大而全""小而全"的教育资源,避免不切实际的想法和做法。其次,教师要从幼儿园所在的地区实际出发,因地制宜,发挥地区资源优势,合理开发与利用教育活动资源。如城市幼儿园可借助城市优势,开发利用丰富的社会资源、文化资源与人力资源;而乡村幼儿园应就地取材,充分开发与利用本土的自然资源和人文资源,开展丰富多彩的教育活动。

三、教育活动资源开发与利用的策略

《幼儿园教育指导纲要(试行)》指出,幼教工作者应该"综合利用各种教育资源,共同为幼儿的发展创造良好的条件",以促进幼儿的全面发展。因此,幼儿园要以教师为主体,多方面人员参与,共同合作,综合开发各方面的教育资源,合理高效地加以利用。

(一) 充分开发与利用幼儿园园内资源

幼儿园拥有丰富多样的教育资源,这些资源也是最便利高效的教育活动资源,应该成为幼儿园教育活动资源的首选。幼儿园教育资源主要包括:①物质资源:幼儿园的设施设备、物质环境;②文化资源:办园思想、教育理念、教育活动资源、文化传统等;③人力资源:幼儿教师、幼儿、保育员、医护人员等。实质上,幼儿园园内拥有丰富的资源,这需要教师慧眼识珠、挖掘利用,才能成为教育活动资源。比如一些城市幼儿园空间小,体育和游戏活动场地不足,设施缺乏,但幼儿园院墙很宽很长,而幼儿园只是在墙上绘画装饰,浪费了空间。事实上,教师可以利用院墙开发出一些活动实施,如靠院墙做出攀爬梯、攀爬网,在院墙上设置涂鸦区、攀岩区,沿着墙脚建设一圈跑道等。这都需要教师开动脑筋,因地制宜,合理开发。

教师在设计与实施幼儿园教育活动时,要充分挖掘幼儿园资源,合理利用园内资源。首先,教师要加强教育资源意识,将幼儿园各方面资源视为可资利用的教育活动资源,尽可能发掘其教育价值,为教育活动服务。其次,教师要加强合作,与同事、幼儿、其他人员通力合作,共同挖掘园内资源,将其开发成为教育活动资源,同时共享园内资源,避免资源的重复浪费。再次,教师要因地制宜、因园而异地开发与利用园内资源,注重资源的经济高效,切不可盲目最求"高大上"。此外,教师要慧眼识珠,废物利用,充分发挥创造力,将一切可用资源开发成教育活动资源,做到物尽其用,人尽其才。

(二) 有效开发与利用家庭资源

幼儿家庭是幼儿成长的主要环境,也是影响幼儿成长的关键因素。陈鹤琴先生曾说过:"幼稚教育是一种很复杂的事情,不是家庭一方面可以单独胜任的,也不是幼稚园一方面能单独胜任的,必定要两方面共同合作方能得到充分的功效。"幼儿园必须与幼儿家庭合作共育,才能促进幼儿的健康成长。在幼儿园教育活动的组织实施过程中,也需要家庭的密切合作,而家庭资源也是幼儿园教育活动的重要资源,能够为幼儿园教育活动的开展提供有力支持。比如有些幼儿园资金有限,购置的幼儿图书少,图书资源严重不足。但幼儿家庭往往都有一些闲置的幼儿图书,教师可以发动幼儿将自家闲置的幼儿图书带来班级共享阅读,这样就会带来丰富的幼儿图书资源。

家庭是幼儿生活、成长、交往的重要环境,也是幼儿认识客观世界、丰富生命体验、学习社会交往、形成个性品质的重要场所。家庭中蕴藏着丰富的人力资源、物质资源、时间资源和环境资源。具体来说,家庭中可资开发与利用的教育资源有:①家庭的人力资源。幼儿家长及其所交往的社会成员都是重要的资源,幼儿家长从事不同职业,具备各种素质与能力,是教育活动重要的人力资源。②家庭的物质资源。家庭拥有丰富的物质资源,这些资源既是幼儿家庭的生活资源,也可以被开发与利用成为幼儿园教育活动资源,如家庭拥有的图书,可以借入幼儿园成为幼儿相互阅读的资源。③家庭的时间资源。幼儿在家的时间几乎是在园时间的几倍,幼儿园可以利用幼儿在家的时间资源来弥补幼儿在园教育时间的不足,可将教育活动延伸到家庭,既能拓展教育活动的空间,同时也能丰富幼儿的家庭生活。④家庭的环境资源。幼儿是在家的物质环境和人文环境中成长的。丰富的物质环境、和谐的家庭氛围、亲密的亲子关系等都是幼儿成长的主要条件,同时也是幼儿园教育活动可资开发与利用的教育活动资源。如幼儿园组织开展亲子活动,既能利用家长资源开展活动,还能增进亲子关系。

在开发利用家庭资源时,教师要注意处理好与家长之间的关系,积极引导家长参与到教育资源的开发工作中。首先,教师要理解、尊重家长,平等沟通,一视同仁。家长虽然不是专业的教育工作者,但他们同教师一样,关心幼儿教育,是促进幼儿发展最重要的力量。在与家长合作的过程中,教师应充分尊重和理解幼儿家长的意见和建议。只有当家长受到充分尊重并认识到自己参与的价值和意义后,才能心甘情愿、全心全意地地为幼儿园教育贡献力量。其次,教育资源的开发与利用,教师要合理安排,有效利用。家长各有各的工作和事业,往往事务繁忙,教师应合理安排时间与空间,以利于家长参与幼儿园教育活动,避免时间和空间上的冲突。同时,教师要控制好资源开发的形式和数量,提高其利用价值,以免给幼儿家长带来负担甚至引起家长反感。再次,教师要给予家长必要的指导和帮助。大多数家长并非专业教育工作者,并不熟悉教育事务,在资源的开发建设上没有经验。因此,教师应给予必要的、适当的指导和帮助,提高家长的教育意识和能力。

案例:"我喜欢的家具"主题活动

　　中班开展"我喜欢的家具"主题活动,主要是让孩子们了解家具的用途,感受家具的特点,感悟家的温情。活动前期,教师请家长指导孩子熟悉自家环境,认识家里的家具,和孩子聊聊家里有趣之事,说说家中的"特殊家具""特殊用品""传家宝"等。在"我家的家具"主题墙上,让幼儿剪贴了许多自家家具图片与照片,分类排列;在图书区,教师放置了来自各个幼儿家庭的生活影集。区角"娃娃家"活动,邀请家长来园陪同孩子一起利用废旧材料制作各式各样"家具"。教师把制作好的"家具"放置在教室的主题区进行"作品展示"。最后,让幼儿自己说说自家"我最喜欢的家具"。

(三) 合作开发与利用社区资源

　　幼儿园都处于一定的社区之中,幼儿园所在的社区是幼儿生活的重要环境。幼儿园周围的广场、公园、菜场、超市、银行、商店等社区环境,是幼儿时常光顾的场所,有幼儿十分熟悉的事物和现象,是幼儿教育不可多得的资源。《幼儿园教育指导纲要(试行)》中就明确提出:"充分利用自然资源和社区的教育资源,扩展幼儿生活和学习的空间。"因此,幼儿园应积极开发、利用社区资源,全方位、多通道地对幼儿施加影响,最大限度地促进幼儿身心发展。不同幼儿园所处的社区环境不同,可资开发与利用的社区资源也有一定差异。总的来说,社区资源主要有以下几项:

　　1. 社区的物质环境资源

　　社区的物质环境资源丰富多样,如有多种多样的动植物,有许许多多的工厂企业,有历史悠久的传统民居,有形形色色的历史古迹⋯⋯教师可以引导幼儿走进社区、走进自然,组织幼儿去大自然中远足、郊游、考察、测量,亲身体验大自然的美妙与神奇;组织幼儿到工厂、商店、医院、银行等社区场所参观、访问、调查、探究、体验,亲身感受人们的社会生产和生活。

　　2. 社区的文化资源

　　社区的文化资源依据社区文化的构成要素及其相互关系,可以划分为物质文化、组织文化、精神文化和活动文化四种类型。如社区开展的端午节"龙舟比赛"、元宵节"灯会"等。社区的文化资源是历史发展积淀下来的传统资源,具有着浓厚的人文教育意蕴,是对幼儿进行道德教育、审美教育和生活教育的重要资源。

　　3. 社区的人力资源

　　社区的人力资源主要是指社区里在知识、技能等方面有专长的人才,包括社区的公务员、学校教师、商业人士、专家学者、专业技术人员、知名人士及离退休人员等。这些人员往往具有幼儿教师不具备的知识经验和能力水平。幼儿园要善于利用社区的人力资源,加强与他们的联系,让幼儿与这些拥有丰富知识、经验、文化和技术的人亲密接触,一方面感受这些优秀人士的风范,另一方面接受他们指导,充实幼儿园的人力资源,拓展教育的活动内容,保障活动的实施。

"大自然、小社区都是活教材"。幼儿园在开发与利用社区资源过程中,要本着合作、经济、高效和共享的原则。首先,幼儿园应该树立大课程观,积极开发与利用幼儿园内外资源;要积极主动与资源单位联系,广泛利用社区各种自然资源和社会资源,使社区的优势资源成为幼儿园教育活动资源。其次,幼儿园要提高教师的资源开发能力。社区资源大多处于潜在状态,不具有直接的、显性的课程价值,需要幼儿园教师开发这些资源的教育价值,社区资源才能转变成幼儿园教育资源,并经过加工、利用成为现实的教育活动要素和实施条件。再次,幼儿园在开发建设社区资源时要能够做到资源共享,综合利用。资源共享可以缓解教育资源短缺的矛盾,提高社区资源的利用效率,从而避免社区资源的闲置浪费、重复开发以及无序利用等问题。

案例:"四季——春夏秋冬"主题教育活动

幼儿园大班开展"四季——春夏秋冬"主题教育活动。教师广泛利用社区资源,带领幼儿感受环境事物的四季变化,加深他们对季节变化的认识。春天来了,教师组织幼儿到附近山林、公园或田野进行春游远足活动,认识春天里的大自然,欣赏万物复苏、欣欣向荣的景象;夏天到了,组织幼儿去公园及湖边等地观察美丽花朵,感受自然的繁荣景象和美丽风貌;秋天,让家长带孩子去农家小院或农场,亲手摘取植物果实,亲身捕获小鱼小虾,体验收获的快乐;冬天到了,带领幼儿到冰天雪地,体验冬天的寒冷与自然的变化等。这一系列活动的开展,既加强了幼儿园、家庭和社区之间的互动,又培养了幼儿热爱自然、热爱生活的情感。让幼儿在现实情境中去直接感知和亲身活动,更适宜幼儿学习的特点,幼儿获得的直接体验取代了在教室里的间接认识,更能促进幼儿的学习与发展。

(四) 广泛开发与利用网络信息资源

网络资源是以信息方式存在于网络之中的各种资源。包括文字信息、图形图像信息、多媒体信息以及虚拟社区、网络游戏和互动平台等。信息化网络资源具有容量大、虚拟化、网络化、智能化和多媒体等特点,对于延伸感知、提高教育效果有着重要作用。在幼儿园具备网络的条件下,教师应将网络信息资源当作一座资源"金矿"来挖掘,充分发挥网络资源的优势,来建设幼儿园自己的教育资源库。教师可利用网络资源多媒体特点来充实教育活动内容,使之动态化、形象化、趣味化;也可利用网络超越时空、虚拟现实的特点,为教育活动创设情境,激发幼儿的学习兴趣与求知欲望;还可以利用网络平台,对获取的信息资料进行筛选、加工、编码、整合,开发成幼儿园教育资源;也可利用网络建立网站、资源库,使优质教育资源得到充分交流与共享。网络信息资源十分丰富,教师在开发与利用时要注意以下几点:

第一,开发与利用网络资源要围绕教育目标,不可盲目贪多,要与教育活动相契合,否则就会干扰正常活动的实施,影响活动质量。

第二,开发与利用网络资源要做到资源共享,教师之间、师幼之间、教师与家长之间要相互支持,共享共荣,避免人力、物力、财力和时间的浪费。

第三,开发与利用网络资源,要与幼儿园课程资源建设联系起来,充分利用网络优势,建设幼儿园课程资源库,整合幼儿园的教育活动资源,提高幼儿园教育资源的效力。

(五) 特别关注幼儿自身资源,加以合理地开发与利用

幼儿是教育活动的主体,也是教育活动资源的重要源泉。首先,幼儿所拥有的知识经验、技能习惯、活动方式、情感态度和个性特点等各不相同,这些都是教育活动重要的素材性资源。其次,幼儿本身是教育活动中最重要、最活跃的要素,也是教育活动开展的必要条件,幼儿的需要、兴趣、个性、爱好以及能力与特点等是教育活动组织与实施的基本条件。再次,幼儿的日常生活是幼儿成长的基础,也是教育活动的重要源泉。《幼儿园教育指导纲要(试行)》提出幼儿园教育活动的内容应"贴近幼儿的生活",同时强调教育活动的组织也应"寓教育于生活、游戏之中",因此幼儿的生活本身就是重要的教育资源。此外,幼儿在教育活动中的状态以及一些突发奇想和好奇之处,也是教育活动生成性资源的重要源泉。正如叶澜教授所说:"学生在课堂活动中的状态,包括他们的学习兴趣、积极性、注意力、学习方法与思维方式、合作能力与质量、发表的意见、建议、观点、提出的问题与争论乃至错误的回答等等,无论是以言语,还是以行为、情绪方式的表达,都是教学过程中的生成性资源。"[①]这些生成性资源经过教师的筛选、加工,可以开发成为满足幼儿发展需要、促进幼儿学习的重要教育资源。

开发与利用幼儿自身的资源,教师首先要树立开放的资源观,将幼儿视作教育活动的主体,尊重幼儿的兴趣与智慧,以敏锐眼光捕捉幼儿身上的"闪光点"和"异常点",将其视为教育活动的重要源泉,合理地开发成为教育资源。其次,教师要充分了解幼儿、理解幼儿,理解幼儿是教育的前提,只有理解幼儿才能认识到幼儿身上的积极因素,并将幼儿身上的消极因素转化成积极因素,使之成为教育活动的重要助力。再次,教师要宽容对待幼儿,保持亲和的师幼关系。幼儿是正在成长的儿童,身上既有"闪光点",也有"灰色带",教师要宽容地对待它们,这样,幼儿身上的"闪光点"和"灰色带"就会成为教师重要的教育素材和教育契机。

---

① 叶澜.重建课堂教学过程观——"新基础教育"课堂教学改革的理论与实践探索之二[J].教育研究,2002(10):30.

> **案例：大班活动"十二生肖"**①
>
> 　　在幼儿自由活动的过程中，教师发现他们聚在一起争论不休。有的说："我是属龙的。"另一个说："我也是属龙的。"有的说："我爸爸是属蛇的。"有的说："我奶奶也是属蛇的。"前一个幼儿紧接着说："你奶奶和我爸爸一样大！"后面就有幼儿反驳道："不对！是我奶奶大！"……幼儿对于十二生肖产生了浓厚的兴趣，于是教师在区角活动中投放了大量的低结构的材料。同时又让孩子们对家人的生肖进行了调查，教师根据孩子们的兴趣与问题，设计生成了"十二生肖"单元主题活动。

第二节　幼儿园教育活动环境

　　教育环境是教育活动的关键要素，幼儿园教育活动实质上就是幼儿与教育环境相互作用的过程，幼儿通过与环境互动，主动学习，获得发展。幼儿园教育活动的设计与实施，要充分考虑幼儿的特点，利用一切资源，师幼合作共同创设丰富的环境，准备充足的材料，引导幼儿在环境中自主活动，促进幼儿的学习与发展。

一、幼儿园教育活动环境的概念及类型

（一）概念

　　环境是指人生活于其中并受其影响的一切外部因素与条件的综合体。它既包括自然条件和社会条件，还包括人文条件。环境是人存在与发展的先决条件，也受到人的影响。《联合国人类环境宣言》指出："人类既是他的环境的创造物，又是他的环境的创造者。环境给予人以维持生存的东西，并给他提供了在智力、道德、社会和精神等方面获得发展的机会。"可见，环境是人类赖以生存和发展的重要基础。从环境的结构来看，环境有自然环境、社会环境以及精神环境三个方面。其中，自然环境是指自然存在的客观事物；社会环境是指人及其创造物和社会关系；而精神环境则是指人创造出来的文化与精神。人类的发展就是在人类在自然环境的基础上，创造社会与精神的历史过程。

　　幼儿园教育环境是幼儿园一种特殊的环境。它是指在幼儿园内对幼儿身心发展产生影响的一切物质与精神要素的总和。② 它既包括幼儿园的全体工作人员、幼儿与教师，也包括幼儿园的园舍、设施设备、空间布局以及各种信息要素，还包括幼儿园教育制度、教育观念和文化传统等。对于幼儿学习而言，环境就是"第三位老师"，它是幼儿学习与发展的重要因素。《幼儿园教育指导纲要（试行）》中明确指出："环境是重要的教育资源，应通过环境的创

---

① 黄瑾.幼儿园教育活动设计与指导［M］.上海：华东师范大学出版社，2007：253.
② 袁爱玲.幼儿园教育环境创设［M］.北京：高等教育出版社，2013：4.

设和利用,有效地促进幼儿的发展。"幼儿园教育环境是幼儿教育中的宝贵资源,它是幼儿与幼儿之间、幼儿与成人之间、幼儿与物质材料之间互动的关键因素。

幼儿园教育活动环境是指教育活动中幼儿与之相互作用的环境,是幼儿园教育活动组织实施中的必要条件。任何教育活动都是在一定的教育环境中实施的,幼儿作为环境的主体,与周围环境、材料和教师积极互动,形成自主活动,这就是教育活动的基础。没有环境与材料,幼儿就没有自主活动,也就不可能形成幼儿园教育活动。幼儿的学习也总是通过自身与环境的相互作用来获得发展。幼儿园教育活动环境其实就是幼儿园环境的一个方面,是幼儿在教育活动中与之互动的幼儿园环境。它既包括物质环境,也包括心理环境,还包括活动规范等。《幼儿园教育指导纲要(试行)》提出:"幼儿园应为幼儿提供健康、丰富的生活环境和活动环境,满足他们多方面发展的需要。"因此,幼儿园应综合利用一切资源,创设丰富的幼儿园教育环境,为幼儿提供良好的活动环境和学习环境,为幼儿身心健康、全面和谐发展创造良好的条件。

(二) 类型

1. 从环境对幼儿的发展影响来分

在幼儿园教育活动中,环境既是教育活动的必备条件,能保证教育活动的顺利开展;同时环境也是一种教育手段,环境的感染与熏陶是幼儿教育的重要方式。良好的环境不仅仅是教育活动的物质、心理条件,而且能够引发期待性的幼儿行为;而糟糕的环境则会诱发幼儿的不良行为。见表3-1。

表3-1 两种环境对幼儿发展的不同影响

	良好的环境	糟糕的环境
幼儿在环境中的行为反应	幼儿能被环境中安排的材料和设置的情景所吸引,从而积极地参与活动	幼儿的言语与行为与即时活动情景和性质不一致
	幼儿会以教师计划中的方式主动运用材料和设备	幼儿以破坏或者滥用的方式对待材料和设备
	幼儿能与成人或者其他幼儿分享、商谈和合作	幼儿花费较多时间在等候或闲逛,活动效率低下
	幼儿会有相当的机会对自己的活动作出选择	幼儿大多数时间只是被动地接受教师的支配
	幼儿会以多种方式作用于材料	幼儿常以一种单一方式作用于材料,或独自一人活动
	幼儿会在活动中关心其他幼儿及其活动	幼儿常干扰别人活动,其行为也常受到教师干扰
	在需要时,幼儿会帮助教师开展活动	—
	活动中幼儿会表现出与活动性质相符合的行为	—

2. 从环境的结构成分来分

幼儿园教育活动环境从其结构成分来分,有物理空间环境、组织规范环境与文化心理环境。其中,物理空间环境是幼儿园的物质条件及其空间布局,是教育活动重要的物质条件;组织规范环境是幼儿在教育活动中的行为准则与规范,是幼儿园教育制度与教育观念在教育活动中的具体化,体现幼儿园教育活动的规范性;文化心理环境是教育活动中的文化环境与心理氛围,是幼儿园教育活动中"软环境",它蕴含于课程形态、师幼关系、教师期待与师幼互动之中,良好的文化心理环境能促进幼儿的自主活动。

3. 从环境的形式来分

幼儿园教育活动环境从其形式来分,有物质环境和精神环境。其中,物质环境分为自然物质环境和社会物质环境,这两方面共同构成教育活动的物质条件与基础。自然物质环境包括幼儿园中自然条件,如花草树木、阳光天气等直接可以利用的自然资源;社会物质环境包括活动场地、设施设备、活动材料及其空间布局和环境布置等。精神环境是指师幼关系、教师同事关系、幼儿同伴关系、班风园风以及活动气氛等精神氛围。相较于物质环境,精神环境才是教育活动的关键环境,对幼儿的学习与发展具有决定性作用,幼儿园教育活动的成效从根本上取决于精神环境状况。现实中一些幼儿园只重视物质环境创设,轻视精神环境建设,这是极其错误的。物质环境与精神环境各有作用,二者相辅相成、相得益彰,共同构成幼儿园教育环境,成为幼儿活动的乐园。

二、教育活动环境创设的原则

(一) 教育性原则

环境的教育性是指环境具有教育的意义,环境创设要以发挥环境的教育功能为目标,围绕着幼儿学习与发展创设环境,创设的环境要充分发挥其教育作用。幼儿园教育环境既是幼儿园教育活动的重要条件,同时自身也具有教育功能。良好的教育环境不仅仅是教育活动的重要资源,同时也能够感染幼儿,激发幼儿主动活动,发挥其教育价值。瑞吉欧幼儿教育的观念认为:"环境是第三位老师""空间具有教育内涵"。环境不是装饰品,而是和幼儿教育相互依赖、相互包容、相互影响,两者构成一个不可分割的共同体。教育是否成功,有赖于环境中各个要素是否具有教育成分,是否充分地参与到教育过程中,是否有助于幼儿与环境的互动。瑞吉欧幼儿教育的基本目标就是要创造一个和谐的环境,使每一位幼儿和教师在环境中感到自在、愉悦,生活幸福。

《幼儿园教育指导纲要(试行)》也指出:"环境是重要的教育资源,应通过环境的创设和利用,有效地促进幼儿的发展。"因此,幼儿园要围绕教育目标和课程内容创设教育活动环境,充分发挥环境的教育功能,促进幼儿的学习与游戏。而当前一些幼儿园、一些班级虽然也重视教育活动环境的创设,但却只追求豪华美观,注重美化物理环境,盲目提供材料,而轻视文化心理环境创设,忽视环境的教育功能,弱化环境的教育价值,使得耗费了大量人力物力财力创设的环境只是一道摆设、一片风景,不能够真正发挥环境对幼儿学习与发展的关键作用。

幼儿园环境创设坚持教育性原则,就是要充分发挥环境对幼儿学习与发展的教育价值。这就要求教师创设教育活动环境时,既要关注幼儿学习的物质环境,也要关注幼儿活动的精神环境;既要考虑环境对幼儿发展的引导作用,还要考虑幼儿与环境的相互作用、主动活动;既要发挥环境对幼儿的感染作用,还要引导幼儿参与环境的创设。比如,幼儿园的墙饰要结合教育目标与内容,引导幼儿主动参与,同教师一起共同创设布置,让每面墙都变成"不说话的老师"。

(二) 幼儿参与原则

幼儿参与原则是指幼儿园教育环境创设应尊重幼儿在环境创设中的主体地位,引导幼儿积极主动地参与其中,发挥幼儿的积极主动性,让幼儿与教师共同完成教育活动环境的创设。幼儿是环境的主人,在幼儿园环境中生活、学习与游戏,因此,创设的环境要满足幼儿的需要与兴趣,要适应幼儿的教育活动。幼儿主动参与环境创设,创设的环境才能体现出幼儿的想法与愿望,反映出幼儿的身心需要,也才能适应幼儿学习特点,真正促进幼儿的学习与发展。

要让幼儿喜欢周围的环境,最好的方法莫过于让幼儿真正参与环境创设,让幼儿发表意见,积极与环境主动互动。陈鹤琴说过:"用幼儿的双手和思想布置的环境,会使他们更加深刻地理解环境中的事物,也会使他们更加爱护环境。"幼儿积极主动地参与环境创设,既能够与环境主动互动,体验环境的意蕴,也能够与教师和同伴合作互动,学习交流交往,还能够亲身操作,从"做中学"中获取经验。实践证明:幼儿参与环境创设,不仅仅可以调动幼儿的学习积极性,体验环境创设的成功喜悦,同时还能提高幼儿的责任感、自信心、成就感等心理品质。幼儿在同教师一起设计、动手制作、共同创设环境的过程中,真正实现了幼儿与环境的互动,真正做到了让幼儿成为环境的主人,这不仅能够培养幼儿初步的设计意识和创造美的热情,同时也提高了幼儿一定的动手能力,还能够培养幼儿的环境保护意识。

幼儿园教育环境创设是师幼共同参与、合作完成的教育过程,教师要充分发挥其主导作用,组织引导幼儿主动地参与环境创设。教师首先要树立正确的幼儿观和环境观,激发幼儿主动参与环境创设的兴趣,充分发挥幼儿的主体性和参与意识。其次,教师应多为幼儿提供机会,让幼儿自由发表意见,自主开展活动。再次,教师要积极指导幼儿的制作活动,让幼儿在活动中获得肯定,体验成功。

(三) 适宜性原则

适宜性原则是指教育活动环境的创设要适宜于幼儿的身心特点和发展水平,适宜于幼儿园的地域文化特点和季节特征,要适宜于教育活动的内容与方式,做到有的放矢,因人而异,因地制宜。幼儿园教育环境是为幼儿创设的,幼儿是环境的主人。因此幼儿园环境创设必须从幼儿的需要出发,尊重幼儿的认知特点、兴趣需要、审美情趣,还应充分考虑幼儿身心发展的差异性。只有适宜幼儿的年龄特点和个体差异的环境，才能使每个幼儿在其中都有所获益。幼儿园教育活动环境总是在一定的时空中创设的，幼儿园小环境需要与社区环境、地区文化相统一，符合当地的特点，与幼儿园周围环境融为一体，共同打造适合幼儿活动的环境。同时幼儿园教育活动环境也是为顺利有效开展教育活动而准备的，环境创设要适宜于教育活动的内容与形式，要有利于教育活动的顺利实施，有助于幼儿的主动活动，有利于发挥师幼互动，促成教育活动目标的实现。

（1）幼儿园教育活动环境的创设要适合幼儿的年龄特征和个性特点，满足幼儿的不同需要。在幼儿教育阶段，幼儿存在着明显的年龄特征和个性差异，还存在着发展的"关键期"；不同年龄阶段的幼儿身心发展水平和兴趣爱好、能力水平等差异明显，与环境的互动也存在着方式方法的差异。比如，小班幼儿喜欢结构简单、色彩鲜艳、富有刺激的环境；中班幼儿则喜欢操作性强、差异性较大的环境；而大班幼儿更喜欢探索性强的开放性环境。因此，幼儿园教育活动环境的创设要适应幼儿特点、符合幼儿兴趣、满足幼儿活动需要的活动环境。同时幼儿园要创设丰富多样的环境来适应幼儿的个别差异性。

（2）幼儿园要根据本地生态环境特点，融合当地传统文化，打造富有特色的幼儿园教育环境。幼儿园具有极强的地域性、本土性和社区性等特点，幼儿也是生长于本土的自然、社会与文化环境之中，熟悉幼儿园周边的环境，拥有丰富的环境体验。而幼儿园教育活动也是扎根于幼儿的日常生活，源于幼儿与社区环境的互动。因此，幼儿园教育活动环境的创设要坚持本土特色，融入本土文化，适应地域特点，与家庭环境、社区环境融为一体，要将优秀的地域文化、传统特色融入幼儿园环境之中，使幼儿在充满浓郁本土气息的环境中感悟、体验、学习与活动。同时幼儿园教育活动具有季节特征，活动环境要随着季节变换而相应变化，幼儿园环境创设要适应四季变换，满足幼儿不同的活动需求。

（3）幼儿园教育活动环境是为教育活动服务的，是为适应教育活动内容、满足教育活动方法、实现教育活动目标而创设的。教育活动多种多样，丰富多彩，内容不同，形式各异，不同的教育活动需要相应的活动环境支撑。比如，语言教育活动需要创设一个幼儿"想说、敢说、喜欢说、有机会说"活动环境；科学教育活动则需要创设一个宽松自由的环境，让幼儿有机会大胆尝试、自主探究；主题教育活动需要创设一个多元整合、系统协调、动态生成的综合环境，以保证幼儿充分自主地开展广泛的活动；而区角活动则需要创设适应幼儿不同兴趣的多种多样的区角环境，满足幼儿各种活动的需要。

（四）安全性原则

安全性原则是幼儿园环境创设的首要原则和前提条件。环境的安全性是幼儿生命健康成长的前提，因此，幼儿园环境创设的一切都应以幼儿的健康与安全为前提。《幼儿园教育指导纲要（试行）》也明确指出："幼儿园必须把保护幼儿的生命和促进幼儿的健康放在工作的首位。"在幼儿园教育活动组织实施过程中，坚持把安全摆在首位，一切以幼儿的健康、安全为前提，是教育活动环境创设不可逾越的要求。

环境创设需要使用大量的素材,投放丰富的玩具和材料,这些玩具和材料或多或少都存在着一定的安全隐患,如塑料材料易断裂、木质材料易藏污、钢铁材料很锋利。在环境创设中,幼儿园要坚持高标准、严要求,使用安全可靠、清洁卫生的材料,严格遵守环境标准,规范操作流程,确保环境安全零隐患。比如,幼儿园应该消除棱角锋利的设施与玩具,以防划伤、割坏幼儿;幼儿园安装的玻璃门上应该张贴显眼的图片,以防幼儿误撞受伤。

在创设安全健康的物理环境同时,教师还要创设一个安全信任的心理环境。在幼儿园教育活动中,幼儿是教育环境的主人,幼儿能否轻松自如地在环境中自由活动,关键取决于环境的安全性、适宜性和宽松度。因此,幼儿园教育活动要创设一个舒适温馨、轻松愉快、心理相容、富有情趣的心理环境,以满足幼儿的安全需要,增强幼儿的信任感,促进幼儿大胆探索、合作互动、主动学习、健康发展。为此,这不仅仅需要安全卫生的物理环境,更需要教师树立正确的幼儿观,以和蔼可亲的态度与幼儿交流互动,尊重幼儿的个性差异,满足幼儿的兴趣需要,创造一个和谐安全的心理环境。

(五) 丰富多样性原则

丰富多样性原则是指教师要根据教育要求和幼儿特点创设丰富多样、动态变换的教育环境,引导幼儿开展丰富多样的学习活动,促进幼儿的全面发展。幼儿园教育环境拥有丰富的教育因子,能够提供给幼儿与教师多种多样的教育价值。教师在创设教育环境时,要因地制宜地选择多种多样的材料,创设丰富多彩的环境,提供给幼儿丰富多样的环境刺激,赋予幼儿自主活动的机会,做到"没有一面不说话的墙面,没有一处无用的环境"。只有这样,幼儿的学习机会才能得到保障,幼儿的发展潜能才能展现出来。坚持丰富多样性原则,教师应注意以下几点:

(1) 教师要解放幼儿园的活动空间和活动时间。在空间上,幼儿园要充分发挥空间的立体效益,从天上、地下、角落、室内室外各方面创设适宜性、多样化的小环境,满足幼儿的活动需要。比如教室天花板、地面、楼道走廊、楼梯间、洗手间、阳台、露台、门厅、楼房平顶等一切可以利用的空间来创设适宜的小环境。在时间上,教师要合理安排,统一协调,利用一切可能的时间让幼儿在丰富多样的环境中活动,充分发挥环境的效能。创设好的丰富多样的环境,只有利用起来,才能够发挥其作用,实现环境育人的价值。因此,教师不仅仅是创设好丰富的环境,更要利用好多样的环境,只有解放了幼儿的时间,才能保证幼儿在丰富多样的环境中开展多种多样的活动。

(2) 教师要根据自然与社会环境的变化,适应教育活动的发展以及幼儿的兴趣与需要,不断调整环境创设,动态创设教育活动环境。幼儿园环境一旦创设完成,往往具有相对的稳定性,但自然与社会大环境日益变化,幼儿兴趣与需要不断新生,教育活动也持续发展,这些都需要幼儿园不断地更新教育环境来适应这些变化。因此,教师要因时而异,因人制宜,创设动态变化的教育环境,从而使得幼儿园环境常设常变、常用常新。

(3) 教师在环境创设中,要克服形式主义和封闭思想,注重环境创设的内涵,吸纳广泛建议,避免环境创设的"闭门造车"和"走过场"现象。环境创设是一门科学,也是一门艺术,需要教师海纳百川,学习借鉴一切优秀经验和创新做法,不断推陈出新,创设出新颖丰富的幼儿园环境,以适应时代变迁和社会变化,满足幼儿需要,而不是一成不变,十年如旧。同时教师还要特别注重教育环境的内在价值,克服形式主义,要更多地关注环境中蕴含的教育意义,而不要过多关注环境的"装饰性"。那些越绚丽复杂的环境,中看不中用,其教育功能单一,效用就越低;越简便易用的环境,简洁又高效,其教育功能越多,效用越高。

(六)经济高效原则

经济高效原则是指创设幼儿园教育活动环境应该充分考虑幼儿园的自身条件,用最少的花费创设出最高效的环境。也就是俗话所说的:"少花钱,多办事,办好事。"幼儿园环境不可能凭空创设,它需要耗费大量的人力、物力、财力、时间等资源,而任何一个幼儿园的资源都是有限的,不可能无限使用。这就要求环境创设要遵循经济高效的原则,用尽可能少的花费,创设尽可能丰富的环境。环境创设要追求实用高效,而非"大手大脚花钱,小心翼翼使用"。

早在20世纪30年代,我国著名教育家陶行知就曾对当时幼稚园存在的"富贵病"和"花钱病"提出过尖锐的批评。他指出,幼儿园教育环境的好坏关键在于它能否促进幼儿的发展而不在于花钱多少、外国货有多少。他认为必须改变这样的状况,提出:"把费钱的幼稚园化成省钱的幼稚园,把富贵的幼稚园化成平民的幼稚园。"为此,陶行知还在南京专门创办了一所平民幼稚园——燕子矶幼稚园。

(1)环境创设要坚持经济高效原则,教师要广泛利用一切教育资源,因地制宜地创设教育环境。教师要本着"因地制宜、就地取材"的原则,充分利用一切可利用的材料,少花钱,多办事,办好事。教师可以广泛发动幼儿、家长和社区人员,收集整理废旧材料,用作活动与游戏材料,创设教育活动环境,既能废物利用,又能节省花费,还能组织幼儿动手制作,培养幼儿操作能力。

(2)教师要根据幼儿园实际和幼儿需要,合理创设实用的教育活动环境。不求"高大上",不搞"大而全"。现实中的一些幼儿园在环境创设时,追求豪华气派,环境创设绚丽多彩,琳琅满目,花费巨大,但幼儿也只是一开始有所欣赏,过段时间就无人问津。因此,幼儿园创设教育活动环境,要充分考虑环境的适宜性和效用性,"好钢用在刀刃上",不要将钱花费在无用的事物上,创设出无用无效的环境。

(3)幼儿园创设环境就是为了幼儿与环境互动,开展游戏与学习活动。因此,创设环境的目的就是要"使用"环境的,而不是"欣赏"环境,要让每一个环境都产生其应有的实用价值和教育意义。现实中有些幼儿园花费巨大创设好的环境,因怕孩子损坏而禁止幼儿使用,让创设的环境成为一道"摆设"。这样的环境创设得再好,也不能发挥其作用,从而失去了环境创设对幼儿发展的意义。

三、空间物理环境的创设

空间物理环境是指幼儿园教育活动展开的空间范围及其物质条件。在幼儿园教育活动环境中,空间物理环境是教育活动的重要基础,也是教育活动实施的必备条件。《幼儿园工作规程》要求:"幼儿园应当将环境作为重要的教育资源,合理利用室内外环境,创设开放的、多样的区域活动空间,提供适合幼儿年龄特点的丰富的玩具、操作材料和幼儿读物,支持幼儿自主选择和主动学习,激发幼儿学习的兴趣与探究的愿望。"因此,创设良好的物质环境,打造安全的活动空间,是保证教育活动实施的重要前提。

(1)幼儿园要做好环境的整体规划,合理有效地利用幼儿园空间,让每一处环境都成为幼儿的"老师"。幼儿园有大有小,各有特点,又各不相同。每所幼儿园一开始就要根据自己幼儿园的特点,整体规划环境,合理安排设施,充分利用空间,让创设的环境成为一个整体,让教育无处不在,让欢笑充满幼儿园。

幼儿园往往有室内与户外两部分,室内空间极其有限,合理布局并有效利用是室内物理环境创设的重点。比如,如何在狭小的室内空间创设一定数量的区角,满足幼儿学习与游戏活动的需要,就是一项艰巨的任务。而户外空间环境布局,则需要考虑幼儿园院落空间的大小与形状,依据幼儿园自然环境特点,合理地进行区域划分,高效地进行环境创设。陈鹤琴先生曾指出:"幼儿园需布置一个科学环境,尽可能地领导儿童栽培植物(花卉、蔬菜),布置园庭,从事浇水、除草、收获种子等工作,并饲养动物……"因此,创设满足幼儿各方面室外活动需要的区域环境,是每个幼儿园都需要认真考虑且异常棘手的工作。详见图3-1。

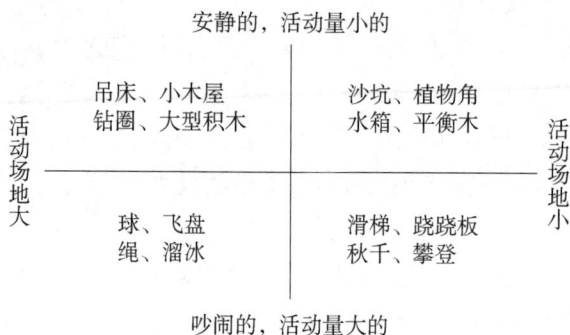

图3-1　户外活动场地的区域划分示意图

(2)幼儿园要充分调动各方面的力量与资源,合作建设,共同创造一个良好的幼儿园环境。幼儿园物质环境的创设需要耗费大量人力、物力和财力,仅仅依靠幼儿园的力量与资源是远远不够的,这就需要加强与家庭、社区的密切合作,调动一切可利用的力量与资源来合作建设,共同创设幼儿园环境。其中,积极发挥幼儿的主体作用,引导幼儿主动参与、大胆创设,是合作创设环境的重中之重,不仅能够加强环境创设的力量,同时也是幼儿园教育的一项重要活动,通过教师有效指导可以大大促进幼儿的学习与发展。

(3)创设好的幼儿园空间物理环境一定要物尽其用,充分发挥其教育功能。也就是教师要尽可能地发挥环境的教育价值,促进幼儿的学习与游戏,促进教育活动的发展。正是因为空间物理环境是有效开展教育活动的前提条件,所以在教育活动中,教师应尽可能地挖掘环境中的一些因素,动态生成幼儿的活动主题;利用幼儿园的物质环境条件,激发幼儿探索环境的兴趣,引导幼儿与环境相互作用,促进幼儿的主动学习与发展。

四、教育规范环境的创设

教育规范环境是指在幼儿园教育活动中,幼儿与教师必须遵循的组织规范和纪律要求。教育规范环境是保证教育活动顺利实施的重要条件,也是保障幼儿活动安全的重要因素。幼儿的教育活动是在一定的空间物理环境中展开的,任何空间物理环境都存在着一定危险性,而幼儿的自我控制能力还很弱,因此,消除这些安全隐患,保障幼儿顺利活动是教师创设教育活动环境的重中之重。如何消除安全隐患?如何保证活动秩序?如何保障活动安全?这就需要幼儿园加强管理,确立规范,提出要求,创设全面适当的教育规范环境。另外,环境也可以引发幼儿的积极行为。教师引导幼儿在蕴含规范的教育环境中主动活动,有助于幼儿自觉遵守活动要求,形成规则意识。因此,活动规范的建立不仅是幼儿集体活动的需要,还可以培养幼儿的良好情绪,养成幼儿良好的生活习惯和行为习惯,提高幼儿的生活能力和活动能力,从而促进幼儿的身心健康成长。

幼儿园教育规范环境是一把"双刃剑"。一方面,系统而严谨的规范可以确保教育活动的秩序,消除安全隐患,保障幼儿活动安全,养成良好的行为习惯,这正是确立纪律规范的目的,也是幼儿园教育规范环境创设的宗旨。但另一方面,系统而严谨的规范环境同样也会束缚幼儿的手脚,阻碍幼儿大胆探索、主动活动,难以满足幼儿的活动需要,也会影响教育活动的成效。意大利著名教育家蒙台梭利曾说过:"纪律与自由是一件事物不可分的两部分——尤如一枚铜币的两面。"她认为,自由与纪律并不是完全对立的,给儿童以极大的活动权利,并不意味着允许儿童随心所欲、恣意妄为。因此,把握好教育活动规范的纪律性与灵活性、严谨度与宽松度,在二者之间找到平衡点,就是创设教育规范环境的关键所在。

(1) 创设教育规范环境,教师要全面把握幼儿的身心发展水平和能力特点。无论是幼儿活动还是教师活动,都是建立在活动能力之上,受到身心水平的制约。任何超越能力的活动都会给活动主体带来安全威胁与挫折失败,而任何超越身心水平的规范要求也都不可能得到有效遵守,甚至还会导致幼儿的手足无措。因此,创设教育规范环境,教师要充分了解幼儿的身心特点、发展水平与能力习惯,建立适合幼儿实际的制度规范和纪律要求,才会受到幼儿的尊重,得到幼儿的认可,幼儿也才会自觉遵守、自如活动。

(2) 创设教育规范环境,教师要尽可能地将规则规范融入空间物理环境,蕴含在环境的方方面面,体现在幼儿的行为之中。良好的教育活动规范既不是幼儿园的明文规定,也不仅仅是教育活动的纪律要求,更不是幼儿教师的强迫命令;而是一套隐形的规则,隐含在教育活动环境之中,像一把无形的大手引导控制着幼儿与教师的活动,以保证教育活动的有序开展。将规则隐含在环境之中,让环境诉说"无声的规则",让幼儿不自觉地遵守"无声规则",这是教育规范环境创设的最高境界。例如,在"娃娃家"入口处的地板上,教师可以贴上几双正确摆放的鞋印作为标志,小鞋印标志不仅规定了娃娃家的活动人数(几双鞋就几个人),还能提醒幼儿鞋子左右脚的正确位置,让幼儿学会正确穿鞋,训练幼儿的生活技能。

(3)创设教育规范环境,教师要准确把握规则规范的要求尺度,在严谨规范的基础上,保持一定的灵活性与宽松度。制度规范是把"双刃剑",有利也有弊,在制定制度规范时不能只看其正面效益而忽视其反面效应。规则与自由是一对矛盾体,幼儿活动环境宽松自由,就能激发幼儿的活动兴趣和探索欲望,调动幼儿学习的积极性与创造性,形成激情高涨的自主活动,但同时也会带来幼儿间的矛盾与不可预测的安全隐患,无法确保幼儿的活动安全;反之,幼儿活动环境严谨规范,对幼儿要求多,则能够消除幼儿活动的许多安全隐患,但也会因为规则多、要求严而减低幼儿主动活动的兴趣,大大减弱幼儿探索环境的欲望,严重制约着幼儿的自主自由活动,使教育活动效果大打折扣。因此,在规则要求与自主自由之间保持相对平衡,在统一要求与现实差异之间保持一定的灵活性,是制定幼儿活动规范的基本要求。教师要根据幼儿的身心能力与水平,制定具有适应性、灵活性和动态性的教育活动规范,在确保安全的前提下,促进幼儿的自主学习和主动发展。

五、心理环境的创设

幼儿园教育活动的心理环境是幼儿园精神环境的一个方面,是幼儿园人际关系和心理氛围的综合。随着幼儿园物质条件的不断升级,人们也越来越重视幼儿园精神环境的建设。《幼儿园工作规程》也指出:"幼儿园应当关注幼儿心理健康,注重满足幼儿的发展需要,保持幼儿积极的情绪状态,让幼儿感受到尊重和接纳。"幼儿园的精神环境不仅仅能够影响幼儿在园的生活、学习与游戏,影响师幼关系及师幼互动,还会影响幼儿园与家庭的关系及其相互合作,最终影响幼儿身心健康和谐的发展。而在幼儿园教育活动中,当基本物质条件达到要求后,起决定作用的就是文化心理条件。幼儿在教育活动中是否大胆探索、主动活动,完全取决于心理环境是否健康安全、轻松自由,这是决定幼儿学习活动的关键因素。

良好的心理环境一方面会促进幼儿在教育活动中的潜能发挥,另一方面也会消除幼儿活动中的不良情绪,促进幼儿的心理健康。积极健康的心理环境给幼儿以安全感,赋予幼儿自主自由的活动空间,满足幼儿的好奇心,并能激发幼儿强烈的探索欲望,促使幼儿主动活动,大胆探究;而轻松和谐的活动环境也会消除幼儿的心理焦虑,赋予幼儿安全感与自信心,维护和谐的人际关系,激发幼儿学习的热情,从而维护幼儿的心理健康。

(一)良好心理环境的基本特征

(1)和谐的人际关系。教育活动中的人际关系主要是师幼关系和幼幼同伴关系,其中民主平等的师幼关系是核心,友好合作的同伴关系是重要基础。构建和谐的人际关系是创设良好心理环境的核心要求与根本保证。

(2)轻松融洽的心理氛围。幼儿在轻松和谐的心理氛围中,维系着良好的师幼关系与同伴关系,展开积极主动的师幼互动与同伴互动,大胆探索,主动活动,增强教育活动的内在动力。因此,营造轻松愉悦、相互尊重、融洽和谐的心理氛围是心理环境创设的重要内容。

(3) 合理有序的制度规范。合理有序的制度规范保障了幼儿自主活动的成功实施,能让幼儿体验成功的喜悦,增强了幼儿的成就感与自信心。其中明确的规则纪律保证了幼儿活动的安全与健康;合理的活动安排调节着幼儿活动节奏,保证幼儿获得愉快有益的体验;一贯而灵活的常规要求固化着幼儿的活动经验,养成幼儿良好的行为习惯。

(二) 创设良好的心理环境

1. 幼儿园要在创设丰富多样的物质环境基础上, 尊重并满足幼儿多方面的需要

在教育活动中,幼儿多方面的需要既是幼儿主动活动的内在动力,也是幼儿心理安全的基本诉求,还是幼儿情绪波动的内在原因。心理学的研究表明:需要是儿童情绪情感发生的根源,需要的满足是儿童心理发展的基本前提,也是儿童生命活动的内在动因。只有儿童的需要得到满足,儿童才会建立起对外部世界的安全感与信任感。如若儿童的基本需要得不到尊重与满足,就会导致儿童心理失衡,情绪失控,动力缺失,甚至心理崩溃。因此,尊重并满足幼儿的各种需要,是保持幼儿心理稳定、促进幼儿主动活动,维护幼儿心理健康的前提条件。在教育活动中,幼儿表现出的需要是多方面的,既有生理需要也有心理需要,既有社会需要还有精神需要,教师应该根据教育活动的实际状况,灵活机智地满足幼儿的合理发展需要,营造一个轻松自由的心理环境。

> **案例: 老师来当"妈", 和你一起玩**
>
> 　　快到"六一"儿童节了,幼儿园中班组织了一次亲子活动。活动前老师给孩子们都打了招呼,要孩子们活动当天带一位家长来园,和孩子们一起开展活动。活动当天,孩子们和家长来到幼儿园,在老师的指导下,利用幼儿园提供的材料,开展起小制作活动。孩子们和他们的家长一起活动,十分开心。就在此时,老师突然注意到,班上的小磊独自一人坐在角落,无精打采地趴在桌子上。老师走过去问:"你怎么一个人坐在这里呀?"小磊低着头沮丧地回答:"我爸爸妈妈都不在家,爷爷奶奶年纪大,来不了幼儿园。"老师望着教室里热火朝天的活动场景,又看向孤独无助的小磊,笑着对他说:"这样吧,老师今天来当你'妈',和你一起玩,怎么样?"小磊抬起头高兴地说:"老师,真的吗? 谢谢老师!"然后拉着老师的手,一起讨论制作什么、怎么制作,小磊兴高采烈地准备材料,和老师一起动手制作起来。教室里欢声笑语,十分热闹。

2. 教师要加强师幼互动和幼幼互动, 主动建构和谐的人际关系, 营造融洽的心理氛围

人际关系是心理环境的核心,也是影响心理氛围的主要因素,在教育活动中会直接影响幼儿的心理安全及其活动的主动性、积极性与创造性,对教育活动成效起着决定性作用。《幼儿园工作规程》强调:"幼儿园应当营造尊重、接纳和关爱的氛围,建立良好的同伴和师生

关系。"可见,教师应该积极主动地与幼儿互动,同时通过"榜样示范"与积极指导,帮助幼儿进行互动,建构良好的幼幼关系。

(1)教师要以平等、亲切的态度,积极主动地与幼儿交往。平等尊重的态度能让幼儿感受到教师重视他们的感受与想法,使幼儿感到教师的关注,增强幼儿的信任。《幼儿园教育指导纲要(试行)》中就要求教师"以关怀、接纳、尊重的态度与幼儿交往。耐心倾听,努力理解幼儿的想法与感受,支持、鼓励他们大胆探索与表达"。在与幼儿积极主动的平等交往中,教师要端正态度,熟悉每个幼儿的情况,主动与幼儿聊天,了解幼儿的生活,关注幼儿的想法,做幼儿的"知心朋友";同时以平等自然的姿态与幼儿交流交往,如交谈时下蹲身体,平视幼儿,像朋友一样谈话。教师切忌居高临下对待幼儿,发号施令,强迫幼儿服从,甚至训斥、警告、威胁、体罚。

(2)教师要以积极的正面教育方式,引导幼儿,激励幼儿,促进幼儿。在师幼活动中,教师对幼儿的态度和方式决定着幼儿的情绪情感,影响着幼儿的行为。因此教师要常以正面、积极的教育方式对待幼儿。教师要尊重幼儿、接纳幼儿,多关注幼儿;要赏识幼儿、肯定幼儿,多鼓励幼儿;要信任幼儿,给予幼儿自主自由,多支持幼儿。

(3)教师在同幼儿交往时,要讲究交流交往的技巧,增强师幼的效果。教师在与幼儿的互动中,尽量使用温暖的语言、温柔的语气和亲切的动作与幼儿交流交往。在师幼互动中,教师应尽量使用表情、动作、身体接触等方式来表达自己对幼儿的关心、接纳、鼓励或者不满与阻止,可以起到"无声胜有声"的效果。

3. 教师要积极指导幼儿的同伴交往,帮助幼儿建立合作友爱的同伴关系

幼儿期是人交往能力形成与发展的启蒙期和关键期,幼儿之间的同伴交往是基于身份相同、地位对等的交往,它能为幼儿提供更加丰富的相互交流与学习的机会,对构建合作友爱的同伴关系,促进幼儿社会性品质的发展起到重要作用。幼儿间的同伴交往受到多方面因素的影响,形成三种不同的交往关系状态:受欢迎幼儿、被拒斥幼儿和被忽视幼儿。而教师对幼儿的评价与态度,将会直接影响幼儿的同伴交往地位。社会心理学家认为:在同伴群体中的评价标准出现之前,教师是影响儿童最有力的人物。[①] 因此,教师应积极主动地指导幼儿的同伴交往,帮助幼儿建立良好的同伴关系。

教师积极指导幼儿的同伴交往,要特别注重培养幼儿相互关心、团结友爱、玩具共享、礼貌待人等交往品质,要引导幼儿学会与他人合作共享。因此教师的指导重点应着眼于以下几点:

一是幼儿要尊重同伴的意见。每个幼儿都要倾听别人的意见,懂得互相尊重。

二是幼儿要感谢同伴的帮助。幼儿学习使用礼貌用语,学会感谢、懂得感恩。

三是幼儿要原谅同伴的过失。幼儿要多记住别人的好处,忘记过失,原谅同伴。

四是幼儿要学习同伴的长处。学习别人的长处,改进自己的短处,相互学习,共同进步。

---

① 王振宇.学前儿童发展心理学[M].北京:人民教育出版社,2004:241.

案例：我的一个无意动作对她竟然如此重要①

　　在我的班里，有一个小女孩，长得不是很好看，小朋友也不喜欢亲近她，不愿和她一起玩。我注意到这种现象，曾经在班里讲了好几次，号召小朋友和她一起玩，但效果不明显。有一天，组织幼儿玩游戏时，我正好站在这个小女孩旁边，就拉着她的手和小朋友一起做起了游戏。第二天，小女孩的妈妈送孩子入园时，向我表示感谢。我"丈二金刚——摸不着头脑"，不知为什么小女孩的妈妈要感谢自己。一问才知道。原来昨天晚上小女孩回家后，非常高兴地对妈妈说："妈妈，老师可喜欢我了，今天拉了我的手！"我听后感到非常惭愧，因为自己拉小姑娘的手，完全是出于无心、偶然的。没想到小女孩对我拉手的反应如此强烈，这说明我过去是忽视了这个孩子，没有给予这个孩子以应有的关注与爱。自己的行为也影响了班上的幼儿对这个小女孩的态度。看来首先得从自己做起。从此以后我总是有意识地亲近这个孩子，我的态度影响其他孩子，孩子们也模仿老师的行为，主动去和这个小女孩交往和游戏。对于这个小女孩来说，班级心理环境的质量得到了明显的改善与提高。

4. 教师要主动开展家园合作，营造和谐健康的家园环境

　　营造幼儿园教育活动良好的心理环境，不仅仅依赖于幼儿园与教师，还需要幼儿家庭和家长的密切合作。幼儿在家庭中的情绪情感体验会直接带到幼儿园，影响着幼儿在园的心境与行为，也会影响幼儿的人际关系。因此，幼儿园要主动寻求家园合作，主动提供家庭教育的科学理念，改善幼儿的成长环境，营造和谐健康的家园环境，促进幼儿的身心健康。

　　（1）教师要主动加强与家庭的联系与合作。家园合作的前提就是相互尊重与相互信任、相互理解并相互支持。只有融洽的家园关系与心理氛围，幼儿才会心理安全、情绪愉悦、朝气蓬勃。因此，幼儿教师要通过多种方式加强与幼儿家庭的联系，增强与家长的互动合作，增进相互支持、和谐融洽的家园关系，营造良好的家园环境。

　　（2）幼儿园要经常开展亲子活动，增进幼儿与家长、家长与教师、家庭与幼儿园之间的亲密关系。亲子活动是幼儿园经常开展的重要教育活动。幼儿与家长共同活动，可以丰富亲子关系，增进亲子感情，营造融洽氛围。通过亲子活动，家长增进对幼儿园的理解，积极支持配合幼儿园工作；亲子活动也能够拓展幼儿园教育空间，改善家庭环境，营造一体化的家园共育环境。

　　（3）幼儿园要主动指导家庭教育，改善家长教育方式与家庭教育环境。家庭是幼儿成长的初始环境，家庭教育是最早的幼儿教育，而家长则是幼儿的"第一位老师"。可见，家庭是幼儿健康成长的关键性的基础环境，对幼儿的成长具有决定性意义。可是，家庭并不是专业教育机构，而家长也不是专业教育工作者。其中有些家庭的环境因为各自原因变得极其糟

① 刘焱.幼儿教育概论.北京：中国劳动社会保障出版社，1999：209.

糕,而一些家长却常常采用简单粗暴的方法教育孩子,这些都会致使孩子处于不利境遇,对于孩子的健康成长十分有害。因此,幼儿教师作为专业教育工作者,要主动指导家庭教育,提高家长的教育水平,帮助家庭改善教育环境。幼儿园与家庭、教师与家长共同携起手来,打造一个让幼儿快乐成长的家庭乐园。

孩子们从生活中学习①

如果一个孩子生活在批评之中,他就学会了谴责。

如果一个孩子生活在敌意之中,他就学会了争斗。

如果一个孩子生活在恐惧之中,他就学会了忧虑。

如果一个孩子生活在怜悯之中,他就学会了自责。

如果一个孩子生活在讽刺之中,他就学会了害羞。

如果一个孩子生活在妒嫉之中,他就学会了嫉妒。

如果一个孩子生活在耻辱之中,他就学会了负罪感。

如果一个孩子生活在鼓励之中,他就学会了自信。

如果一个孩子生活在忍耐之中,他就学会了耐心。

如果一个孩子生活在表扬之中,他就学会了感激。

如果一个孩子生活在接受之中,他就学会了爱。

如果一个孩子生活在认可之中,他就学会了自爱。

如果一个孩子生活在分享之中,他就学会了慷慨。

如果一个孩子生活在真诚之中,他就会了头脑平静地生活。

如果一个孩子生活在承认之中,他就学会了要有一个目标。

如果一个孩子生活在安全之中,他就学会了相信自己和周围的人。

如果一个孩子生活在友爱之中,他就学会了这世界是生活的好地方。

如果一个孩子生活在诚实和正直之中,他就学会了什么是真理和公正!

——多萝茜·洛·诺尔

思考与练习

1. 幼儿园教育活动资源有哪几个方面的来源?

2. 教师如何有效利用幼儿的家庭资源? 请举例说明。

3. 教育环境对幼儿园教育活动有什么作用?

4. 幼儿园教育活动环境创设的基本原则是什么?

5. 如何建立良好的幼儿园教育活动心理环境?

---

① 珍妮特·沃斯,戈登·莱顿. 学习的革命[M]. 顾瑞荣,等,译. 上海:上海三联书店,1997:76.

第四章

幼儿园教育活动的
实施与评价

本章学习目标

☞ 了解影响幼儿园教育活动实施的基本因素,理解幼儿园教育活动
实施的三种取向

☞ 理解教育活动实施过程中的师幼互动,掌握师幼活动的基本形态
和互动策略

☞ 了解幼儿园教育活动评价的内容与标准,掌握幼儿园教育活动评
价的原则与方法

本章内容纲要

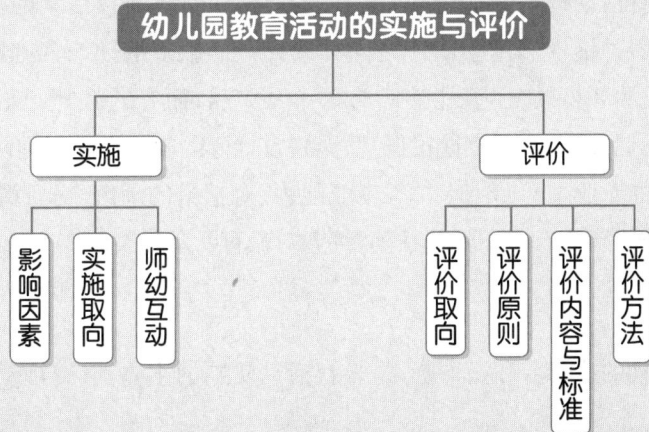

```
          幼儿园教育活动的实施与评价
          ┌──────────────┴──────────────┐
        实施                          评价
    ┌────┼────┐          ┌────┬────┬────┐
  影响  实施  师幼      评价  评价  评价  评价
  因素  取向  互动      取向  原则  内容  方法
                                    与标准
```

第一节　幼儿园教育活动的实施

幼儿园教育活动的实施是教师将幼儿园教育活动设计意图和设计好的方案付诸实践的过程,也是幼儿自主活动的过程。幼儿园教师在设计教育活动时,主要关注教育活动的系统性、科学性和适宜性,但教育活动实施往往关注教育活动的可行性和有效性。因此,教育活动实施过程就是在设计的科学性与实施的操作性之间求得一致的过程。在具体的教育活动实施中,幼儿与教师的互动过程会发生变化,教育的环境也会有所变动,因此,教师要根据教育活动实施的具体情景,适时修订教育活动计划,改变教育活动策略,促进幼儿的主动学习。

一、影响幼儿园教育活动实施的因素

在实际的幼儿园教育活动实施过程中,许多因素都会影响教育活动的有效性,包括教育活动设计本身、教师因素、幼儿因素以及教育的资源和环境等。

(一) 教育活动计划

教育活动设计是决定教育活动实施的一个重要因素。教育活动设计得如何,直接关系到幼儿活动的主动性和积极性,影响师幼的互动,影响幼儿的合作与探究。教育活动设计的结果就是教育活动的计划,幼儿园教育活动计划包含着教师设计的意图,具体有:制定的目标、选择的内容、采用的活动方式以及预设的教育活动进程等,这些都是教育活动实施过程中的关键因素。高质量的幼儿园教育活动设计会形成科学、合理、适宜且有可行性的教育活动方案,教师依据此方案实施教育活动,就能够有效地开展活动,从而调动幼儿学习的自主性与积极性,促进幼儿的发展。反之,教育活动设计不合理,目标不适宜,内容不相符,活动方式僵化,尤其是幼儿的自主活动欠缺,这样的活动计划就难以有效实施,也不可能实现教育活动目标,甚至会抑制幼儿活动的主动性,阻碍幼儿的发展。

(二) 幼儿教师

幼儿教师是教育活动计划的执行者,是实施、调整和修正教育活动的操作者,对幼儿园教育活动的实施起着关键性作用。即使是同样设计好的教育活动,有的教师善于把握幼儿的特点、教育的契机和环境的变化,能够实施得十分完美;而有的教师则限于自身的能力和水平,实施时难以把握,活动的有效性很低,甚至将设计好的教育活动引向歧途。

幼儿教师自身的专业理念、专业水平、专业能力、对情景的理解、对资源的利用以及教师已有的经验、自身的情绪状态和人际关系等,都会对教育活动的实施产生重要影响。

(三) 幼儿

幼儿是教育活动的执行者和操作者,是教育活动实施的主体,教育活动就是幼儿与环境

相互作用的过程。因此,幼儿是决定着幼儿园教育活动实施的根本性因素。但幼儿在教育活动中主体作用的发挥,还需要教师的引导与支持,教师在教育活动实施中的工作重点就是引导并促进幼儿的主动学习。

幼儿对教育活动实施的影响是多方面的:其一是幼儿整体的精神面貌、集体人数、家庭背景、社区文化等;其二是幼儿自身的水平和特点,这是影响活动实施的关键因素;其三是师幼关系和幼儿的同伴关系。幼儿在教育活动实施中的兴趣变化和需要激发也是影响活动开展的重要因素,它们往往左右着教育活动实施的进程。

(四) 幼儿园的资源与环境

在幼儿园教育活动实施中,需要大量的教育资源支持,需要创设良好的教育环境来参加幼儿的学习。幼儿园的资源丰富,能够开展丰富多彩的幼儿活动,而良好的活动环境更是幼儿主动学习的关键所在。幼儿园与幼儿家庭的关系、幼儿园与社区的关系以及幼儿园所处地区的政治、经济与文化等方面也是影响教育活动实施质量的重要因素。

二、幼儿园教育活动的实施取向

幼儿园教育活动的实施取向是指对教育活动实施过程本质的不同认识以及支配这些认识的相应的价值观。[①] 根据美国课程专家幸德尔、波林等人的归纳,教育活动的实施存在着三种基本取向,即"忠实取向""相互适应取向""创生取向"。

(一)"忠实取向"的活动实施

所谓"忠实取向",顾名思义就是教育活动的实施过程忠实执行教育活动计划的过程。"忠实取向"的活动实施,教师是根据预设的教育活动计划,期望通过预设活动的开展,来达到教育活动的目标。衡量教育活动实施成效的标准就是实施过程与活动计划是否一致,活动的结果是否达到了预设的目标。

"忠实取向"的活动实施强调教师对教育活动的预设,强调教师忠实执行预设的教育活动方案,强调幼儿根据教师的安排来展开学习活动,强调幼儿学习的结果。这种取向是将教育活动的实施过程视为计划的执行过程,教师和幼儿成为教育活动计划的"被动执行者",教育活动计划是教育活动实施的指南针与权威所在,任何对教育活动计划的重大修订都是不可想象。当然,对活动计划的实施稍作变动还是可以接受的。

"忠实取向"的幼儿园教育活动实施,由于是忠实执行活动的计划,教育活动的生成性低,往往难以适应丰富变化的环境和幼儿不断变化的活动兴趣,这就需要教师在实施过程中通过各种策略激发幼儿参与教育活动的主动性、积极性和创造性。

---

① 朱家雄.幼儿园教育活动的设计与实施[M].北京:高等教育出版社.2008:312.

(二)"相互适应取向"的活动实施

"相互适应取向"是将教育活动实施过程看作教育活动设计与实施之间相互适应、动态调整的过程。这种取向认为,教育活动设计是一种理想的预设和预期,而活动的实施则是在具体真实的情境中展开的,是由实施者根据实际情况具体把握和决定的。因此设计好的教育活动需要教师在具体的实施过程中进行动态调整,以适应活动实施过程中不断变化的情况。

幼儿园教育活动与中小学的课堂教学相比,具有很大的差异,幼儿园教育活动具有生成性和生活性,幼儿在活动中的兴趣点也是不断变化的。幼儿园教育活动的生成性和生活性特点决定了幼儿园教育活动不可能是一成不变的,而是在实施过程中,既要充分考虑教育现场的具体情况,还要考虑幼儿的兴趣和需要,并据此对活动的实施作出相应的修正与调整。

"相互适应取向"的活动实施,要求教师在教育活动实施过程中,心中要有"大目标、大方案",正确处理好预设与生成的关系,既要根据预设的活动方案来开发利用资源、创设活动环境,同时还要依据实施的具体情境和幼儿的实际表现,作出适应性修正,使教育活动的实施更切合实际。

(三)"创生取向"的活动实施

"创生取向"是将教育活动的实施过程看作一个教育活动生成与创造的过程,是教师与幼儿共同创造经验的过程。幼儿园教育活动本质上是幼儿与环境相互作用的过程,是幼儿在具体的教育情境中通过自主活动获取经验、获得发展的过程。因此,幼儿园教育活动的实施过程是预设与生成相结合的过程。"创生取向"是将教育活动的设计看作教育环境的创设、教育资源的准备过程,而教育活动的实施则是在设计好的情境中,教师和幼儿与教育环境的互动过程。通过互动,教师和幼儿真正成为教育活动的创造者。

活动实施的"创生取向"要求教师在设计教育活动方案时,重点放在幼儿活动环境的创设上,放到教育活动资源的提供上,放在教师与幼儿的合作上。而教师作为教育活动的开发者,教育活动的实施过程也成为教师与幼儿共同创造经验、共同成长的过程。

(四)三种实施取向的比较与权衡

幼儿园教育活动实施的三种取向在理论上构成一个连续体。如图4-1所示。

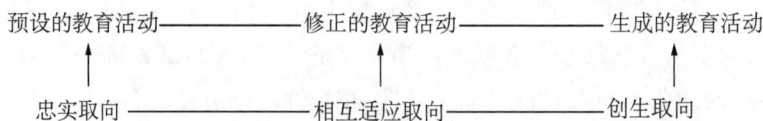

预设的教育活动————————修正的教育活动————————生成的教育活动

忠实取向————————相互适应取向————————创生取向

图4-1　教育活动实施取向的连续体示意图

教育活动实施取向的连续体的一端是预设的教育活动,对应着活动实施的忠实取向,就是说,忠实取向的实施是以预设的活动为主导,一丝不苟地执行预设活动计划的过程。教育活动实施取向的连续体的另一端是生成的教育活动,对应着创生取向,创生取向是把活动实施视作教师与幼儿在环境中生成教育活动的过程。连续体的中间是介于二者之间,是修正的教育活动,对应着相互适应取向,它将活动的实施看作是计划与变化的结合,是预设与生成的结合,是教育活动设计者与实施者之间协商与相互适应的过程。

对幼儿园高结构化教育活动的实施,教师往往采取忠实取向,以便于教师把控教育活动过程,完成既定活动目标,达到预期的活动结果。对中、低结构化教育活动的实施,教师会采取相互适应取向或创设取向,在活动过程中不断生成活动主题,让幼儿在感兴趣的活动中获取有益经验。

在教育活动的具体实施过程中,这三种取向不是绝对的,而是随着教育活动的展开不断发生改变的过程。教师往往从预设的活动出发,采用忠实取向的实施策略,但教师与幼儿在与活动环境的相互作用的过程中,会不断产生新的问题,教师就需要采取相互适应取向的实施策略,及时调整活动计划,形成修正的教育活动;而教师和幼儿在教育活动实施过程中,也会产生新的兴趣,这时教师应采取创设取向的实施策略,及时生成新的教育活动,推动整个教育活动不断发展,让幼儿获取全面丰富的经验。

三、幼儿园教育活动实施中的师幼互动

所谓互动也称"相互作用,是指人与人之间的心理交互作用或行为的相互影响,是一个人的行为引起另一个人的行为或改变其价值观的任何过程"。既包括"人与人或群体之间的交互动作或反应的过程",也"包括个人与自我的互动过程。"[①]

师幼互动是指教师与幼儿之间的相互作用,它是指发生在幼儿教育机构中,教师与幼儿之间相互作用和相互影响的行为及过程。师幼互动是幼儿教育实践中的核心因素,教育过程中任何设计完美的教育理念、教育方案、教育目标、教育计划无不是经过教师与幼儿之间的相互作用才转变为现实的。师幼互动既有宏观的幼儿园层面的互动关系,也有微观的各类教育活动中的师幼互动关系,我们下面重点讨论微观层面教育活动过程中的师幼互动。

(一) 教育活动中师幼互动的类型

幼儿园教育活动中的师幼活动,存在着多种类型,表现出师幼活动的不同特征。

1. 根据发动者的不同, 可分为: 教师主动发起的互动和幼儿主动发起的互动

教师主动发起的互动是教育活动中教师引导幼儿主动活动的策略之一,也是教育活动中师幼互动的主要类型。幼儿发动的师幼互动,往往是幼儿在活动中发现问题、面临困惑时发起的,但要形成实质性的师幼互动,还需要教师的及时回应。

---

① 章人杰. 社会学词典[M]. 上海:上海辞书出版社,1992:151.

2. 根据师幼互动的角色定位，可分为：倾斜式互动和平行式互动

倾斜式互动，就是在互动过程中，教师居于活动的中心地位，居高临下地与幼儿互动，互动的主导权掌握在教师手里，幼儿处于被动互动的地位。

平行式互动，是指教师与幼儿在教育活动中相互平等、彼此平视、对等交流、合作互动。[①]

3. 根据教师在师幼互动中的作用，可分为：控制型、合作型、参与型、支持型互动

（1）控制型互动是指教师控制着师幼互动的内容、方式和互动节奏，幼儿被动地接受互动。

（2）合作型互动是教师与幼儿处于平等的地位，共同探讨，相互合作，解决问题。互动既有教师发起的，也有幼儿主动发起的。

（3）参与型互动是教师主动参与到幼儿的自主活动中，成为活动的一员，与幼儿一起互动，共同完成活动任务。

（4）支持型互动是教师作为幼儿自主活动的支持者，在幼儿需要时提供支持与帮助。互动主要是由幼儿发起，在幼儿不需要时，教师不会主动发起互动。

四种类型的师幼互动关系形态，如图 4-2 所示。

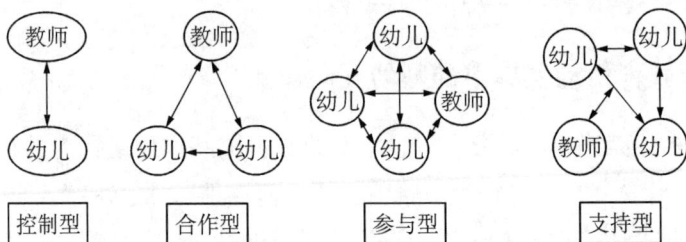

图 4-2　幼儿园教育活动中师幼互动关系示意图

（二）建构积极有效师幼互动的策略

师幼互动尽管是教师和幼儿之间的相互作用，但其关键还在于教师，教师把握着师幼互动的核心，左右着师幼互动的形态和节奏。《幼儿园教育指导纲要（试行）》指出，教师要"关注幼儿在活动中的表现和反应，敏感地察觉他们的需要，及时以适当的方式应答，形成合作探究式的师生互动"。在教育活动过程中，教师要采取有效的策略，与幼儿一起建构积极有效的师幼互动关系。

1. 教师要尊重幼儿的基本需要

良好的师幼关系具有温馨的情感色彩。教师要使幼儿在教育活动中自主自由地活动，就需要提供宽松的心理氛围，师幼互动产生积极、正向的情感联系，使幼儿感到安全与轻松。因此尊重幼儿的各种需要，是建构积极有效的师幼互动、形成良好的师幼关系的前提和基础。

---

① 刘晶波.理想师幼互动行为的探寻[J].学前教育，2004(5)：10.

幼儿年龄虽小,但也有各种各样的需要,包括生理需要与心理需要。教师尊重幼儿的基本需要,既要满足幼儿基本的生理需要,又要尊重和满足幼儿各种情感性需要,还要尊重和满足幼儿的交往需要,更要尊重幼儿人格,满足幼儿自尊与自信的需要。

2. 教师要积极主动地与幼儿互动交往

师幼互动的主导权始终把握在教师手里,幼儿在师幼互动上受制于教师的成人权威和自身的弱小,处于相对被动的地位。因此教师在师幼互动上要采取主动,积极与幼儿互动。

教师主动与幼儿互动,首先要以一种平等亲切的态度与幼儿交往。一方面教师的亲切和蔼在心理上能消除幼儿与教师的隔阂,如叫幼儿的"小名"、"昵称"就有助于幼儿产生对教师的亲近感与熟悉感。另一方面,平等亲切的态度可以密切师幼关系,加强师幼互动,形成稳定良好的师幼关系,甚至幼儿把老师看作自己的"知心朋友"。

其次,教师在与幼儿的互动中,切忌以居高临下的态度对待幼儿,对幼儿发号施令,强制幼儿服从,这样是不可能真正得到幼儿的信任和尊重的。教师滥用权威不仅仅是妨碍师幼互动,更是压抑幼儿的天性,打击幼儿的自尊心和自信心,对幼儿的健康成长极其有害。教师有自己的烦恼和不悦,但面对幼稚的幼儿时,教师一定要具有明确的角色意识,不要将自己的苦恼和不悦带到幼儿身边,更不能把烦恼和不愉快转嫁、发泄到幼儿身上。

在与幼儿的互动中,教师不同的态度会产生完全不同的互动效果。教师对幼儿的态度决定着师幼互动的质量和效果,决定着幼儿喜欢不喜欢老师,决定着师幼关系的核心成分——情感关系的密切与发展。因此教师在师幼互动中,一定要保持着良好的心态,本着对幼儿的怜爱和关注,多从幼儿的角度看问题,这样才能建立起良好的师幼互动关系。

3. 掌握师幼互动的技巧

在师幼互动中,除了亲切和蔼的态度外,教师还要掌握与幼儿沟通交往的基本技巧,这样才有助于教师与幼儿的互动。[①]

(1) 教师要以尊重、平等、亲切的态度对待幼儿。

(2) 教师要熟记每一个幼儿的名字,积极主动地与每一个幼儿交流。

(3) 教师蹲下身子来和幼儿说话,和幼儿说话时要有视线交流。

(4) 教师要微笑面对幼儿,适当地与幼儿进行身体接触。

(5) 教师要仔细、主动地倾听幼儿,与幼儿说话时语调自然、速度适当。

(6) 教师对幼儿不能恶言恶语。

幼儿教师的禁用忌语

"哭哭哭,一个人坐在那里哭个够吧,没有小朋友跟你玩。"

"老师最讨厌整天哭的孩子!"

"又蠢又笨,什么都不会,烦死人,回家叫你妈妈教你。"

---

① 刘炎.幼儿教育概论[M].北京:中国劳动社会保障出版社,1999:216.

"你给我站着，你给我听着，不许……不许……"

"你好讨厌，老是打人！待会儿不准玩游戏！真不讨人喜欢！"

"你画的什么破画啊？简直就是四不像！"

"就你五音不全，还想当歌唱家，门儿也没有！"

"告诉你多少遍了，你就是记不住，没长脑子啊？脑子进水啦？"

"我说话你听见没有，没长耳朵啊？"

第二节　幼儿园教育活动的评价

幼儿园教育活动是一种有目的、有计划的活动，其目的是否达成、活动是否有效、幼儿身心是否得到发展等都需要通过评价来检验，它是幼儿园教育评价的一个主要组成部分。我们可以将幼儿园教育活动评价理解为通过收集教育活动相关信息，依据一定的标准对活动过程诸要素及活动效果作出衡量、判断并赋予其价值意义的过程。幼儿园教育活动评价涉及教育活动目标、内容、方式、活动过程、形式与手段、资源与环境以及教育活动效果等多方面的评定。

一、幼儿园教育活动的评价取向

幼儿园教育活动的评价者在收集信息、判断评价过程中，其所持的价值观念、所关注的评价重点、所依据的评价标准是有所不同的，会表现出某种基本取向，反映着评价者所关注的教育活动价值，这就是教育活动评价的取向。它是对幼儿园教育活动评价的本质认识，支配着教育活动评价的实践。

（一）幼儿园教育活动评价的目标取向

幼儿园教育活动评价的目标取向是将教育活动的目标作为评价的依据，衡量教育活动成效的标准是看活动目标是否实现。目标取向将评价的过程视作一个对照与检查的过程，判断活动目标与活动结果是否一致，如果教育活动的结果与目标相一致，就被视作是成功的教育活动，反之则被视作失败的教育活动。目标取向的评价过程简单易行，便于操作。但目标取向的评价，评价者心中只有活动目标而无幼儿，忽视了幼儿在教育活动中的主体性和创造性，容易陷入简单化、机械化和工具化的境地。

目标取向的教育活动评价，将评价的功能定位于鉴定与选拔的功能上。其收集评价信息的重点放在幼儿对预设的活动目标和活动内容的掌握上，评价多采用定量评价和总结性评价的方式。

（二）幼儿园教育活动评价的过程取向

幼儿园教育活动评价的过程取向是将教育活动过程中教师与幼儿的表现作为评价的依

据,衡量教育活动成效的标准是活动的有效性和幼儿在活动中的主动性、积极性和创造性表现。过程取向将教育评价过程视作一个价值评判的过程,将教师和幼儿在教育活动中的表现作为评价的内容,强调教师与幼儿之间的合作互动。

过程评价取向开始承认评价是一种价值判断的过程,这有助于在教育活动实施过程中关注具体事件,注重过程中人与人的相互作用。但是这种评价取向对人的主体性的尊重比较欠缺,评价的操作性也不够强。

过程取向的评价,由于强调评价的导向与调节功能,注重评价的互动作用,因此多采用定性评价和形成性评价的方式。

(三) 幼儿园教育活动评价的主体取向

幼儿园教育活动评价的主体取向是将评价主体(教师与幼儿)在活动过程中的体验与创造作为评价的依据,衡量教育活动成效的标准是幼儿主体性的发挥和个性的解放。主体取向的评价将评价过程视作评价者与被评价者、教师和幼儿共同建构意义的过程,是对教育活动作出多元价值判断的过程。

评价的主体取向认为,在具体的教育活动中,教师和幼儿是平等的主体,都对活动的评判拥有发言权,评价的过程就是教师与幼儿沟通交流的过程,而不是对幼儿的鉴定过程。主体取向的评价强调评价者和被评价者对具体情境的理解,对活动的自我反思。同时,也尊重差异,尊重价值多元,将个性解放置于重要的位置。但是这种取向也因为其多元性、不确定性和随意性,使活动评价在操作上有相当高的难度。

二、幼儿园教育活动评价的原则

幼儿园教育活动评价是一项系统的工作,要保证评价的质量和效益,教师必须遵循一些评价的基本要求,这些要求就是教育活动评价的原则。

(一) 科学性原则

教育评价的科学性原则是指教育评价实施过程中,评价者必须采用科学合理的评价方法、手段、工具和评价流程来展开评价,确保评价活动的客观性和准确性。科学性的要求是教育活动评价的基本要求,是评价有效性的前提。任何单凭主观经验或直观感觉来判断评价的过程都是随意的,也是不负责任的评价行为,必然导致教育活动评价的主观臆断,也不能提供真实准确的评价信息,无法促进教育活动的反思与改进。

科学性原则要求,在教育活动评价中,教师首先要就评价的内容收集详细的信息和数据,确保评价信息的全面、准确和真实。其次,教师要在全面、准确的信息基础上,采用科学的评价方法进行分析和判断,以保证评价的客观与公正。再次,教师还要综合考虑教育活动多方面因素之间的相互关系和相互作用,采用动态与静态方式相结合、定量与定性相结合的方式实施评价。

(二) 全面性原则

全面性原则要求教师在实施教育活动评价时,掌握全面的信息,从全面的角度评价教育活动,获得全面的评价结论。这条原则体现在三个方面:其一是首先要收集全面的评价信息;其二是对教育活动的主体、目标、内容、活动过程、教师与幼儿的表现、活动的结果等多方面作出评价;其三是获得相对全面、详细的评价结论,以利于反思并改进教育活动。

全面性原则要求教师首先以全面的视角对待评价工作,评价工作不是对某一项指标进行鉴定和筛选,而是要明确教育活动各方面的价值与意义,因此教育活动评价是一项涉及全局的工作,是了解教育活动的适宜性、有效性,调整和改进教育活动,促进幼儿发展,提高教育活动质量的必要手段。其次,评价的内容是对教育活动各方面进行评价,在关注教育活动质量的同时,要对幼儿在教育活动中的兴趣、情感、态度、交往、学习、行为及其自主性等作出全面的评价,要全面了解幼儿的发展状况,防止片面性,尤其要避免只重知识和技能而忽略情感、社会性和实际能力的倾向。再次,贯彻全面性原则要采用多主体评价的方式,只有由不同的评价者对同一对象进行评价,才能防止评价者的价值取向差异,提供全面准确的评价结论。正如《幼儿园教育指导纲要(试行)》指出的那样:"管理人员、教师、幼儿及其家长均是幼儿园教育评价工作的参与者。评价过程是各方共同参与、相互支持与合作的过程。"最后,评价者要在日常的教育活动中采用观察、记录、访谈、交流等多样化的方式进行评价,同时还要综合家长、幼儿园其他人员和社区人员对幼儿园教育活动的意见,以保证教育活动评价工作的全面、客观和准确。

(三) 差异性原则

差异性原则是指在进行教育活动评价时,不要"用一把尺子量所有的东西",评价需要根据具体的对象和活动的情境进行具体的分析和判断,从而得出有价值的结论。任何脱离具体情境而进行的标签式、等级化的评价都是有失偏颇的。因此,教育活动评价要坚持差异性和具体性原则,不仅关注活动情境的差异性,更要关注幼儿的个别差异性,还要关注教师的个性差异性,只有在落实了这些差异性的基础上,教育活动的评价才具有真正的价值。

差异性原则要求评价者首先要理解并把握各方面的差异,比如农村地区幼儿园和城市地区幼儿园在活动环境方面的差异,这必然会带来幼儿在活动中的行为差异,所以不能用城市幼儿的标准去衡量农村的幼儿。其次,评价者既要关注幼儿的全面发展,更要关注幼儿的个性发展,关注幼儿的兴趣、爱好和潜力的发展,要承认和关注幼儿的个体差异,避免用整齐划一的标准评价不同的幼儿,在幼儿面前慎用横向的比较,为其个性的全面、自由、和谐发展预留空间。再次,评价者要采用个性化的评价方式,有差别地对待评价对象,如用"成长记录"的方法,既能收集评价的信息,又可以反映幼儿个别成长的过程,还反映了教育活动对其成长的作用。

(四) 发展性原则

发展性原则是指在教育活动评价中,评价者要以发展的眼光看待评价的对象,要看到被评价者的成长与发展,而不是一味地进行横向比较,这就是"发展性评价"。发展性评价强调评价工作的激励和导向功能,将评价作为改进工作的重要依据,作为促进幼儿成长的重要方式。《幼儿园教育指导纲要(试行)》就明确指出:"以发展的眼光看待幼儿,既要了解现有水平,更要关注其发展的速度、特点和倾向等。""评价的过程,是教师运用专业知识审视教育实践,发现、分析、研究、解决问题的过程,也是其自我成长的重要途径。"可见,发展性评价既体现在对幼儿的评价上,还体现在对教师的评价上;既要求评价者以发展的眼光看待幼儿,也要求以发展的眼光对待教师的工作,让教育评价成为教师专业成长的重要手段。

贯彻发展性评价原则,首先评价者要树立正确的教育观、儿童观和发展观,要以动态发展的视角看待幼儿,要充分认识幼儿的发展潜力;要看到幼儿的成长是一个自然渐进的过程,受到多方面因素的制约,不完全由教育因素所左右。其次,评价者要对被评价者作纵向性的比较分析和动态发展性的判断,要关注被评价者的成长与发展,始终以欣赏的眼光看待幼儿,发现幼儿身上的"闪光点",对幼儿作出积极的评价,只有这样,教育活动评价才能成为教育活动的激励因素。再次,评价者要尊重被评价者的主体地位,让被评价者参与评价过程,加强自我反思和自我改进,使评价工作成为推动教育工作不断发展的重要动力。

三、幼儿园教育活动评价的内容与标准

幼儿园教育活动评价主要是从两个方面考察与评价教育活动,一方面从教育活动设计与实施的有效性进行评价,另一方面是从幼儿学习与发展的角度进行评价。因此,幼儿园教育活动评价包括三个方面的内容。

(一) 对教师"教"的评价

幼儿园教育活动设计是影响活动实施的主要因素,而教育活动的效果直接受到活动实施的制约,因此,对教育活动的设计与实施进行评价成为教育活动评价的主要内容。如何评价幼儿园教育活动工作呢?《幼儿园教育指导纲要(试行)》中提出了几条原则性的标准:

(1) 教育计划和教育活动的目标是否建立在了解本班幼儿现状的基础上。

(2) 教育的内容、方式、策略、环境条件是否能调动幼儿学习的积极性。

(3) 教育过程是否能为幼儿提供有益的学习经验,并符合其发展需要。

(4) 教育内容、要求能否兼顾群体需要和个体差异,使每个幼儿都能得到发展,都有成就感。

(5) 教师的指导是否有利于幼儿主动、有效地学习。

具体来说,对教育活动设计与实施的评价有以下几个方面。

1. 教育活动目标的评价

教育活动目标的评价主要看目标是否适宜、有效、可操作等。对教育活动目标评价的标准,见表4-1。

表4-1　幼儿园教育活动目标的评价指标

评价的项目	评价的指标
目标的适宜性	根据幼儿的年龄特点和实际水平,设立相应的目标
目标的可落实性	目标设立明确、操作性强,体现层次和梯度,便于评价
目标的综合性	体现幼儿发展的整体要求,整合语言、认知、情感、技能、方法、知识、能力、习惯等多维目标
目标的达成度	目标最终实现的程度

2. 教育活动内容的评价

主要考察教育活动的内容是否适宜、多元、整合,是否符合《纲要》中的要求:"既适合幼儿的现有水平,又有一定的挑战性;既符合幼儿的现实需要,又有利于其长远发展;既贴近幼儿的生活来选择幼儿感兴趣的事物和问题,又有助于拓展幼儿的经验和视野。"

表4-2　幼儿园教育活动内容的评价指标

评价的项目	评价的指标
内容的适宜性	是否适合幼儿的年龄特点及认知水平,是否尊重了幼儿的兴趣与需要
内容与目标的一致性	内容是否符合活动目标要求,能否实现目标
内容的科学性	内容能否促进幼儿的身心发展,与季节时令相适宜
内容的生活性	内容是否与幼儿的生活相联系,与幼儿的经验相联系
内容的整合性	是否围绕主题将多方面的经验整合在一起,采用多种多样的形式开展活动

3. 教育活动组织实施的评价

《幼儿园教育指导纲要(试行)》指出:"教育活动的组织形式应根据需要合理安排,因时、因地、因内容、因材料灵活地运用。""教育活动的内容组织应充分考虑幼儿的学习特点和认识规律,各领域的内容要有机联系,相互渗透,注重综合性、趣味性、活动性,寓教育于生活、游戏之中。"因此,评价幼儿园教育活动方式方法的标准主要就是适应性和有效性。

表 4-3　幼儿园教育活动组织实施的评价指标

评价的项目	评价的指标
教师讲解的有效性	讲解的时间适宜、讲解的准确有效、讲解的方式适当
指导策略的适宜性	活动方法的针对性和有效性,师幼互动的相宜性、平等性,指导的全体性与针对性,以及教育的机智等
教师对幼儿的关注	关注每一个幼儿,以及特别的关注与指导
教师评价的适宜性	对幼儿活动的评价要以幼儿为取向,以评价促指导

4. 教育活动环境与资源的评价

教育活动环境创设与资源的利用直接影响教育活动开展的成效,影响幼儿自主学习的兴趣和动机。因此,对环境创设与资源利用的评价是评价教师"教"工作的主要内容。这一评价主要考查环境创设的相宜性和丰富性,探索性和开放性等。

表 4-4　幼儿园教育活动环境与资源的评价指标

评价的项目	评价的指标
环境资源的安全性	环境资源是否保证安全性,对幼儿没有危害,不会在活动中存在着事故隐患
环境资源的相宜性	环境与资源的创设与利用应满足幼儿活动的需要,与活动目标、内容相适宜,与幼儿的认知相契合
环境资源的丰富性	教育活动环境与资源是开放性、多样性的,充分满足活动要求和幼儿活动的需要
环境资源的效用性	环境与资源在教育活动中充分发挥着作用,不是摆设和花架子

(二) 对幼儿"学"的评价

长久以来,教育活动评价强调"以教评学",关注教师教育活动的组织与实施,忽视幼儿的学习过程,这种评价是一种目标取向的评价。事实上,教育活动的目的在于幼儿的学习与发展,而幼儿的学习与发展则是幼儿主动学习的结果。"以幼儿为本""促进幼儿发展"才是教育活动评价的真正目的。对幼儿"学"的评价主要是对幼儿主动活动的状态进行评价,涉及幼儿的情感状态、注意状态、参与状态、交往状态、思维状态和生成状态。[①]

(1) 幼儿对教育活动的参与度。主要评价教育活动过程中幼儿的注意力集中程度,在学习、探索以及表达表现活动中的积极性、自主性、能动性程度等。

(2) 幼儿的情感态度。主要评价幼儿在教育活动过程中的情绪状态,包括在活动中表观

---

① 黄瑾.幼儿园教育活动设计与指导[M].上海:华东师范大学出版社,2007:157—158.

出来的学习态度、情感语言、动作等。

（3）幼儿在教育活动中的互动程度。主要涉及对幼儿在教育活动过程中与他人(幼儿和教师)互动交流状况的评价,包括活动中与他人的合作交流与互动的次数、形式以及有效性等方面。

（4）幼儿在教育活动中的能力。主要评价教育活动中幼儿在能力发展水平上的表现和反映,包括活动中的语言表达能力,敢于提问、经验迁移、分析判断等思维发展能力,动手操作能力以及创造性表达能力等。

（5）幼儿的学习方式。主要评价幼儿在教育活动中所表现出来的学习风格以及采用的倾向性学习方式和策略,包括其学习方式的多样性、个别性、独特性程度和表现。

（6）幼儿的学习习惯。主要评价教育活动中幼儿对学习、探索活动的坚持性,克服困难的勇气和毅力,善于倾听他人、接纳他人意见以及与他人友好合作、交流协商等方面。

（三）对幼儿发展的评价

《幼儿园教育指导纲要(试行)》指出,对幼儿发展状况的评估,要注意以下几点:

（1）明确评价的目的是了解幼儿的发展需要,以便提供更加适宜的帮助和指导。

（2）全面了解幼儿的发展状况,防止片面性,尤其要避免只重知识和技能,忽略情感、社会性和实际能力的倾向。

（3）在日常活动与教育教学过程中采用自然的方法进行。平时观察所获的具有典型意义的幼儿行为表现和所积累的各种作品等,是评价的重要依据。

（4）承认和关注幼儿的个体差异,避免用划一的标准评价不同的幼儿,在幼儿面前慎用横向的比较。

（5）以发展的眼光看待幼儿,既要了解现有水平,更要关注其发展的速度、特点和倾向等。

因此,对幼儿发展的评价,既要有科学的参照标准,又要进行个别化的对待。《3—6岁儿童学习与发展指南》从五大领域确立了幼儿学习与发展的主要指标,这些指标可以作为幼儿发展评价的重要的参考标准。

如:语言领域的学习与发展目标如下:

Ⅰ.倾听与表达

目标1　认真听并能听懂常用语言。

目标2　愿意讲话并能清楚地表达。

目标3　具有文明的语言习惯。

Ⅱ.阅读与书写准备

目标1　喜欢听故事,看图书。

目标2　具有初步的阅读理解能力。

目标3　具有书面表达的愿望和初步技能。

其中对一个个具体目标又作出了年龄阶段的区分,并提出了具有代表性的指标特征。如：

Ⅰ.倾听与表达——目标3:具有文明的语言习惯。

表4-5 语言领域评价目标

3—4岁	4—5岁	5—6岁
1. 与别人讲话时知道眼睛要看着对方 2. 说话自然,声音大小适中 3. 能在成人的提醒下使用恰当的礼貌用语	1. 别人对自己讲话时能回应 2. 能根据场合调节自己说话声音的大小 3. 能主动使用礼貌用语,不说脏话、粗话	1. 别人讲话时能积极主动地回应 2. 能根据谈话对象和需要,调整说话的语气 3. 懂得按次序轮流讲话,不随意打断别人 4. 能依据所处情境使用恰当的语言。如在别人难过时会用恰当的语言表示安慰

以《3—6岁儿童学习与发展指南》的学习与发展目标作为评价标准,将其与幼儿在教育活动中的具体表现相结合,就能够准确判断幼儿的身心发展的状态及水平。因此,学习并了解《3—6岁儿童学习与发展指南》是把握幼儿发展评价的重要基础。

四、幼儿园教育活动的评价方法

幼儿园教育活动评价是一项科学的系统性工作,评价的内容不同,所采用的评价方法各异,其重点是要收集到详细全面的信息,进行科学合理的判断,进而作出客观公正的价值评判。正如《幼儿园教育指导纲要(试行)》所要求的:"评价应自然地伴随着整个教育过程进行。综合采用观察、谈话、作品分析等多种方法。"在幼儿园教育活动评价中,常用的评价方法主要有观察、谈话、调查、检核表法及档案袋评价法等。

(一) 观察评价法

观察评价法是对幼儿园教育活动进行全面或重点的观察,掌握第一手信息,并进行记录,以便进行分析、反思、判断的方法。观察法是教育评价中的基本方法,对教师教育活动的观察与记录,既可以全面地观察并记录,也可以根据评价的要点进行有重点的观察与记录。因此,观察有全面观察、个别观察、重点观察、跟踪观察和浏览式观察等方式;记录通常有文字式记录、图表式记录和多媒体式记录等方式。

运用观察评价法进行教育活动评价一般都需要提前做好准备:

(1) 明确观察的对象和目的。观察者要明确观察的对象是什么、观察什么、怎么观察等问题,从而避免盲目观察。

(2) 选择观察与记录的方式。明确观察目的之后,就要选择适合的观察方式,然后根据观察方式做好相应的准备。

（3）准备观察的工具。观察过程中需要运用一些观察的工具,如量表、检核表、记录表等;还有观察过程中需要用到观察记录的器材和设备等。这些都需要提前做好准备,以免影响观察记录的质量。

（4）拟定观察提纲。观察前要拟定观察记录的提纲,确定过程的焦点、观察记录的流程和注意事项等。

观察评价法在幼儿园教育活动评价中,是评价幼儿的活动表现的一种重要方法,其简便易用,深受评价者的喜爱。这种方法也可以用于对教师"教"的评价和幼儿的发展评价,但由于观察评价是一种描述性的评价,它往往难以全面深入地反映被评价对象的内在品质,因此,在幼儿园教育活动评价中具有一定的局限性,它往往和其他评价方法一起使用来完善评价的过程,以保证评价的质量。

（二）谈话评价法

谈话评价法是指通过访谈或谈话交流获取评价信息,进行判断评价的方法,通常会用于教师的工作评价和儿童的发展评价。对教师"教"的评价,谈话法主要通过与教师进行研究性交谈,来获取评价的信息,进行判断评价;对幼儿在教育活动中的评价,往往是教师与幼儿进行谈话交流,以了解幼儿的想法和动机,从而作出客观公正的评价。

谈话评价法有正式的访谈和非正式的交流两种方式。正式的访谈法要求评价者事前做好访谈的准备,明确访谈的目的任务、访谈对象,编制访谈提纲等,在访谈过程中根据拟好的提纲进行访谈,以免跟随被访谈者而偏离访谈的内容。非正式的谈话交流,评价者心中要有谈话的目的和准备,要明确谈话的重点,能根据情境变化而相应改变谈话内容和策略。

（三）调查评价法

调查法是教育活动评价的一种基本方法,它是通过调查研究来收集信息,进行判断评价的方法。调查法有问卷调查和访谈调查两种。

问卷调查是设计调查问卷,通过被评价者回答问卷,评价者收集信息的方法。这种方法在幼儿园教育活动评价中,多用于对教师的评价和活动本身的评价。访谈调查是利用访谈来调查了解情况、获取信息的评价方法。访谈调查相较于问卷调查,其调查的深度和广度都要强,适合于对教育活动背景、活动目的、活动设计意图等带有主观色彩的内容进行评价。

在运用调查法进行教育活动评价时,评价者要事前做好调查的准备,如设计好调查问卷、确定好调查对象、拟定好调查提纲等。在调查过程中,要求被调查者如实反映问题,不能以想象代替现实。在对调查收集的信息,评价者要仔细斟酌,去伪存真,与其他方法收集的信息进行对比分析,以保证收集到的信息真实可靠。

（四）检核表法

检核表是依据儿童发展心理学、教育目标等编制的儿童的表现目标,教师可以通过观察和判断儿童是否达到检核表上的相应项目,来判断儿童学习与发展的情况。[1] 检核表法是对幼儿在教育活动中的表现及其发展水平进行评价的一种有效方法。检核表往往涉及幼儿发展与幼儿活动表现的各个方面,其评价内容比较全面;而且检核表法是对照检核表来判断幼儿的,比较简便易行,因此是幼儿园教师和家长常用的一种评价方法。

检核表法在幼儿园教育活动评价中,关注的往往是幼儿在活动中的行为表现,都是可以被观测的指标,因此,检核的内容多是描述性的,其不仅仅有评价的功能,还有导向的功能,对教师的教育活动的实施与指导有一定的导向作用。

(五) 档案袋评价法

档案袋评价是对幼儿成长活动过程和成长过程进行档案式记录,通过收集整理幼儿在教育活动中的各种成果、成长资料来记录幼儿在各类教育活动中的表现,以此为依据判断评价幼儿发展的评价方法。档案袋承载着幼儿的活动过程和成长过程中的兴趣、需要、个性、能力以及情感态度等方面的内容,能够全面反映幼儿的成长轨迹,是对幼儿发展进行"动态评价"的方法。因此,它是反映幼儿成长的"动画片",是组织教育活动的"资源库",是家园合作的"信息桥"[2]。

幼儿的成长档案袋应该包含着幼儿发展各方面的资料,能够全面反映幼儿身体、动作、认知、语言、情感、个性以及能力等方面发展水平。其记录的方式也应该是多种多样的,能够从多个角度来反映幼儿发展的过程,如幼儿作品、教师观察记录、图形图表、声像资料等。这些资料不仅仅是在幼儿园教育活动中收集得来的,而且也可以从幼儿的家庭活动和家长手中收集,从而能够全方位记录幼儿活动和成长的过程。

档案袋评价作为幼儿园教育活动评价中的一种重要方式,有助于教师对幼儿的全面评价,特别是有助于教师对幼儿进行"发展性"评价。而且,教师建立起的档案袋,也有助于教师理解幼儿、设计教育活动以及进行个别化教育。但是,档案袋评价需要教师花费大量的时间和精力来建立幼儿档案,而且收集的资料也未必就能代表幼儿的发展水平。因此,档案袋评价的客观性和准确性不高,需要与其他评价方法结合,来准确评价幼儿的发展。

思考与练习

1. 有哪些因素影响幼儿园教育活动实施?
2. 幼儿园教育活动实施具有哪几个方面的价值取向? 它们各有什么特点?
3. 幼儿园教育活动实施中良好的师幼互动是怎样的? 如何有效进行师幼互动?
4. 幼儿园教育活动评价主要评价活动的哪些方面,如何评价?
5. 什么是档案袋评价法? 它有什么作用?

---

[1] 鄢超云.学前教育评价[M].北京:高等教育出版社,2010:88.
[2] 黄瑾.幼儿园教育活动设计与指导[M].上海:华东师范大学出版社,2007:186—187.

实践篇

● **内容导览**

第五章

单个教育活动的设计与实施

本章学习目标

☞ 了解单个教育活动的概念与类型

☞ 掌握单个教育活动的四种设计模式

☞ 学会设计幼儿园的单个教育活动

本章内容纲要

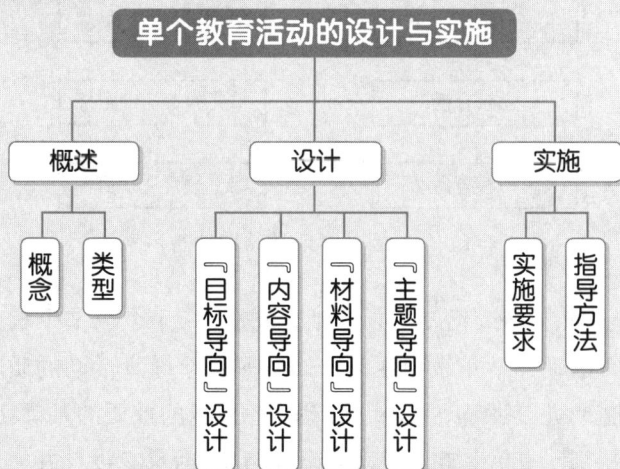

```
        单个教育活动的设计与实施
   ┌──────────┼──────────────────┐
  概述         设计                实施
  ┌─┐    ┌──┬──┬──┬──┐         ┌──┬──┐
 概念 类型  目  内  材  主        实  指
          标  容  料  题        施  导
          导  导  导  导        要  方
          向  向  向  向        求  法
          设  设  设  设
          计  计  计  计
```

第一节　单个教育活动概述

幼儿园教育活动多种多样,千姿百态,但都是由一个个的单个教育活动组成的,也是通过一个个具体单个活动的实施来实现教育目标的。在幼儿园教育活动中,单个教育活动就如同小学的一节课,是幼儿园教育活动的基本实施单位,通过一个又一个单个教育活动的实施,幼儿园教育活动的单元、学期、学年目标逐步实现,最终使幼儿在这些系统化的活动中得以成长与发展。

一、单个教育活动的概念

单个教育活动就是指幼儿在教师的指导下,在一个具体的单位时间内开展学习活动,完成活动任务以达到学习目标的过程。单个教育活动是在一个单位时间内完成的活动,在幼儿园中,一个单位时间不是固定的,不像小学一节课时间是固定的40分钟,而是根据幼儿的年龄阶段有所不同。通常,幼儿园小班的一个单位时间在10—20分钟左右,中班在20—30左右,大班在30—40分钟左右,具体时间则是根据幼儿活动的实际情况来决定。

单个教育活动是幼儿在幼儿园的一个个具体的学习活动,也是幼儿园教育活动实施的基本单位。幼儿园教育活动的目标,就是幼儿通过完成一个又一个具体活动,实现一个又一个具体目标而最终实现的。如图5-1所示。

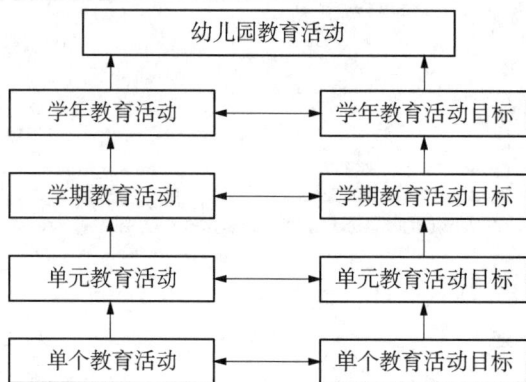

图5-1　幼儿园教育活动纵向结构示意图

单个教育活动是幼儿园教育活动的最小活动单位,一个个的单个教育活动组成单元教育活动,组成学期教育活动和学年教育活动。幼儿园单个教育活动的质量决定着整体教育活动的质量,它是实施幼儿园课程、达成幼儿园教育目标的重要的基础活动。因此,教师在设计教育活动时,要特别注重单个教育活动的设计与实施,只有设计并实施好一个又一个单个教育活动,才能提高整个幼儿园教育活动的质量,实现幼儿园教育的整体目标。

由于幼儿园没有统一的课程标准,也没有固定的教材,幼儿园课程本质上是一种园本化课程,幼儿教师就是课程的设计者与实施者。幼儿园教育活动的组织设计与实施评价都是教师重要的课程工作。每个教育活动的设计与实施都是幼儿园课程的实施,是促进幼儿成长与发展的重要力量。因此,单个教育活动的设计与实施是幼儿园课程实施的重要工作,是幼儿园实现教育目标的基本活动。

二、单个教育活动的类型

单个教育活动是幼儿在教师指导下开展的自主活动,活动主题多源于教师的教育计划或幼儿生活,其形式灵活多样。因此,单个教育活动有着多样化的类型。

1. 从活动的内容来看

幼儿的单个活动往往都有一个主体内容,活动内容体现幼儿学习的内容,也是幼儿通过学习活动所获取的知识与经验。由于幼儿学习的不是科学知识体系,往往是生活的知识与经验,带有很强的综合性,不能进行严格的学科类型划分。因此,幼儿活动的主体内容的分类往往与幼儿的生活经验相一致,是从生活的角度进行分类的。

从幼儿的生活经验出发,对幼儿活动主体的内容进行分类,主要有语言活动、科学活动、体育活动、社会活动、艺术活动和综合活动。语言活动是幼儿通过“听说读写”来学习语言的活动,是幼儿最基本的学习活动。科学活动是幼儿通过观察与实验认识自然事物、理解自然现象的学习活动。体育活动是幼儿通过身体运动学习动作、锻炼身体的活动。社会活动是幼儿通过社会交往与群体交流学习社会交往、掌握社会规则、形成良好行为的活动。艺术活动是幼儿通过艺术方式表达情感、交流体验的活动。综合活动是指活动主体内容是多方面的,是多方面内容融为一体的教育活动。

2. 从活动的方式来看

幼儿活动的组织形式也是各不相同,幼儿可以是单个独自活动,也可以是多人组合活动,还可以是一群人一起进行统一的活动。因此,从活动方式分类,幼儿活动有个人活动、团队活动和集体活动三种形式。个人活动就是一个幼儿独自活动。团队活动是指多个幼儿组成一个小队,相互依赖、相互支持、相互合作,一起共同活动。而集体活动往往是在教师指导下,一群幼儿围绕一个主题,大家步调一致地统一活动。

3. 从活动的性质来看

幼儿园教育活动的游戏性也是不同的,有高游戏性活动,有中游戏性活动,也有低游戏性活动。因此,从幼儿活动的游戏性来分,单个教育活动可以分为:游戏性活动、主题性活动和教学性活动三大类。游戏性活动是低结构化、高游戏性的活动,幼儿活动自主性高、灵活性强,计划性弱;注重活动过程,不太注重活动结果。教学性活动则相反,是一种高结构化、低游戏性的活动,教育活动计划性强、灵活性弱,教师主导性高,幼儿活动自主性低;注重活动结果,不太注重活动过程。而主题性活动居于二者之间,是一种中结构化、中游戏性的活动,既有一定的灵活性,又有一定的计划性;幼儿活动既有一定的自主性,又受到教师的规范指导;活动既注重结果,也注重过程。

第二节 单个教育活动的设计

单个教育活动是幼儿园教育活动设计的基本"细胞"，也是幼儿园教育活动实施的基础单位。幼儿园教师在设计单个教育活动时，既要考虑整个幼儿园课程的系统性，又要考虑幼儿学习的兴趣与需要，还需要考虑幼儿园的教育资源与环境。

单个教育活动设计往往是从教育活动的某个结构要素出发，来整体考虑教育活动诸要素的关系。教师在设计单个教育活动时，首先需要一个幼儿活动的缘由（活动要素），由这个缘由出发，系统考虑整个教育活动开展所需要的其他要素，将其组合成其中一个系统的活动方案，用以指导幼儿活动。如图5-2所示。

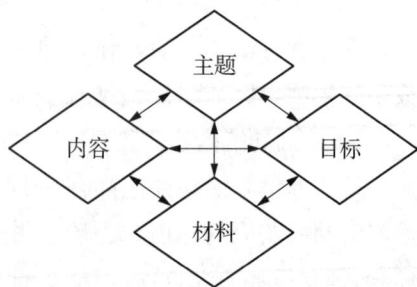

图5-2 单个教育活动设计结构示意图

一、"目标导向"的教育活动设计

"目标导向"的教育活动设计是指教师根据确定好的教育活动目标，来组织合适的教育内容，选用灵活的活动方法，准备充足的活动材料，创设丰富的活动环境，制定出详细的教育活动方案的过程。"目标导向"的教育活动设计首先确立教育活动目标，教师在此基础上分析并制定具体目标，再依据具体目标组织活动内容，选用活动方法，准备活动材料，创设活动环境，制定活动计划。如图5-3所示。

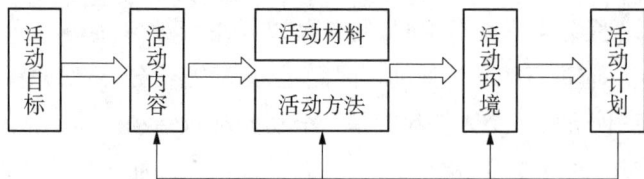

图5-3 "目标导向"的教育活动设计流程图

（一）教育活动目标的确定

"目标导向"的教育活动设计首先就是确立教育活动目标。教育活动目标从何而来呢？从幼儿园教育的角度来看，单个教育活动目标主要来源于以下三个方面：

1. 目标来源于幼儿园课程目标的具体化

幼儿园课程是系统促进幼儿发展的幼儿园活动，幼儿园课程目标是幼儿园教育的重要载体，而课程目标则需要通过一系列的教育活动来实现。因此，教师往往将课程目标分化、细化并具体化，形成一个个小目标，这些小目标组合起来就构成一个大目标。细化的具体目标就需要教师通过引导幼儿开展一个又一个具体的教育活动来实现。因此,这些细化的具体目标就成为幼儿园单个教育活动的目标。参见图5-1。

　　课程目标分解成为一个一个的小目标,是一项科学而细致的工作。一般而言,课程目标分解是与课程建设与实施同步进行的,将课程目标分解成一个个的单个活动目标,不可能一步到位,而是要一步一步地分解,也需要一步一步地实施。如图5-4所示。

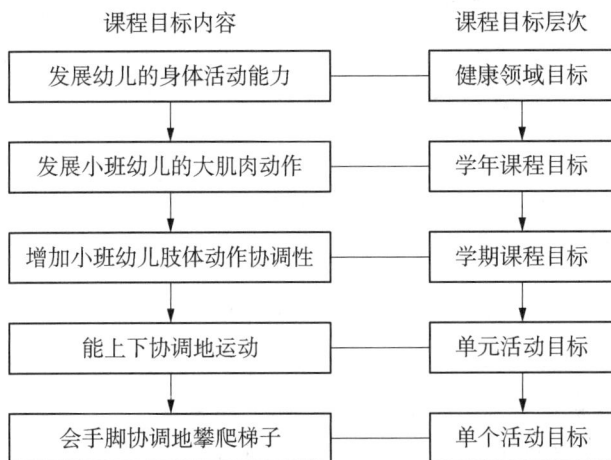

课程目标内容　　　　　　　　　　课程目标层次

```
┌─────────────────────┐        ┌─────────────────┐
│ 发展幼儿的身体活动能力    │────│  健康领域目标      │
└─────────────────────┘        └─────────────────┘
           │                            │
┌─────────────────────┐        ┌─────────────────┐
│ 发展小班幼儿的大肌肉动作  │────│  学年课程目标      │
└─────────────────────┘        └─────────────────┘
           │                            │
┌─────────────────────┐        ┌─────────────────┐
│ 增加小班幼儿肢体动作协调性 │────│  学期课程目标      │
└─────────────────────┘        └─────────────────┘
           │                            │
┌─────────────────────┐        ┌─────────────────┐
│ 能上下协调地运动        │────│  单元活动目标      │
└─────────────────────┘        └─────────────────┘
           │                            │
┌─────────────────────┐        ┌─────────────────┐
│ 会手脚协调地攀爬梯子     │────│  单个活动目标      │
└─────────────────────┘        └─────────────────┘
```

图5-4　幼儿园课程目标分解示意图

2. 目标来源于幼儿在学习与发展上存在的问题与不足

　　幼儿在幼儿园中生活、学习和游戏,教师也在不断地评估幼儿的学习与发展。教师在与幼儿及家长的互动过程中,就会发现幼儿在日常生活中存在着一些亟待解决的问题,这些问题会妨碍幼儿进一步的学习与发展。因此,教师首先需要分析这些问题或不足,明确教育的方向,确立教育活动的目标,再通过设计并实施教育活动,促使幼儿改正缺点、弥补不足、解决问题,从而促进幼儿的学习与发展。比如,小班幼儿刚来幼儿园时,有相当一部分幼儿不会穿衣服、扣纽扣、系鞋带,教师发现这些问题后便确立了"幼儿掌握一些基本生活技能"的教育活动目标,然后根据这些目标,组织开展系列教育活动,帮助小班幼儿学习这些基本生活技能,培养小班幼儿自我服务的能力。

3. 目标来源于幼儿在生活、学习或游戏中出现的困惑与挑战

　　幼儿在日常生活、学习、交往或游戏活动中经常会出现一些问题、困惑或挑战。这些问题、困惑或挑战往往都是因为幼儿知识经验欠缺、身心发展不足所造成的,有些是幼儿知识经验不足,有些是技能技巧不熟练,有些是某方面能力欠缺,有些是行为习惯不良,有些则是情感态度问题。要想帮助幼儿解决这些问题,幼儿园就需要开展相应的教育活动来达成相应目标,促进幼儿的身心发展。因此,教师要能够分析幼儿所面临的问题,将问题症结找出来,确定教育活动的目标。然后再通过一个个教育活动,教师引导幼儿主动学习,掌握相应的知识技能、习得相应的能力与情感态度,养成良好的行为与习惯。这样,幼儿在生活、学

习、交往与游戏中所遇到的问题也就迎刃而解。

> **案例:"书店买书"活动**
>
> 　　幼儿在区角玩"开书店"的角色游戏,可"书店"开得很不顺利,来买书的小朋友很少。"店员"很着急,可没办法,就来找老师帮忙。老师来"书店"一看:"书店"里乱七八糟,"店员"将书胡乱书堆放,找书时翻来翻去,书的价格也没标出来,除此之外,还有一些其他的问题。老师调查分析后认为,小朋友们想玩"开书店"游戏,可平时不常到书店去买书,没什么经验,也不知道"书店"怎么开、书怎么卖,所以开得不顺利。基于这种情况,老师首先组织这几个幼儿展开讨论,明确问题所在,并列出问题清单。然后教师决定带领幼儿开展一次实地参观书店的活动,增长幼儿有关书店的经验。

　　这个"书店买书"教育活动,起因是幼儿在玩区角游戏时遇到了问题,游戏玩不下去了而求教于老师。教师在调查分析后发现,问题的症结是幼儿缺乏生活(买书、卖书等方面)经验。要解决这个问题,就要增长幼儿这方面的经验。因此,"增长幼儿生活(书店)经验"的活动目标就产生了。要实现这个目标,其实是有很多种方式方法的,但教师觉得最好的方法就是让幼儿实地参观访问书店,积累经验。通过"书店买书"活动,幼儿实地参观书店,参与卖书、买书活动,增长了这方面的生活经验,回到幼儿园,就可以顺利来玩"开书店"游戏了。

　　由幼儿的问题引起教育活动目标,其确定目标的流程是:教师首先要对问题进行调查研究,了解情况;然后在充分了解情况的基础上,对问题进行系统分析,找出问题症结所在;再根据问题症结或问题重点来确定解决问题的思路与方式;最后,根据解决问题的思路来规划具体实施的教育活动,确定具体教育活动的目标。其中,调查研究是基础,否则就找不到问题症结所在,如此确立的目标对问题解决就没有价值;规划思路是关键,解决问题的途径多种多样,选择最适宜的活动方式才是关键;确定目标是重点,确定好活动目标,才能够做到有的放矢。这一切都需要教师具备较强的目标意识与分析能力,及时抓住幼儿的问题,通过系统分析来确定教育活动目标。这样既能解决幼儿遇见的问题,满足幼儿活动的需要,还能促进幼儿的身心发展。

(二) 选择教育活动内容

　　确立好教育活动目标,接下来就是选择能够实现这一目标的活动内容、方法与手段。活动目标一旦确定,就意味着活动的归宿点确定下来了。然而活动过程却是千变万化的,达到目标的途径与方法也是多种多样的,正所谓"殊途同归"。因此,教师在系统考虑教育活动整体结构时,要综合考虑活动内容、活动方法、活动材料的整体统一。其中,活动内容是核心,内容是目标的载体,方法是达到目标的手段,而材料则是内容与方法的保证。因此,在教育活动目标确立的基础上,教师首先得选择合适的目标载体——活动内容,再根据活动内容选用适宜的方法。

1. 根据目标选择内容,首先就会受到目标的制约

不同性质的活动目标需要相应的活动内容来承载,而不同的活动内容也可以承载着相同的活动目标。如技能技巧是幼儿通过程序化活动而获取的系统性经验,因此技能类目标就需要幼儿学习程序化、系统性的活动经验,并通过练习固化这些经验而形成技能。而行为规范的习得则是幼儿通过观察模仿他人的行为并不断重复而实现的,因此,行为习惯类目标则需要幼儿观察模仿"榜样"行为而习得,"榜样行为"内含目标行为,就是幼儿行为规范学习的内容。幼儿能力的培养主要通过幼儿相应的活动来实现,因此,能力类目标需要相应的幼儿活动来承载,幼儿通过自主活动培养并锻炼相应能力:对话交流活动承载并提高语言表达能力,制作活动需要且培养动手操作能力,而体育活动则依赖并锻炼身体运动能力。

2. 活动内容还会受到幼儿经验与能力的制约

教育活动内容是要经过幼儿学习才能达成目标的。幼儿能否学习得看幼儿的经验与能力能否胜任,活动内容过难、过高都会让幼儿难以学习;而过易、过低的内容幼儿虽然容易学习,但不足以促进幼儿的发展。因此,教师选择活动内容除了考虑目标之外,还需要考虑幼儿的经验与能力水平。同样的活动主题和活动目标,对于不同年龄阶段的幼儿而言,通过学习相应层次水平的内容,也能够达到共同的目标。如,培养幼儿"爱父母"的情感目标,小班幼儿通过认识父母、和父母一起活动来增进亲子感情;中班幼儿通过说说家庭生活趣事来感受家庭温情、父母关爱;而大班幼儿则可以通过了解父母职业和劳动来体悟父母操劳,加深情感,感恩父母。

3. 活动内容还会受到幼儿园资源与环境的制约

教育活动内容来源于幼儿生活,幼儿园教育不存在脱离幼儿生活的教育内容,任何教育活动内容都蕴含在幼儿的生活之中,也都需要幼儿生活环境的支持。因此,幼儿园教育活动内容受制于幼儿生活的家庭、幼儿园与社区资源与环境。如城市幼儿园处于城市社区,城市社区的幼儿生活就是城市幼儿园教育活动的内容;乡村幼儿园位于乡村村落,乡村村落的幼儿生活就是乡村幼儿园教育活动的内容。再如东北地区幼儿园冬季冰雪覆盖,幼儿会开展丰富多彩的冰雪活动,这些活动是东北幼儿园教育活动的特色内容;而海南四季如夏,雨水充沛,海南的幼儿一年四季都可以戏水、游泳,因此戏水、游泳就成为海南地区幼儿园教育活动的特色内容。

(三) 选用活动方法,准备活动材料,创设活动环境

根据教育活动的目标和内容,教师需要选用合适的活动方法,准备充足的活动材料,创设适宜的活动环境,这是幼儿园教育活动设计的重要环节。选用活动方法,教师既要考虑目标与内容,还要考虑幼儿和资源,其根本标准就是幼儿能够积极主动活动,高效达成活动目标。

准备充足的活动材料,就是教师要依据活动内容和活动方法,保证幼儿活动顺利开展。创设适宜环境,就是教师要根据幼儿需要、季节特征和活动要求,创设促进幼儿主动活动的丰富环境,其重点是创设良好的精神环境。

(四) 制定具体可行的教育活动计划

教师根据活动目标,设计好内容、方法,准备好了材料,最后就是制定教育活动计划。单个教育活动计划,就是幼儿在教师指导下自主活动过程的安排,也是教师引导幼儿开展自主活动的方案。教师在制定活动计划时,要着重考虑幼儿自主活动的安排,在此基础上设计与安排教师的指导活动,切不可本末倒置,将教师指导活动作为中心来设计,以此来引导幼儿活动。单个教育活动的计划主要包括以下几个方面的内容:

(1) 活动名称。

(2) 活动目标。

(3) 活动准备:①材料准备;②环境创设;③心理准备。

(4) 活动过程:①活动导入环节;②师幼互动环节;③活动总结环节。

(5) 活动延伸:将此活动延伸到幼儿生活与游戏以及幼儿家庭活动中的计划安排。

(五) "目标导向"的教育活动设计应注意的问题

(1) "目标导向"的教育活动设计,要注意目标设计与幼儿的兴趣与需要相结合。教育活动目标是幼儿园课程的灵魂,是教育活动的期待与追求,但并不一定是幼儿感兴趣的,也不一定是幼儿当前的需要,但要实现这些目标,却必须由幼儿的主动活动来完成。因此,教育活动目标必须与幼儿的活动兴趣与当前需要相结合,促进幼儿积极主动地活动,才能达成活动目标。

这种源于课程目标分解而成的具体教育活动目标,因为源于幼儿园课程体系,往往与幼儿的兴趣与需要并不一致。这就需要教师寻找教育契机,创造教育机会,及时抓住幼儿的好奇心与兴趣点,适时设计相宜的教育活动以有机地将活动目标与幼儿兴趣相结合,从而引发幼儿的好奇心和求知欲,驱动幼儿主动积极地活动。而不是教师预先设计好教育活动目标,然后想方设法去调动幼儿主动学习,甚至强迫幼儿学习,这样做是舍本求末、本末倒置。

而那些源于幼儿问题的活动目标,因为来源于幼儿的困惑与挑战,正是幼儿的活动需要,能够引起幼儿强烈的好奇和十足的兴趣,幼儿活动的主动性和积极性自然也会高涨。源于幼儿问题与挑战的教育活动目标,是幼儿在日常生活、学习与游戏中遇到问题时生成的活动目标,它也许不是课程目标,但它与幼儿的生活、学习与游戏关系密切,也是幼儿所关心、所需要的。因此,它本身是与幼儿的兴趣与需要融为一体,是最适宜的教育活动目标。

(2) "目标导向"教育活动的设计,不仅仅应设计好教育活动目标,更要考虑教育活动相关要素的整合统一,目标、内容、方法、环境等要高度统一,融为一体,形成一个相互依存、相互支持并相互促进的整体性活动系统,这是教育活动设计的关键。否则,教育活动目标、内容、方法和环境相互矛盾、相互掣肘,就会大大影响幼儿自主活动的成效。因此,教师只有充分考虑目标、内容、方法与环境的整体一致,这样设计出的教育活动才能发挥综合作用,才能引导幼儿主动活动、大胆探索,也才能高效地达成活动目标。

(3)"目标导向"的教育活动设计,既要注重活动目标设计,更要注重活动过程设计。活动目标是活动的灵魂,它统帅着整个教育活动,是教育活动的出发点与归宿点,所以,幼儿园教育活动首先要设计好活动目标。但是,活动目标能否达成,不是看目标设计是否合理、得当,而是要看活动过程中的幼儿是否能主动学习、积极活动,看幼儿自主活动的最终成效。因此,教师在设计教育活动时,要重点设计幼儿的自主活动过程。教师若将幼儿的自主活动设计好,就能够促进幼儿大胆探索、积极活动,再加上教师的适当指导,教育活动就会顺利达成目标。否则,设计再好的目标也都难以实现。

(六)"目标导向"的活动设计案例解析

案例解析:中班教育活动"爱护眼睛宝宝"的设计

设计缘由:

暑假过后,明光镇春雨幼儿园中班的万老师发现一些幼儿常常用脏手直接揉眼睛,家长也反映孩子在家喜欢长时间看电视,看得高兴就走近电视机看;万老师还发现,个别幼儿居然戴了"矫正"眼镜。近些年我国近视人群逐年扩大,低龄化趋势愈演愈烈,儿童的不良生活习惯、卫生习惯已成为影响眼睛视力的关键因素。而幼儿正处于视力发展的关键期,他们的一些不良行为与习惯正是造成早期近视的重要原因。针对幼儿园中班出现的这些问题,万老师决定开展一些教育活动,帮助幼儿矫正一些不良行为,养成良好的行为与习惯,促进幼儿爱护眼睛、保护眼睛、养护眼睛,健康生活。为此,她走访了一些家庭,调查了一些家长,了解了幼儿日常生活的用眼状况,同时咨询了医院眼科医生,在此基础上设计了这次"爱护眼睛宝宝"的专题教育活动。

活动目标设计:

依据上述设计缘由,根据中班幼儿的发展水平和行为能力,万老师结合自己的调查结果和自己班幼儿的实际情况,制定出四个方面的活动目标:

(1)幼儿能够直观感受"不好"的眼睛及近视对自己生活造成的困扰,深切体会"好"眼睛对自己生活的重要意义。

(2)幼儿了解、认识自己生活中影响眼睛与视力的不良行为与习惯,交流讨论如何矫正。

(3)幼儿能够知道如何正确健康科学地使用眼睛,自觉爱护眼睛。

(4)幼儿准确掌握"眼保健操"的做法,自己会主动做。

这四个目标分别指向幼儿行为的三个主要指标:情感体验增强幼儿行动的动力;知识经验提供正确行动的方式;正确方法保证幼儿行为的科学与高效。

　　首先，情感体验增强幼儿行动的动力，让幼儿深切体会"不好"的眼睛与近视对自己生活造成的困难，对比"好"眼睛，让幼儿直观感受到保护眼睛、防止近视对自己有多么重要。这一目标的达成可让幼儿从情感体验上升到经验认知，从直观感受上升到感性认识，以确保幼儿具有自我保护眼睛的意识，增强幼儿正确行动的动力。

　　其次，知识经验提供正确行动的方式，从正反两个方面提供给幼儿。正方面提供正确行为与好习惯，反方面提供错误行为与坏习惯。提供正确行为与好习惯，就是提供给幼儿行为榜样，让幼儿观察模仿，习得这些好的行为，养成好的习惯，从而促进幼儿主动健康护眼，科学用眼。提供错误行为与坏习惯，着重在于让幼儿感受到眼睛受伤与近视来源于自己的一些不良行为与习惯，好让幼儿主动避免此类行为，主动矫正自己的不良行为与习惯。

　　再次，行动方法保证科学高效，"眼保健操"是保护眼睛的重要方法，幼儿掌握此法后能够健体养眼，受益终身。

活动内容与方法设计：

　　要实现上述四个方面的具体目标，教师需要选择合适的活动内容与方法来达成目标。

　　（一）内容分析

　　"爱护眼睛"只是个抽象概念，幼儿是没有自觉意识和行动动力的，这主要是与幼儿的日常生活与游戏需要有冲突，会限制幼儿的自主自由活动，再加上幼儿的行为可控性低，所以难以通过单一的教育内容来实现这个目标，而必须通过幼儿生活中的整合性内容和常见行为来增强幼儿行动的动力、矫正幼儿的不良行为，让幼儿通过榜样行为的学习，习得正确良好的行为，养成良好的习惯。同时，"爱护眼睛"虽然是健康教育，但同样需要进行幼儿园综合性教育，以促进幼儿多方面的学习与发展。因此，教育内容组织不仅仅限于健康安全，也要拓展到语言学习、自然科学、社会生活、体育运动和文化艺术等方面。

　　（1）健康安全方面：爱护眼睛，是本次活动的核心与重点，主要涉及三个方面：一是不良行为与习惯的认知了解；二是良好行为的认知与习得；三是"眼保健操"的掌握。

　　（2）语言学习方面：语言学习寓于儿童各种活动之中。本次活动同样需要提供幼儿语言学习的机会，以促进幼儿的语言发展。一是师幼、幼幼之间的经验交流、语言互动、相互启发、讨论议论；二是让幼儿充分发表自己的意见，大胆表达自己的想法。

　　（3）自然科学方面：主要是科学用眼。让幼儿了解眼睛的生理特点，学习科学用眼的方法。

　　（4）社会生活方面：养成良好的文明卫生习惯和健康生活习惯。

　　（5）体育运动方面：掌握"眼保健操"的技能，健体护眼。

　　（6）艺术方面：通过音乐、游戏等方式方法，愉悦心情，放松身心，陶冶情操。

　　（二）方法选用分析

　　活动方法是需要根据活动目标与活动内容来选用的，并适合中班幼儿的活动特点及学习特点，以适应幼儿活动的需要，促进幼儿主动学习。我们从目标角度进行分析：

　　目标一是体会"好"眼睛的重要，属于情感体验性目标，需要通过幼儿自主感知（情境感知和行为感知）来加强体验，实现这一目标的方法主要是情境体验法和亲身操作法。

目标二是幼儿不良行为的认知与矫正,这方面幼儿具有先入经验,因此需要通过经验澄清与明辨来实现。因此主要选用交流讨论法、直观感知法以及亲身操作法来活动,以达成目标。

目标三是良好行为的习得与习惯养成。正确行为的习得往往需要榜样的力量,通过观察模仿学习来习得,并不断重复形成系统经验以实现行为养成。

目标四是学会做"眼保健操",这既是方法也是技能,需要通过模仿学习并实践锻炼来掌握。这需要通过榜样示范、亲身操作、实际行动与重复练习来达成目标。

当然,实现这些目标也可以通过游戏活动法来提高幼儿活动的积极性,以顺利实现多方面的目标。

具体活动过程设计:

一个完整的幼儿园教育活动往往由导入活动环节、主体活动环节和总结与延伸环节组成。下面具体分析三个环节的师幼活动设计。

1. 导入活动设计

导入活动的主要目的是通过导入活动,引导幼儿从其他活动顺利转入到这一教育活动之中,排除掉一些不必要的干扰因素,以免影响这一教育活动过程。导入活动设计的方法很多,具体到"爱护眼睛"这一活动,根据幼儿特点,教师可以运用以下方法来导入。如:

(1)通过讲故事导入活动,如故事"眼镜与鼻梁"。

(2)通过音乐或绘本导入活动,如儿童歌曲《爱护我们的眼睛》。

(3)通过猜谜来导入活动,如谜语:"上边毛,下边毛,中间夹个黑葡萄;上大门,下大门,关起门来就睡觉。"(谜底:眼睛)

2. 主体活动设计

主体活动是实现目标的过程,关系到目标的达成与否,因此它是活动设计的重中之重。根据先定目标与拟定内容,根据活动资源与环境特点,来设计相应的师幼活动。其中重点设计幼儿活动,这是实现目标的关键。根据目标、内容、方法分析结果,设计的师幼活动主要有:

(1)情境体验性活动。幼儿戴上眼罩走路、找东西;幼儿戴上眼镜(平光眼镜)看书;幼儿蒙上一只眼睛看电视等。这些活动重点是让幼儿体会到"不好"眼睛和近视带来的不便与困扰,与"好"眼睛相比,更能增强幼儿的体验感。

(2)师幼互动交流活动。教师运用图片、视频、动画、PPT或绘本、故事等方式向幼儿展示不良行为与习惯(有损眼睛),让幼儿直观感知不良行为,通过师幼相互交流、讨论,说说自己及身边日常生活中存在的不良行为(有损眼睛)。通过直观感知、亲身体验和交流讨论,让幼儿了解认识错误行为,知道如何保护眼睛来减少伤害。

(3)示范模仿学习活动。幼儿通过观察模仿教师提供的榜样行为,模仿榜样行为,学习保护眼睛、科学用眼的正确做法,矫正不良行为,形成良好行为。教师通过图片、视频、动画、PPT或绘本、故事等方式向幼儿提供榜样行为,也可以通过自身示范或幼儿示范。

(4)亲身体验操作性活动。教师通过示范,让幼儿模仿学习正确的行为做法来爱护眼睛,通过幼儿亲身操作、做中学、学做"眼保健操",即通过示范模仿、加强练习、动作矫正等方式活动。这一过程可以配上音乐律动,既可以增强幼儿的活动兴趣,又能让幼儿身心得到放松,身心愉悦。

(5) 游戏性活动。幼儿通过玩游戏来学习,这样的游戏当然不是纯粹的幼儿自主游戏,而是一种教学性游戏。幼儿通过游戏活动来学习,能够增强学习动力,提高学习成效。

3. 总结与延伸活动设计

(1) 教师与幼儿交流活动心得,强调家园合作。教师与幼儿一起总结科学用眼、爱护眼睛对大家的好处。同时,教师要求幼儿将本次的活动体会回家与家长分享,并要求幼儿在家中看电视之后做"眼保健操"。

(2) 家园合作。教师与幼儿家长沟通交流,让家长在家中关注幼儿用眼卫生,督促幼儿科学用眼、健康护眼,必要时做"眼保健操"。

材料准备与环境创设:

教师根据准备好的活动计划,准备所需材料;同时根据需要创设一些活动情境,让幼儿加深体验;通过家园合作,要求家长关注幼儿用眼卫生,指导幼儿科学用眼、健康护眼。

制定教育活动计划或方案:

综合上面的设计,万老师结合实际制定了一个"爱护眼睛宝宝"的活动计划。

爱护眼睛宝宝

活动目标:

(1) 幼儿能够直观感受"不好"的眼睛及近视对自己生活造成的困扰,深切体会"好"眼睛对自己生活的重要意义。

(2) 幼儿了解、认识自己生活中影响眼睛与视力的不良行为与习惯,交流讨论如何矫正。

(3) 幼儿能够知道如何科学健康地使用眼睛,自觉爱护眼睛。

(4) 幼儿学会做"眼保健操",会主动做"眼保健操"。

活动准备:

PPT 图片,眼罩 20 个,音乐《爱护我们的眼睛》,动画视频《红袋鼠做"眼保健操"》。

活动过程:

1. 导入环节

(1) 教室里播放着儿童歌曲《爱护我们的眼睛》,创设活动情境。

(2) 老师请小朋友猜谜:"上边毛,下边毛,中间夹个黑葡萄;上大门,下大门,关起门来就睡觉。"

(3) 老师给小朋友讲故事《眼睛与鼻梁》。

2. 活动展开环节

(1) 请小朋友戴上眼罩、蒙起眼睛,去摸身边小朋友的耳朵;请小朋友用手蒙住一只眼睛,用一只眼看电视。接着老师和小朋友一起交流活动感受。

（2）老师利用准备好的 PPT 幻灯片，一张一张展示出图片。

师幼在看 PPT 图片的同时，交流讨论图片上的内容，说说生活中还有哪些伤害眼睛的不良行为与习惯，再讨论如何矫正不良行为，如何爱护自己的眼睛以及正确用眼。

（3）学唱儿歌《爱护我们的眼睛》。

（4）播放动画视频《红袋鼠做"眼保健操"》。老师带领小朋友一起学做"眼保健操"，然后在《爱护我们的眼睛》的音乐声中幼儿自己做"眼保健操"，老师近身指导。

3. 活动总结环节

（1）小朋友们，今天大家一起来爱护眼睛，我们以后该怎么做呢？师幼交流学习心得。

（2）老师要求小朋友回家与爸爸妈妈说说今天的活动，与爸爸妈妈自己的交流心得与经验。

活动延伸：

家园合作：与家长沟通，要求家长关注幼儿用眼情况，提醒幼儿爱护眼睛，保护眼睛；同时督促幼儿在家中看电视或看书、画画一段时间后，一定做一回"眼保健操"，健身养眼。

二、"内容导向"的教育活动设计

"内容导向"的教育活动设计是指教师根据已有的教育活动内容来确定活动目标，选用活动方法，准备活动材料，创设活动环境，制定活动计划的设计过程。"内容导向"的教育活动设计，首先是选定活动内容，然后根据内容确定目标，选用方法，准备材料，创设环境，制定计划。其设计流程，详见图 5-5。

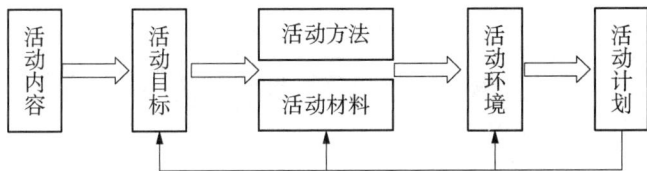

图 5-5　"内容导向"的教育活动设计流程图

（一）教育活动内容的选定

"内容导向"的教育活动设计，首先要确定活动内容，有了活动内容，才能设计目标、方法，准备材料，创设环境。确定活动内容是"内容导向"的活动设计的首要环节，那活动内容从何而来呢？教师又如何确定活动内容呢？

1. 教育活动内容源于课程计划

课程计划是整个幼儿园教育的中心，课程计划包括课程目标、课程内容、课程组织安排等方面内容，其中课程内容是课程计划的核心，它决定着课程目标、课程组织以及课程实施与评价。教师在分步实施课程计划时,可以"课程内容"为出发点,将课程内容转化成为教育活动内容,展开单个教育活动设计。例如,幼儿园实施单元课程计划,幼儿教师可以根据单元课程内容体系,在适宜时机选择其中一个内容作为单个教育活动的内容,并以此内容为起点,展开目标、方法等方面的设计,制定教育活动计划并付诸实施,从而完成单元课程的一个任务。这是幼儿园教育活动设计与实施的重要模式。

2. 教育活动内容来源于突发的"意外事件"

在幼儿园日常生活中,常常会突发一些"意外事件",干扰正常教育秩序,令幼儿和教师措手不及。教师在遇到这种突发事件时,一定要沉着冷静,及时处理,变被动为主动,消除突发事件的消极影响。但突发的"意外事件"也极易引起幼儿的兴趣,唤起幼儿的好奇心,是十分可贵的教育资源。教师可以"意外事件"为教育主题,生成活动内容,满足幼儿的好奇心,激发幼儿探索的欲望,促进幼儿主动学习。当然,并不是所有的"意外事件"都能生成教育内容,只有那些幼儿感兴趣、具有教育价值的突发事件才有可能生成教育活动。这就需要教师敏锐地观察幼儿的反应,及时分析"意外事件"的教育意义,迅速抓住教育契机,将"意外事件"转变成为幼儿活动的主题,生成教育活动内容。

案例:活动室里飞来了一只小鸟

幼儿园中班下午的区域活动时间,孩子们都在区角里忙活。突然,一只小鸟噗噔噔地飞到活动室里,趴在地板上不动弹,身上羽毛乱糟糟的。几个幼儿发现了,就围过来你一言我一语,叽叽喳喳地讨论起来,小鸟被吓得嘎嘎直叫。老师听见就走了过来,发现这只小鸟受了伤飞不了,看见幼儿对这只受伤的小鸟十分关心。于是老师灵机一动,就组织感兴趣的幼儿聚在一起,讨论如何帮助这只受伤的小鸟,并组织指导幼儿开展起救助活动。这样一个突发的"意外事件",在老师的精心设计下,生成为一个鲜活的教育活动内容,幼儿通过主动活动,完成活动任务,从而达成相应的教育目标。

---

3. 教育活动内容源于幼儿游戏活动

自主游戏活动是幼儿在幼儿园里的主要活动,也是幼儿园对幼儿实施教育的基本形式。但幼儿的自主游戏不是教育活动,幼儿在游戏活动中时常面对一些问题,面临一些挑战,这些都需要教师适时适宜的指导。教师在指导幼儿游戏时,可以将幼儿自主游戏活动转化为游戏性教育活动,扩展幼儿游戏的广度与深度,生成幼儿园教育活动。这样生成的教育活动往往是低结构化、高游戏性的活动,能够充分满足幼儿的活动需要,同时又能够促进幼儿的学习与发展。但教师应该特别注意,不是所有的幼儿自主游戏都需要转化为教育活动,更不能随意将幼儿的自主游戏转化为教育活动,只有幼儿在游戏活动中遇到自己不可能解决的困难或问题时,教师才可以将游戏活动转化成教育活动,以利于教师指导幼儿解决游戏问题。

> **案例：小船为什么沉下去了**
>
> 　　老师准备了几种不同种类的纸放在美工区，有牛皮纸、白纸、油光纸、彩色皱纸等，让幼儿自取折小船玩。小船折好了，幼儿到水池那里去放小船玩。幼儿将各种各样的小船放到了水里，不一会儿，幼儿惊奇地发现，那些漂亮的纸船一一沉小水里了，唯有牛皮纸小船还浮在水面上。小朋友问老师：为什么会这样？自己的小船怎么就沉下去了呢？老师不失时机地组织幼儿讨论这样的现象，幼儿在老师指导下开始讨论并研究各种纸的质地以及它们的耐水性。一个新的教育活动由此诞生。[①]

（二）明确教育活动目标

当教师把教育活动内容确定好后，接着就是制定教育活动目标。根据活动内容制定目标，会受到教育内容的制约，不同内容的活动会生成不同的目标。

根据内容确定目标，首先教师要分析活动内容所蕴含的教育价值，教育内容能让幼儿获取哪些知识经验，能培养提高幼儿哪些方面的能力，以及对幼儿的身心哪些方面有何作用等。如体育活动能够锻炼幼儿身体，提高幼儿身体素质，让幼儿习得动作技能，同时促使幼儿喜欢体育运动；而讲故事活动能提高幼儿表达能力，促进幼儿与人交流，帮助幼儿掌握一些生活经验等。

其次，教师要根据目标制定原则，确定具体明确的目标。从幼儿角度来表述目标，针对不同类型的教育目标，采用不同性质的目标来明确。知识、经验、技能类目标可采用行为性目标来明确；能力类目标更多地采用生成性目标来明确；而情感态度类目标需要采用表现性目标来明确。

再次，目标确定要考虑幼儿差异，区别对待，因材施教。幼儿身心发展有差别，个性特点也不同，因此，教师在制定教育活动目标时，要有一定的灵活性，目标要求要差异化，不可千人一面、统一要求。

（三）选用方法，准备材料，创设环境

内容确定，目标明确，然后就是选用方法，准备材料，创设环境。这些设计工作都要受到活动内容与目标的制约，受到幼儿与教师的影响。其中，方法选用要依据目标与内容的性质与特点，要根据幼儿的能力与水平，选择适宜的方法来开展教育活动；材料选用主要受到活动方法与教育资源的影响；环境创设依赖于活动内容与教育资源，重点要创设良好的心理环境。

（四）制定教育活动计划

"内容导向"的教育活动设计，制定活动计划的流程与环节包括：首先是分析教育活动内

容,明确教育活动目标;其次是根据活动内容与目标,设计幼儿活动、教师活动与师幼互动活动,包括选用活动方法与活动材料;再次,创设活动环境;最后,根据上述设计,制定教育活动计划或方案。

（五）"内容导向"的教育活动设计应注意的事项

（1）教育活动内容的确定,应注意内容来源三个方面的平衡与协调,形成系统的教育活动内容,组成整体性的课程体系。幼儿园教育活动是幼儿园课程的重要组成部分,而单个教育活动则是幼儿园教育活动的基本单位,也是幼儿园课程实施的基本活动。因此,教育活动的内容不能只是满足幼儿的兴趣与需要,而且还要实现幼儿园课程任务和教育目标。"内容导向"的教育活动设计首先要确立活动内容,内容有三个来源:课程计划、幼儿游戏和"突发事件",前一个是预设的计划内容,后面两个是生成的活动内容。预设的内容与生成的内容并不能够自然成为一个整体,这就需要教师在生成活动内容时,要与预设课程内容一体化,与课程计划内容一起组成整体的幼儿园课程课程体系。否则,生成的活动内容与预设的活动内容自成一体,无法组成完整的课程计划,势必影响教育活动的整体效果,也无法实现课程目标。

（2）充分挖掘内容的教育价值,实现多维目标。教育活动内容往往源于某一方面的幼儿生活,表现出一定的教育价值,教师在进行"内容导向"的教育活动设计时,不要囿于单一的教育价值,而要充分发掘教育活动内容的多元价值,通过幼儿自主活动的设计,学习教育内容,从而实现多方面的教育目标。如,教幼儿唱儿歌,既能让幼儿学会唱歌,还能够让幼儿边唱边跳,锻炼身体,陶冶情操。这样的教育活动内容,真正展现出教育活动的整合性,能全面促进幼儿身心发展,发挥出最大的教育效果。

（3）注重设计幼儿活动与师幼互动,提高教育活动的绩效。"内容导向"的教育活动设计,首先有了教育内容,但幼儿如何学习这些内容、达成教育目标,才是教师设计工作的重中之重。因此,教师要重点设计幼儿的学习活动,设计师幼互动,增强幼儿学习的兴趣与动力,提高幼儿学习的主动性、积极性和创造性,促使幼儿全身心投入学习活动,在创设的丰富环境中主动探索、积极合作、有效活动,从而获取有益经验,达成教育目标。

（六）"内容导向"的教育活动设计案例解析

案例解析: 小班教育活动"小兔乖乖"的设计

设计缘由:

《小白兔与大灰狼》的故事家喻户晓,广为流传,小朋友特别喜欢听,这个故事也具有很好的教育意义。幼儿园小班的程老师准备将这个故事讲给小朋友听,于是专门设计了一个教育活动"小兔乖乖"。

活动内容分析与设计:

程老师在设计这个"讲故事"活动时,突破原有故事本身,增加了《小兔乖乖》儿童歌曲教

育,使得这个教育活动转化为一个综合性教育活动。具体内容如下:

(1) 语言教育:故事《小白兔与大灰狼》。

(2) 音乐教育:欣赏并歌唱儿童歌曲《小兔乖乖》。

(3) 艺术教育:故事情节表演。

(4) 美术教育:儿童绘画"动物的尾巴"。

(5) 社会生活教育:安全教育。

活动目标设计:

根据内容设计活动目标,重点在于发掘活动内容的教育价值。故事《小白兔与大灰狼》的故事首先具有语言教育的功能,在幼儿听讲故事的过程中,其语言得到有效发展;其次还有安全教育功能,不要随意听信他人的话。而歌曲《小兔乖乖》,具有音乐教育价值,能够愉悦幼儿的心情。据此,这次教育活动目标设计如下:

(1) 幼儿喜欢听《小白兔与大灰狼》的故事,感受兔妈妈对小白兔的爱。

(2) 幼儿会唱歌曲《小兔乖乖》。

(3) 幼儿能够根据故事情节和歌曲,合作表演"小白兔与大灰狼"的故事情节。

(4) 幼儿能明白故事里的道理,学会自我保护。

教育活动(方法)设计:

根据活动内容与目标,设计具体的师幼活动,采用灵活多样的方法开展活动。

(1) 讲故事活动。

(2) 欣赏与歌唱活动。

(3) 表演游戏活动。

(4) 绘画活动。

材料准备与环境创设:

根据计划的活动,准备相应的活动材料:故事绘本PPT,《小兔乖乖》歌曲音乐,小兔头饰若干,兔妈妈和大灰狼头饰各一个,四种动物(兔子、狼、公鸡、猴子)尾巴的图片。

制定教育活动计划:

小兔乖乖

活动目标:

(1) 幼儿喜欢听《小白兔与大灰狼》的故事,感受兔妈妈对小白兔的爱。

(2) 幼儿会唱歌曲《小兔乖乖》。

(3) 幼儿能够根据故事情节和歌曲,合作表演"小白兔与大灰狼"的故事情节。

(4) 幼儿能明白故事里的道理,学会自我保护。

活动准备:

绘本故事PPT,《小兔乖乖》歌曲音乐,小兔头饰若干,兔妈妈和大灰狼头饰各一个,四种动物(兔子、狼、公鸡、猴子)尾巴图片。

活动过程：

1. 讲"小白兔与大灰狼"的故事

老师在教室里播放音乐歌曲《小兔乖乖》，打开电脑绘本《小白兔与大灰狼》，开始绘声绘色地给小朋友讲故事"小白兔与大灰狼"。

老师就小白兔"如何知道是妈妈敲门？还是大灰狼敲门？"与幼儿开展交流讨论。

老师总结：大人不在家，遇到有人敲门该怎么办？与小朋友交流经验。

2. 学唱歌曲《小兔乖乖》

老师和小朋友一起跟着音乐学唱歌曲《小兔乖乖》，然后老师和小朋友对唱（老师唱前部，小朋友唱后部）。

3. 表演游戏《小兔乖乖》

（1）布置游戏情境，播放歌曲音乐《小兔乖乖》。

（2）老师戴上兔妈妈头饰，小朋友戴上小白兔头饰，开始表演故事情节：兔妈妈离开家去拔萝卜，回来叫门，妈妈一边扣门一边唱"小兔乖乖，把门开开……"小朋友伸头看看，唱"就开就开我就开……"。

（3）老师换上大灰狼头饰，来到小白兔家，边唱边表演大灰狼动作；小朋友跟着音乐唱"不开不开，我不开……"。边唱边表演。

4. 画一画：动物尾巴

老师展示四种动物（兔子、狼、公鸡、猴）尾巴，问：这些都是谁的尾巴？然后让小朋友学着画画，画好了展示出来。

活动延伸：

小朋友回家将《小白兔与大灰狼》的故事讲给爸爸妈妈听，然后给爸爸妈妈唱儿歌《小兔乖乖》。

附：故事《小白兔和大灰狼》

兔妈妈有三个孩子，一个叫红眼睛，一个叫长耳朵，一个叫短尾巴。一天，兔妈妈对孩子们说："妈妈到地里去拔萝卜，你们好好看着家，把门关好，谁来叫门都别开，等妈妈回来了再开。"兔妈妈拎着篮子，到地里去了。小兔子们记住妈妈的话，把门关得牢牢的。

过了一会儿，大灰狼来了，他想闯进小兔子的家，可是小兔子把门关得紧紧的，进不去啊！大灰狼坐在小兔子家门口，眯着眼睛，在想坏主意，突然看见兔妈妈回来了，他连忙跑到一棵大树后面躲起来。

兔妈妈走到家门口，推了推门，门关得紧紧的，就一边敲门，一边唱："小兔子乖乖，把门儿开开！快点儿开开，妈妈要进来。"小兔子一听是妈妈的声音，一齐叫起来："妈妈回来啦！妈妈回来啦！"他们给妈妈开门，抢着帮妈妈拎篮子。嗬，妈妈拔了好多萝卜！兔妈妈亲亲红眼睛，亲亲长耳朵，又亲亲短尾巴，夸他们是好孩子。

大灰狼躲在大树后面，偷偷地把兔妈妈唱的歌记住了。他得意地想，这回我有办法了。

第二天，兔妈妈又到树林子里去采蘑菇，小兔子们把门关好，等妈妈回来。过了一会儿，大灰狼又来了。他一边敲门，一边捏着鼻子唱："小兔子乖乖，把门儿开开！快点儿开开，妈妈要进来。"

红眼睛一听,以为妈妈回来了,高兴地叫着:"妈妈回来啦,妈妈回来啦!"短尾巴也以为妈妈回来了,一边跑,一边说:"快给妈妈开门,快给妈妈开门!"长耳朵拉住红眼睛和短尾巴说:"不对,不对! 这不是妈妈的声音。"

红眼睛和短尾巴往门缝里一看:"不对,不对! 不是妈妈,是大灰狼。"小兔子们一齐说:"不开,不开,我不开,妈妈不回来,门儿不能开。"

大灰狼着急了说:"我是你们的妈妈,我是你们的妈妈!"

"我们不信,我们不信! 要不,你把尾巴伸进来让我们瞧一瞧。"

"好啦,我就把尾巴伸进去,让你们瞧一瞧。"

大灰狼就把尾巴从门缝里伸了进来。小白兔门一看:嘿,一条毛茸茸的大尾巴。

"一,二,三,嘭——"小兔子一齐使劲,把门关得紧紧的,大灰狼的尾巴给夹住了。大灰狼疼得哇哇叫:"哎哟,哎哟,疼死我了。放了我,放了我!"

这时候,兔妈妈回来了,她放下篮子,捡起一根木棍,朝大灰狼的脑袋狠狠地打。大灰狼受不了啦,使劲一挣,把尾巴挣断了。他拖着半截尾巴逃到山里去了。兔妈妈这才松了一口气,扔下木棍,拎起篮子,一边敲门,一边唱:

"小兔子乖乖,把门儿开开! 快点儿开开,妈妈要进来。"

小兔子们听见妈妈的声音,抢着给妈妈开门,抢着帮妈妈拎篮子。嗬,妈妈采来了好多多蘑菇啊!

三、"材料导向"的教育活动设计

"材料导向"的教育活动设计,是指教师或幼儿利用已有的材料资源,共同设计操作材料的教育活动。材料操作活动是"材料导向"的教育活动设计的中心,设计操作材料的教育活动还要考虑活动的目标、内容与方法,最后制定出教育活动计划并付诸实施。

"材料导向"的教育活动是一种低结构化的教育活动,因为材料虽然是"死"的,但操作材料的活动却是千姿百态、多种多样的。设计什么样的操作材料的教育活动,教师既可以根据幼儿的兴趣或需要,也可以根据课程计划的进展,还可以根据活动环境的实际状况来考虑,其主旨就是幼儿操作材料活动的教育价值与活动意义。因此,"材料导向"的教育活动本质上是一种幼儿自主的高游戏性活动。其设计流程,详见图5-6。

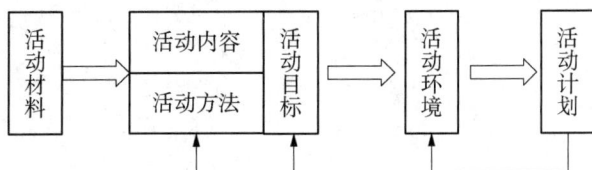

图 5-6　"材料导向"的教育活动设计流程图

(一) 材料的选择与确定

"材料导向"的教育活动设计,首先是选择并确定操作材料,也就是说准备了什么材料,幼儿或教师手中有什么材料可以操作。其实材料在幼儿园教育资源中还是非常丰富的,因为材料是幼儿园的重要教育资源,无论是幼儿生活、游戏还是学习,都需要材料资源的支撑,幼儿园环境创设也离不开材料资源。可什么材料才能成为"材料导向"的教育活动设计的缘由呢? 或者说什么样的材料有机会成为幼儿园教育活动设计的主导因素呢?

1. 幼儿感兴趣的活动材料

幼儿感兴趣的材料是幼儿操作活动的重要动因,也是幼儿主动学习的动力源泉。幼儿对材料感兴趣,就会积极主动地操作材料,生成各种材料操作活动。因此,幼儿感兴趣的材料是"材料导向"的教育活动设计的首选材料。反之,幼儿对材料不感兴趣,参与材料操作活动的主动性、积极性就不高,活动的动力不足,就不会有好的教育成效,这样的材料失去了教育价值与活动意义。幼儿一般会对什么材料感兴趣呢? 根据心理学的研究表明:幼儿往往对新颖奇特的材料感兴趣;对没有认识的未知材料很好奇;对功能多样的材料关注多。基于这样的心理特点,教师在幼儿园资源建设过程中,要经常更新活动材料,提供多样化的新鲜材料,保证幼儿能够从中发现有趣的活动因素,利用材料生成有趣的活动。

2. 幼儿园本地的特色材料与文化材料

幼儿园所在地域往往拥有本地特色的优质材料,这样的材料幼儿自小就很熟悉,而且材料的日常生活功用随处可见,十分广泛。对这种本土特色的材料幼儿往往感到很亲切、很实用,教师也熟悉材料的各种操作与功用,能够较好地发掘这些材料的教育价值。因此,这种本土特色材料是"材料导向"的教育活动设计的重要材料资源,也是幼儿十分感兴趣和喜爱的活动材料。

案例: 安吉县幼儿园里竹子多

浙江安吉县的竹子非常多,生活中到处可见,安吉县幼儿园充分利用这一本土特色的材料,制作出丰富多样的活动材料。幼儿广泛使用这些竹子材料,开展各式各样的体育及游戏活动。教师也常常利用这些竹子材料,组织开展丰富多彩的教育活动。

图 5-7　丰富多彩的"玩竹子"活动

除了物质材料，很多地方还具有丰富的文化材料，这些地方特色的文化材料往往具有一定的历史传承和精神内涵，是幼儿园重要的社区教育资源。这些文化材料和物质材料不同，它承载着丰富的精神传承和文化资源，是幼儿园教育活动的要素性资源，具有十分重要的教育价值。因此，文化材料往往不是由幼儿直接操作，而是通过幼儿直观感知和模拟操作，来感受体悟材料蕴含的文化内涵与精神传承。这种文化材料也是幼儿园教育活动设计的重要资源。如安徽徽州地区有许多承载着徽州文化的器具、民居、石雕、木刻、菜品等，这些都是徽州地区幼儿园教育活动设计的可资利用的重要材料资源。当然，利用文化材料设计教育活动，其教育价值不是材料本身，也不是材料操作活动，而是材料资源承载的文化符号和精神内核。

案例：徽州的"文房四宝"

安徽省黄山市，徽州文化渊源流长，内涵丰富，其中徽州的"文房四宝"就是重要的代表。徽州著名的"文房四宝"——徽笔、徽墨、宣纸、歙砚，既是有名的文化器具，又具有丰富的文化传承。徽州著名的"文房四宝"成为当地幼儿园开展教育活动重要的本土材料资源。教师充分挖掘徽州"文房四宝"的文化价值，采用"材料导向"的模式来设计幼儿园教育活动，引导幼儿认识"文房四宝"，组织幼儿参观"文房四宝"的制作工艺，指导幼儿使用"文房四宝"开展绘画书法活动等。教师这样做既能够让幼儿了解家乡的特色传承，激发他们热爱家乡的情感，又能让幼儿在感知与操作"文房四宝"的活动中得到锻炼，学习体验"文房四宝"的实际价值。

图 5-8　徽州的"文房四宝"

(二)设计材料操作活动或学习活动

"材料导向"的教育活动设计,一旦准备好了活动的主导材料,就要根据活动材料,发掘材料的实际功用或文化价值,确定教育活动目标,设计活动内容与方法,准备辅助材料,创设活动环境。这是"材料导向"的教育活动设计的主体工程。而这一设计过程会因为幼儿活动内容的组织而产生两种不同的设计思路:一种是低结构化、高游戏性的生成性活动设计;另一种是高计划性、低游戏性的预设性活动设计。

1. 生成性活动设计

精心准备的材料一旦到了幼儿手中,幼儿就会根据材料的性质与特点,依据自身的经验,生成丰富的材料操作活动。幼儿生成的材料操作活动,五花八门、千姿百态、各种各样,没有统一的活动形式和活动内容,所需的辅助材料也多种多样。这就要求教师根据幼儿的活动兴趣,设计师幼互动,指导幼儿活动,帮助幼儿大胆探索、主动学习,实现教育活动目标。这是低结构化、高游戏性的生成性教育活动,这种生成性教育活动设计往往采用情境化设计的策略。情境化设计,是以幼儿自主生成的活动为主,计划性弱、情境性高,能够满足幼儿的活动兴趣,激发幼儿活动的主动性与创造性。针对幼儿感兴趣的材料,幼儿自主生成活动,教师采用这种情境化设计策略往往会收到奇效。

> **案例: 有趣的石头(大班)**[①]
>
> 　1. 请幼儿观察收集到的各种石头
> 　(1)摸一摸、看一看:石头有什么地方不一样,按自己的感觉对石头进行分类。
> 　(2)比一比、称一称:石头的轻重。
> 　(3)敲一敲、听一听:鼓励幼儿用小棒或石头敲击石头,听听有什么不同。
> 　2. 找一找、说一说
> 　我们周围有什么东西是用石头做的? 你还可以用石头做些什么?

2. 预设性活动设计

预设性活动设计是指教师根据活动材料充分挖掘材料蕴含的教育价值与活动意义,设计幼儿学习与操作活动,明确活动目标、内容与方法,准备辅助材料,创设活动情境,制定活动计划的过程。这就是低游戏性预设活动设计的结构化策略。这种结构化设计,计划性强、情境性弱,以教师预设活动为主,能够有效利用材料的活动意义,发掘出材料的教育价值。但由于教师主导设计,幼儿不一定会对材料操作或学习活动感兴趣,往往会影响幼儿活动的积极性与创造性。这需要教师设计灵活的方法,采取必要的措施来激发幼儿的主动活动。

---

① 张琳.幼儿园教育活动设计与实践[M].北京:高等教育出版社,2010:106.

对于文化资源型材料,教师采用这种结构化设计策略,往往会产生期待的教育效果。

案例:玩圈(中班) ①

教师根据计划,依次发出指令,让幼儿根据教师示范,进行滚圈、套圈、跳圈、钻圈、转圈和投圈活动。

(1)滚圈。竖起圈,用力向前推,使圈滚向对面的同伴,或自己边推边跑。

(2)套圈。将圈从头套入,从脚套出;从脚套入,从头套出。

(3)跳圈。将多个圈放地上摆成各种形状,让幼儿采用多种方式跳出跳进。

(4)钻圈。将大圈直立起来,让幼儿从中钻过。

(5)转圈。让幼儿将圈套在身上,用身体将圈转起来(呼啦圈)。

(6)投圈。将圈悬挂,幼儿用沙包、皮球等投进圈。

(三)制定教育活动计划

"材料导向"的教育活动设计,其最终结果也是教育活动计划或方案。但不同的设计策略会形成不同类型的活动计划。预设性活动设计,主要是由教师主导设计活动,因此活动计划预先制定,具体明确。而生成性活动设计,由于是幼儿自主生成活动,所以不可能提前制定详细计划,使其活动设计与活动实施同步进行,只能根据生成计划来动态调整。因此,生成性活动设计往往只有大致的"腹稿"方案或计划大纲,而无具体详细明确的计划,只有活动结束才会形成明确的活动方案。

(四)"材料导向"的教育活动设计的注意事项

1. 设计"材料导向"的教育活动,其材料一定要就地取材,因地制宜,合理利用

首先,材料要源于幼儿生活,是幼儿熟悉的材料,是幼儿感兴趣的材料,这样的材料有助于幼儿发挥想象力与创造力,开展丰富多彩的活动。其次,材料要因地制宜,就地取材,要从幼儿园本地特色与优势资源中取材,发挥本土资源优势与传统文化价值。不要追求"高大上"的材料,也不要脱离幼儿实际生活的材料,这样的材料虽然有开发利用价值,但幼儿不感兴趣甚至不认识、不会操作,影响幼儿主动活动的积极性与创造性。再次,材料源于幼儿日常生活,尽可能采用一些幼儿熟悉而且不使用的废旧材料,通过清洁消毒后让幼儿自主操作,这样既经济实用,又贴近生活,激发幼儿的想象力与创造力,生成丰富的活动。

2. 充分发掘材料的活动意义与教育价值

材料是"死"的,任何材料资源在未开发前都没有教育的价值。但材料又是实际可用的,一旦被开发,就成为教育的最有效资源,展现出巨大的教育价值。因此,教师在设计"材料导

---

① 朱家雄.幼儿园教育活动设计与实施[M].北京:高等教育出版社,2008:88.

向"的教育活动时,首先是开发丰富的材料资源,提供给幼儿丰富的可用材料。其次,就是发掘材料的活动意义与教育价值,材料的实际功用是材料的活动意义之源,材料蕴含的文化资源是其教育价值所在。再次,激发幼儿操作材料的创造性,充分挖掘材料的多样化活动价值。

3. 根据活动性质,灵活设计"材料导向"的教育活动,以适应活动材料与幼儿兴趣

教师要根据幼儿活动是生成的还是预设的,采用相应的设计策略,设计出适宜活动材料、适应幼儿兴趣的教育活动。对于幼儿感兴趣的材料,教师应该采用生成性活动的情境化设计策略,充分发挥幼儿的创造性,生成多样性的操作活动,开发材料的多种功用,提高材料资源的利用价值;而对于蕴含文化资源又不便操作的材料,教师应该采用预设性活动的结构化设计策略,发掘材料的文化意蕴与教育价值,设计高效的幼儿学习活动,促进幼儿的学习与发展。

(五)"材料导向"的教育活动的实施要点

(1) 根据活动的性质,采用灵活的措施指导幼儿活动,促进幼儿的学习与发展。高结构化、低游戏性预设活动,教师要加强指导,主动与幼儿互动,选用灵活方法,激发幼儿主动活动,促进幼儿的学习与发展。低结构化、高游戏性生成活动,教师要尊重幼儿的想法,鼓励幼儿大胆探索材料操作方式,极力开发材料的多种功用,生成丰富多彩的操作活动,充分发掘材料的活动意义与教育价值,让幼儿在丰富多彩的操作活动中获取多方面的经验。

(2) 在实施"材料导向"的教育活动中,教师要特别关注幼儿活动过程,强化过程指导,注重过程评价。材料本身没有价值,其教育意义完全蕴含在材料及其功用里,材料只有被幼儿充分开发利用而生成丰富多彩的操作学习活动时,才能展现出它对幼儿学习与发展的价值与意义。因此,在实施"材料导向"的教育活动中,重点关注幼儿活动过程,教师要加强活动指导,让幼儿大胆操作,创造性开展活动,充分发掘材料的活动意义与教育价值。只要幼儿操作材料的学习活动自主活跃、积极有效,就一定会产生良好的教育效果,达到预期的教育目标。

(3) 加强保障,维护安全,促进幼儿健康快乐地活动。材料操作有些是小动作活动,有些是大动作活动;有些是室内活动,有些是室外甚至户外活动。由于幼儿主体能力有限,自我控制不足,在操作材料活动中尤其是合作活动时,会潜藏着一些安全隐患。因此,教师在指导幼儿操作材料活动时,要关注幼儿活动,注意幼儿安全,防止操作材料在活动过程中出现安全事故。

(六)"材料导向"的教育活动设计案例解析

案例解析:大班教育活动"玩轮胎"的设计

设计缘由:

幼儿园新进了一批各式各样的废旧轮胎,幼儿时常自主地玩着这些轮胎。宋老师发现幼儿玩轮胎的方式单调，只有滚、钻、爬几种。于是，宋老师设计了一个让幼儿充分发挥想象力并创造出轮胎多种趣味玩法的教育活动，以调动幼儿玩轮胎的积极性，促进幼儿的身体运动和身心发展。

材料分析：

轮胎是一种幼儿园常见的游戏材料，这种材料本身没有什么教育价值，但它却能够成为幼儿体育运动和游戏活动的重要材料。幼儿可以通过"玩轮胎"开展各种各样有趣的体育和游戏活动，满足他们的运动需要，促进他们的身心健康发展。

材料操作活动设计：

轮胎是一种有趣的材料，根据轮胎的形状和材质特点，有多种多样的操作活动方式。

（1）操作轮胎本身的活动方式：滚轮胎、翻轮胎、拉轮胎、转轮胎、垒轮胎等。

图 5-9　轮胎的玩法一

（2）利用轮胎作为活动材料，设计多种多样游戏活动。如：跳轮胎、走轮胎、跨轮胎、爬轮胎、钻轮胎、投轮胎等活动。

图 5-10　轮胎的玩法二

这些活动多数是体育活动，幼儿通过这些有趣的体育活动或游戏活动，能够玩得开心，同时锻炼了他们身体，促进他们身心的和谐健康发展。

（3）教师让幼儿发挥想象力，想想能够用轮胎制作哪些好玩的玩具。如：将轮胎制作成小车、小船、小秋千、大滚筒、跷跷板等。幼儿与教师一起交流这些玩具的玩法。

制定教育活动计划：

基于上面的分析和设计，宋老师制定了一个大班幼儿"玩轮胎"的活动方案。

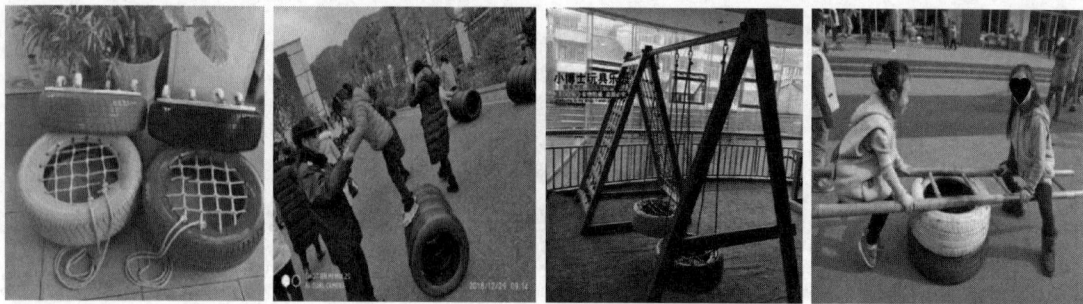

图5-11　轮胎玩具

玩轮胎

活动目标:

(1) 幼儿喜欢玩轮胎游戏活动,大胆尝试各种玩轮胎的方式;

(2) 幼儿大胆想象,设想各种轮胎玩具和玩法,发展想象力。

活动准备: 各式轮胎20个。

活动过程:

1. 导入

场地中随意摆上各式轮胎20个,教师让小朋友自己随意玩轮胎(3分钟)。

2. 热身活动

教师召集幼儿,开始热身活动:做一小段保健操(3分钟)。

3. 主体活动

(1) 教师让小朋友交流玩轮胎的方式,并将玩轮胎的各种方式展示给大家。

(2) 选择三种小朋友想出来的玩轮胎方法,组织小朋友来玩。

(3) 教师将轮胎摆成固定图形,让小朋友依次一个一个跳"房子"。游戏规则是:一个轮胎只能单脚跳,两个轮胎双脚跳。

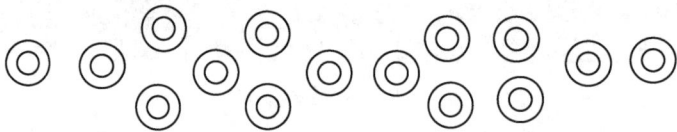

图5-12　轮胎"跳房子"

(4) 教师引导幼儿发挥想象力,利用轮胎制作玩具。教师利用幼儿园资源,指导幼儿制作简单可行的轮胎玩具。

(5) 幼儿和教师一起玩制作好的轮胎玩具。

4. 活动结束

教师和幼儿一起收拾好轮胎。

四、"主题导向"的教育活动设计

"主题导向"的教育活动设计就是设计单个主题活动。单个主题活动是一种中结构化的活动,既具有一定的教学性,又具有一定的游戏性;既是教师计划的预设活动,也有幼儿自主生成的活动。它是幼儿园重要的教育活动类型,具有以下几个方面的特点:

第一,整合性。主题活动不分科目、不分领域、不分学科,是一个综合性的活动,它整合各方面的内容,利用多方面的资源,开展多样化的活动,实现多维性目标。因此,主题活动是一个统合各领域内容、各方面资源的整合活动,也是促进幼儿全面发展的综合活动。

第二,生活性。主题活动围绕主题展开活动,主题多源于幼儿生活或与幼儿关系密切的事物。主题学习内容是幼儿感兴趣的,与幼儿的经验相联系;主题环境是师幼共同创建的,是家、园、社区合作共育的环境,也是幼儿熟悉的环境;主题活动成果是与幼儿生活相关联的,能够用于幼儿生活之中,充分发挥生活的作用。

第三,灵活性。主题活动是灵活自主的活动。主题活动既有教师计划的,也有幼儿即时生成的;既强调教师指导,更注重幼儿自主;既注重活动结果,更注重活动过程。主题活动实施过程不是一成不变的,而是时常变化的,随着幼儿活动的兴趣与需要而发生变化。

"主题导向"的教育活动设计,首先确立活动主题,围绕主题开发活动内容,确立活动目标,发掘主题内容,设计幼儿活动,创设活动环境,最后形成主题教育活动计划。如图5-13。

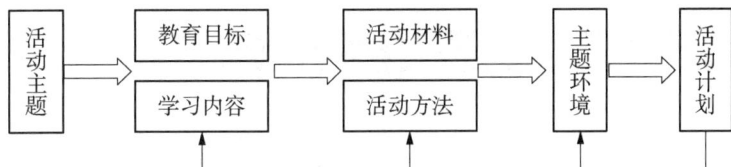

图5-13 "主题导向"的教育活动设计流程图

(一) 确立活动主题

主题是主题活动的核心,单个主题活动的主题有教师预设的,也有幼儿在活动中生成的。主题设计好不好、适不适合,最终要看幼儿的主题活动。因此,教师在确定活动主题时,应该遵循一些基本原则[①]:

(1) 主题应与幼儿生活相贴近,并且能够被用于幼儿的日常生活。

(2) 能够引起幼儿兴趣,与已有经验相联系,并能够运用已学技能。

(3) 能为幼儿未来生活做准备。

(4) 有益于幼儿课程的平衡。

(5) 能充分利用幼儿园、家庭与社区的资源。

① 朱家雄.幼儿园课程[M].上海:华东师范大学出版社,2003:265.

(二) 开发主题学习内容

主题一旦确定,就需要围绕主题,开发主题学习内容。主题内容包罗万象,广泛丰富。选择哪些内容作为幼儿主题学习内容,教师需要综合考虑多方面的因素。

其一,要考虑主题学习内容的课程价值。课程是幼儿园教育的重点,主题内容具有什么课程价值,是衡量主题内容的重要标准。这需要教师分析主题内容的属性、性质与特点,考查其在幼儿园课程体系中的位置与作用,考查主题学习内容与课程其他内容之间的关系,分析主题内容的教育价值。

其二,教师要考虑主题与幼儿生活相联系。主题内容需要幼儿学习,这就要求开发的主题学习内容要立足幼儿经验,与幼儿生活相关联,能够为幼儿熟悉并运用于日常生活。这样的内容既具有教育价值,也能为幼儿所接受。

其三,一个主题要开发出多种多样的学习内容。主题活动是综合性学习,开发主题学习内容要围绕主题,综合开发多方面相互联系的学习内容,将其整合于单个主题活动之中,让幼儿学习。通过单个主题活动,幼儿将围绕主题学习多方面的内容,获取关乎主题的整体经验,形成统一的认识,有助于建构幼儿的整体认知结构。

开发主题学习内容,教师要与幼儿一起广开思路,大胆想象,开发丰富广泛的内容;然后再汇总整理,分析研究,讨论交流,确定学习内容;最后围绕主题,根据确定的内容编制主题网络,绘制主题网络图。

案例: 中秋节主题教育活动"中秋月饼"主题 网络图

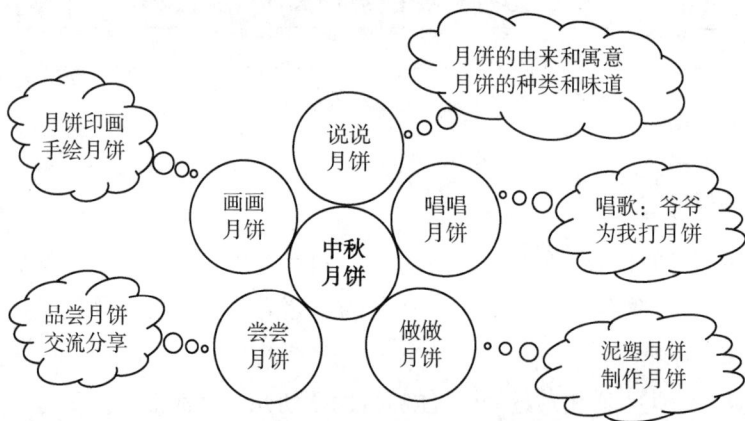

图 5-14 "中秋月饼"主题网络图

(三) 确定主题活动目标

主题活动目标的确定有两种思路:一种是根据主题确定活动目标;另一种是根据主题学

习内容确定活动目标。

1. 根据主题确定目标

教师确定主题，然后根据主题的课程价值，确定主题活动目标。这样确定的目标比较课程化，和幼儿园课程目标相一致，可以成为课程体系的一部分。但这样的目标由于没有考虑幼儿的需要，可能难以成为幼儿主题学习的目标。

2. 根据内容确定目标

教师确定主题，同时开发主题学习内容，再根据主题学习内容确定主题活动目标。这样确定的目标由于考虑幼儿活动的兴趣与需要，能够为幼儿所接受，也能够驱动幼儿的主题活动。但根据内容确定目标，需要教师灵活设计课程，避免主题目标与课程目标的冲突。

主题活动是整合性活动，确定的主题目标也是综合性目标，而不是零碎的、单一方面的目标。主题活动的综合性目标包含幼儿身心发展的多个方面，既有身体发展的目标，也有心理发展的目标；既有共性目标，也要有个性目标。

（四）设计幼儿主题活动

幼儿主题学习活动是主题活动的中心。幼儿通过广泛深入的主题学习，才能掌握主题内容，获取经验、增长能力、丰富情感、增强体验，这样才能实现主题活动目标。设计出幼儿自主学习的活动是主题学习活动设计的要点。

1. 以幼儿为主体设计主题学习活动

设计主题学习活动要将幼儿置于中心位置，为幼儿设计主题学习活动。幼儿学习活动是教育活动的核心，是促进幼儿身心发展的关键，教师在设计主题学习活动时，要以幼儿为中心，着重设计幼儿的主题学习活动，再在此基础上设计教师的指导方式与师幼互动。

2. 设计多样化的幼儿主题学习活动

教师设计多种多样的幼儿学习活动，可激发幼儿的学习兴趣，调动幼儿的学习积极性，满足幼儿的个性化学习需求，实现多维主题活动目标。

3. 注重幼儿合作学习活动的设计

主题学习既强调个性化的学习，更注重合作学习，以增强幼儿的社会生活意识与合作交往能力。教师在设计幼儿的主题学习活动，要加强幼儿的团队合作互动的设计，指导幼儿在合作与互动中学习与成长。

4. 预留幼儿学习的生成性活动空间

幼儿的主题学习活动既有预设成分，也有生成成分。在设计主题学习活动时，教师要尊重幼儿活动的自主性，预留生成性活动空间，以便幼儿生成学习活动，而不干扰预设的学习活动，满足幼儿主题学习的兴趣与需要，促进幼儿个性化的学习与成长。

5. 多种学习方式并重，保持幼儿主题学习的灵活性

在设计幼儿学习活动时，教师要充分尊重幼儿的个性需求，照顾幼儿的个别差异，多种学习方式并重，既注重集体性学习活动，也要注重团队合作活动，还要关注幼儿的个别学习

活动。总之,教师要保证主题活动的灵活性,以适应幼儿的多方面活动需求。

(五)创设主题活动环境

主题活动需要环境支持,环境保障着主题活动的顺利开展。单个主题教育活动环境创设,要坚持与主题相一致,与活动目标相统一,与活动内容相适宜,与幼儿学习特点相适应,充分满足幼儿的主题学习活动需要。另外,还要具有一定的探索性和灵活性,能够激发幼儿的主动学习欲望,能够调动幼儿学习的积极性与创造性。因此,主题活动物理空间环境的创设要注重多样化与综合性,注重幼儿与环境的互动,准备充足的主题活动材料;主题精神环境的创设要在物理环境创设的基础上,营造一个积极主动、乐于探索、轻松和谐的心理环境,维护良好的师幼关系和幼幼关系。

(六)制定主题活动计划

单个主题活动计划与单个教育活动计划一样,但也有所不同。其主要差别在于主题计划有较强的灵活性,预留一定的幼儿学习空间,而不像其他活动计划制定得十分详细、具体。单个主题教育活动计划包含几个部分:

(1)主题活动名称。

(2)主题活动目标。

(3)主题活动材料与环境创设。

(4)主题活动过程:导入环节、活动环节、展示分享环节。

(5)主题活动延伸:生活活动延伸、活动区活动延伸、家园合作活动。

(七)"主题导向"活动设计的注意事项

(1)主题活动设计要围绕中心主题展开。主题是主题活动的中心,一切都要以主题为中心开展设计,主题活动目标、内容、方法、材料与环境等都是为主题而存在,因主题而设计。任何偏离或超越主题的设计都是不合适的,也是不必要的。教师在设计主题活动时,心中要有主题,围绕主题开展活动设计、材料准备与环境创设。

(2)主题活动设计要注意预设与生成的关系,预留生成活动的空间。主题活动既有预设活动,更有生成活动,教师设计主题活动时并不知道幼儿会在活动中生成什么。因此,预留活动空间、留待生成活动,是主题活动设计应对生成活动的重要方法。也就是说,教师在设计主题活动、制定预设计划时,要留有余地,给予幼儿生成性活动空间。而不是将活动设计满满,不留余地与空间,当幼儿生成活动时,生成活动无法实施。

(八)"主题导向"教育活动设计的案例解析

案例解析: 大班主题教育活动"中秋月饼"的设计

设计缘由:

大班正在开展单元主题活动"中秋节",而月饼是中秋节活动中不可或缺的重要主题,也是幼儿十分喜爱的主题。老师根据"月饼"主题开展丰富多彩的活动,让幼儿获得多方面的学习,同时身心获得愉悦体验。

主题分析:

主题"月饼"虽然是中秋节时吃的一种点心,但它却蕴含着极其丰富的内涵和意义,其一是月饼圆圆,寓意家人团圆;其二月饼甜甜,寓意生活快乐;其三月饼丰富,寓意五谷丰登。这些月饼寓意既有民间文化习俗之美誉,又有现实生活之体验,反映了人们向往美好生活、追求幸福快乐的长久愿望。因此,这些主题内涵也需要让幼儿从小在传统文化生活中体会与感受,从而让这些优秀传统文化的精髓世代传承。

主题学习内容设计:

基于上述主题价值分析,主题"中秋月饼"的活动内容包含有文化传承、幸福生活、艺术体验与快乐劳动四个方面,具体内容(详见图5-13"中秋月饼"主题网络图)如下:

(1) 中秋传统文化的了解与传承。

(2) 月饼歌《爷爷为我打月饼》的学唱。

(3) 用月饼模型印画,绘画各式月饼。

(4) 和教师一起制作月饼,感受快乐劳动。

(5) 品尝各式月饼,交流分享快乐。

主题活动目标设计:

主题活动目标是多方面的目标,而不是单一方面的目标。教师在制定主题活动目标时,要从幼儿的身心发展的多方面来考虑,体现主题教育的整合性和综合性。

(1) 幼儿通过主题学习,了解中国传统的月饼文化,体会中秋吃月饼的美好生活。

(2) 幼儿通过交流分享,实现交流交往,提高语言表达能力。

(3) 幼儿学唱歌曲《爷爷为我打月饼》,体会祖孙亲情,感悟幸福生活。

(4) 幼儿通过主题活动,制作月饼,掌握基本动作,锻炼动手能力。

主题活动设计:

(1) 说一说:教师和幼儿一起说说月饼的由来、种类、寓意、习俗等。

(2) 唱一唱:儿童歌曲《爷爷为我打月饼》。

(3) 画一画:用月饼模型进行月饼印画,幼儿绘画各式月饼。

(4) 做一做:幼儿和教师一起制作月饼,或者用彩泥在月饼模子里泥塑月饼。

(5) 尝一尝:幼儿和教师一起品尝各式月饼,交流分享快乐。

在实施主题活动时,由于时间和资源限制,教师可以从中选取一部分活动来开展,组织幼儿活动,实现主题活动目标。

主题环境创设:

单元主题"中秋节",教师创设了丰富的节日环境,营造了浓厚的节日氛围。在这样的节日环境与氛围中开展主题活动,特别能够激发幼儿的活动热情。

制定主题教育活动方案：

中秋月饼

活动目标：

(1) 幼儿通过主题学习,了解中国传统的月饼文化,体会中秋吃月饼的美好生活。

(2) 幼儿通过交流分享,实现交流交往,提高语言表达能力。

(3) 幼儿学唱歌曲《爷爷为我打月饼》,体会祖孙亲情,感悟幸福生活。

(4) 幼儿通过主题活动,制作月饼,掌握基本动作,锻炼动手能力。

活动准备：

各式月饼图片若干,月饼每人 1 个,歌曲音乐《爷爷为我打月饼》,月饼模型若干,月饼模子若干,绘画纸若干。

活动过程：

(1) 教室里播放着歌曲音乐《爷爷为我打月饼》,教师问:"小朋友,中秋节,我们会吃什么?"(月饼),导入主题活动。

(2) 教师介绍中秋月饼的历史渊源和文化寓意,和幼儿一起交流月饼的种类和味道。

(3) 教师教小朋友学唱《爷爷为我打月饼》,并随着音乐律动。

(4) 教师发给小朋友月饼模子,教小朋友用彩泥做"月饼",然后相互交流并欣赏制作好的"月饼"。

(5) 教师发给小朋友一人一块月饼,教师和小朋友一起,在音乐声中品尝月饼,体会吃月饼的快乐。

活动延伸：

教师让小朋友回家,和爸爸妈妈一起赏月品月饼,同时唱歌《爷爷为我打月饼》。

第三节　单个教育活动的实施

一、单个教育活动的实施要求

单个教育活动是幼儿园教育活动实施的基本单位,是幼儿在相对稳定的时间范围内开展的自主活动,对幼儿和教师都有着一定的规范与要求。

(一) 计划与变化要相互协调,实现教育活动的基本平衡

单个教育活动强调设计,注重计划,但实际实施过程中,计划往往会受到多方面因素的影响。这就要求教师要关注教育活动过程,并根据实际情况,灵活调整活动计划,动态适应环境变化,从而实现教育活动的动态平衡。比如,单个教育活动往往有时间限制,大班活动在 30—40 分钟,可幼儿自主生成的教育活动有时不到 30 分钟就完成了活动任务,实现了活

动目标。这就要求教师动态调整活动时间,可以将剩下的 10 多分钟时间,让幼儿自主活动,而不要强迫幼儿增加教育活动。

(二) 幼儿自主与教师指导双向互动,实现教育活动的积极高效

教育活动是教师指导下的幼儿自主活动,教育活动要想实现教育目标,就必须由幼儿主动活动,才能促进幼儿学习与发展,所以保证幼儿的主动活动是教师指导的重点。教师指导的重点并不在于幼儿的学习方式,而在于幼儿学习的主动性、积极性和创造性。幼儿积极主动地开展活动,就能够主动获取经验、获得发展。因此,教师指导不是去替代幼儿解决问题,而是引导幼儿、激发幼儿自主活动、解决问题。这就要求教师在活动实施中,主动加强师幼互动,采用灵活的方法,创设适宜的环境,采取针对性的措施,营造积极的氛围,以促进幼儿主动学习。特别是教师要放手让幼儿大胆探索,自主活动,在保证安全的前提下,促进幼儿的学习与发展。

(三) 关注过程与关注结果相统一,注重过程评价,实现教育活动的发展价值

幼儿园教育活动实施的重点是幼儿的自主活动。幼儿在自主活动中的能动性、积极性与创造性是决定教育活动成效的关键。无论是教师指导,还是幼幼互动,都在激发幼儿的学习动力与学习热情,促进幼儿的主动活动。教师指导幼儿主动活动时,既要关注活动结果,更要关注幼儿活动的过程,特别要注重对幼儿活动过程的评价,应以形成性评价为主,并以幼儿的学习进步为评价依据,充分肯定并赏识幼儿的进步。教师千万不要"以结果论英雄",将活动结果作为幼儿学习评价的唯一依据,这样容易打消幼儿的活动积极性。

二、单个教育活动的指导方法

幼儿园教育活动是以幼儿自主活动为中心的师幼共同活动,教师指导的重点在于促进幼儿主动学习、积极互动。教师应采用多种有效方式来激发幼儿活动的主动性、积极性与创造性。

(一) 集体指导方式

集体指导是指教师面向多数幼儿,根据幼儿活动及其特点而展开的有针对性指导。这种指导方式相对集中,统一指导的人数较多效率高。但这种指导方式限于解决共同问题,统一要求,没有差异性,不能解决幼儿活动中的个性化问题,也无法针对幼儿的差异而因材施教,无法满足幼儿个性化的需要。集体指导方式多是用于指导结构化程度高、游戏性低的教学性活动。

(二) 小组指导方法

小组指导是指在教育活动中,教师针对团队活动出现的问题,根据幼儿的需要而开展针

对性的指导。这种指导方式针对几个幼儿,指导的人数较少,指导针对性强,效率高、效果好。但这种指导方式面向小团队活动,在指导小组活动的同时,无法照顾到其他幼儿的活动。小组指导方式适合指导幼儿的团队活动,多用于指导结构化程度低的游戏性教育活动。

(三) 个别指导方法

个别指导是指针对幼儿在教育活动中出现的问题而开展一对一的指导。这种指导方式由于是个体指导,因此指导的效率很低。但指导的针对性强,能因人而异,指导效果极佳。个别指导方式适合于幼儿在教育活动中的个体活动,多用于游戏性强的低结构化教育活动。

思考与练习

1. 单个教育活动设计有哪几种模式,它们有什么特点?
2. 运用四种设计模式,各设计一个幼儿园单个教育活动,制定出详细的活动计划。

附录：幼儿园单个教育活动案例精选

案例一：春天的电话（小班）①

活动目标：

（1）在教师有感情的讲述中，幼儿喜欢听故事，知道故事的名称。

（2）幼儿借助背景图及图片，了解小动物打电话的顺序，学说小动物打电话的语言。

活动准备：

小熊、小松鼠、小兔、小花蛇、小狐狸的图片，课件，与故事内容相吻合的背景图。

活动过程：

1. 直接引出话题，激发幼儿听故事的兴趣

教师提问：小朋友们，你们知道现在是什么季节吗？老师今天给你们讲一个关于春天的故事，名字叫《春天的电话》。

2. 教师有感情地讲述故事

（1）配乐讲故事。

（2）针对故事内容进行提问。教师提问：故事的名字叫什么？故事里有谁？它们在做什么？

3. 完整欣赏课件

4. 借助背景图，了解小动物打电话的顺序，学说小动物打电话的语言

小熊被什么惊醒了？醒来后它干了些什么？小熊看到春天来了，它连忙给谁打电话？电话号码是什么？它是怎样说的？

小松鼠听了电话以后又打给谁？电话号码是什么？它是怎样说的？

小白兔听了电话以后又打给谁？电话号码是什么？它是怎样说的？

小花蛇听了电话以后又打给谁？电话号码是什么？它是怎样说的？

小狐狸听了电话以后又打给谁？电话号码是什么？它是怎样说的？

最后，它们一起出来才发现了什么？他们怎么说的？小熊又是怎样表示的呢？

5. 活动结束

幼儿玩打电话的游戏。

附：故事《春天的电话》

"轰隆隆！"打雷了——

睡了一个冬天的小黑熊被惊醒了，揉揉眼睛，打开窗户，往外一看："啊，原来春天来了！"它连忙拿起电话，得儿得儿拨电话号码——12345："喂，小松鼠吗？春天来了，树上的雪融化了，快出来玩玩吧！"

---

① 教育部教育管理信息中心. 全国优秀幼儿语言教育活动课例评析[M]. 重庆：西南师范大学出版社，2011：17—21.

　　小松鼠听了电话,也得儿得儿拨电话号码——23451:"喂,小白兔吗? 春天来了,山坡上的草绿了,快出来吃草吧!"

　　小白兔听了电话,也得儿得儿拨电话号码——34512:"喂,小花蛇吗? 春天来了,河里的冰融化了,快出来游泳吧!"

　　小花蛇听了电话,也得儿得儿拨电话号码——45123:"喂,小狐狸吗? 春天来了,地上的虫子爬出来了,快出来捉虫子吧!"

　　小狐狸听了电话,也得儿得儿波电话号码——51234:"喂,小黑熊吗? 春天来了山上的花开了,快出来采花吧!"

　　小黑熊听了电话,高高兴兴来到外边,看见大伙全出来了,它碰见了小狐狸说:"谢谢你给我打电话,告诉我春天来了。"小狐狸指指旁边的小蛇,小花蛇指指小白兔,小白兔指指小松鼠,都说:"是它先打电话给我的,应该谢谢它。"小松鼠指着小黑熊说:"我们应该感谢小黑熊! 是它第一个给我打电话的!"

　　小黑熊听了,连忙把两只大手捂住脸,连声说:"不用谢,不用谢!"

案例二:鸡蛋宝宝用处大(中班)[①]

活动设计背景:

　　利用废旧物品,让幼儿了解认识鸡蛋,有哪些特质和用途。大胆尝试蛋壳拼贴,让幼儿在活动中勇于创新。

活动目标:

(1) 让幼儿知道鸡蛋营养成分高,做到不挑食的好习惯。

(2) 尝试用蛋壳拼贴任何形状和图案。

(3) 锻炼小肌肉活动能力。

活动准备:

8开大的白纸若干张,胶棒,熟鸡蛋(幼儿自备)。

活动过程:

1. 情景模拟

(1) 出示鸡蛋,教师以鸡蛋的口吻介绍鸡蛋。(以激发幼儿兴趣)

(2) 幼儿自由讨论,鸡蛋是怎么来的,都有哪些组成。

2. 幼儿体验剥鸡蛋和品尝鸡蛋

(1) 教师发给幼儿人手一个鸡蛋,让幼儿仔细观察鸡蛋的形状和颜色。

(2) 幼儿自己动手剥鸡蛋(鼓励幼儿不要把鸡蛋弄破),把剥下的蛋壳放在自己的白纸上。

(3) 引导幼儿了解鸡蛋全身都是宝,蛋清和蛋黄都个有不同的营养。提醒幼儿不要挑

---

① 中班整合活动:鸡蛋宝宝用处大[EB/OL].2013.http://y.3edu.net/zbzh/107158.html.

食,鸡蛋的营养是我们身体不可缺少的。

3. 蛋壳拼贴

(1) 让幼儿充分发挥想象力,说出蛋壳可以拼贴成哪些形状和图案。(比如:太阳、花朵、三角形等)

(2) 幼儿动手操作:强调幼儿拼帖的顺序,先把想好的图形拼摆在白纸上,之后再用胶棒粘到白纸上。

4. 幼儿展示作品相互交流,分享自己的快乐

5. 活动延伸

用彩笔或蜡棒对作品进行装饰,送给自己最爱的人。

案例三:　有趣的弹簧玩具(大班)[①]

活动目标:

(1) 能发现周围环境中的弹力现象(能伸能缩,又能恢复原状)。

(2) 学习用铁丝在筷子上缠绕弹簧的技能。

(3) 能用较完整的语言表述在探索制作过程中的发现和感受。

活动准备:

教师和幼儿共同搜集弹簧玩具、塑料玩具若干;大小弹簧若干;铅画纸、水彩笔、剪刀、硬纸板、铁丝、筷子。

活动过程:

1. 出示塑料玩具和弹簧玩具,引起幼儿的兴趣

请小朋友玩玩桌上的玩具,你能发现什么?

幼儿自由探索。

师:刚才你发现什么? 为什么有的玩具会动? 有的玩具却不会动呢?

2. 幼儿运用弹簧玩具,再次进行操作

我们刚刚发现了有弹簧的玩具就会动。这里有各种各样的弹簧,请你玩一玩,说说你是怎么玩的? 弹簧有哪些变化?

教师在幼儿发现的基础上加以总结:弹簧能伸能缩,松手后能恢复原来的样子。

3. 幼儿制作弹簧玩具

教师重点指导幼儿用铁丝紧紧地缠绕在圆筷子上做成弹簧。

4. 幼儿玩自制的弹簧玩具

① 张俊.幼儿园科学教育[M].北京:人民教育出版社,2004:191.

第六章

主题教育活动的设计与实施

本章学习目标

☞ 了解主题教育活动的概念、特点、结构要素及其教育价值

☞ 了解单元主题教育活动的概念与特点,掌握单元主题教育活动设计的程序与方法

☞ 学会设计幼儿园单元主题教育活动并能够有效地组织实施

☞ 掌握幼儿园综合主题教育活动设计的程序和方法

☞ 学会幼儿园综合主题教育活动的设计并能够有效地组织实施

本章内容纲要

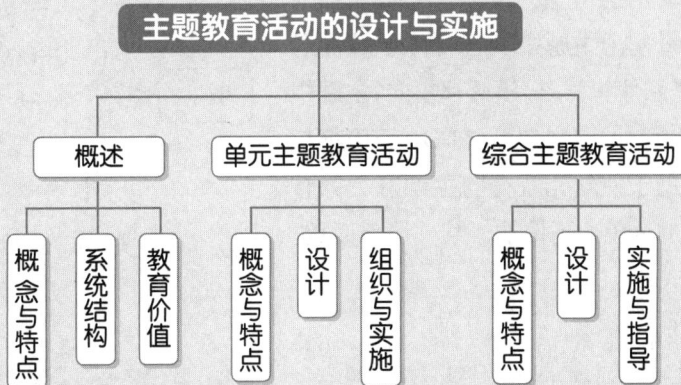

```
                        主题教育活动的设计与实施
         ┌──────────────────┬──────────────────────┐
       概述              单元主题教育活动        综合主题教育活动
    ┌───┼───┐          ┌───┼───┐              ┌───┼───┐
  概念  系统  教育      概念   设计  组织与      概念   设计  实施与
  与特  结构  价值      与特         实施        与特         指导
  点                   点                       点
```

第一节   主题教育活动概述

幼儿园课程的综合化、整合化是幼儿园课程改革与发展的重要趋势。幼儿园主题教育活动正是符合幼儿园课程综合化的具体体现,是适应幼儿整体学习特点的一种课程形式。早在 20 世纪 30 年代我国幼儿园的课程体系中,主题教育活动就占有一席之地。今天,主题教育活动在我国幼儿园课程体系中已经发展成为一种具有重要地位的教育活动,也是广大幼儿园教师十分喜欢的教育活动形式。

一、主题教育活动的概念与特点

(一) 概念

"主题"一词最初是一个音乐术语,是指乐曲中最具特征并处于优越地位的那一段旋律——主旋律。它主要表现一个完整的音乐思想,是乐曲的核心。在幼儿园课程领域使用"主题"一词,意指课程的某一单元、某个时段所要讨论的中心话题,通过对这些中心话题的讨论,对中心话题中蕴含的问题、现象、事件等的探究,能使幼儿获得新的、整体的、联系的经验。因此,幼儿园课程中的主题,往往不只是中心议题本身,它还包括中心议题蕴涵的或与中心议题相关的问题、现象及事件等。[1]   如"我们身边的好人好事",围绕在这一主题下的相应活动构成了整个主题的内容。

幼儿园主题教育活动,是指在一段时间内围绕一个中心内容(主题)来组织开展的教育教学活动。[2]   主题教育活动弥补了学科教学互相割裂的现象,重视各学科之间的横向联系,力求达到对各个领域教学活动的整合,给予幼儿整体的经验。主题教育活动是以主题的形式所开展的教育活动,通过跨科目领域的主题探究与活动来发挥学习者的整体认知建构,从而实现学习者的全面发展。因此,主题教育活动不再是以单一科目为主线,而是将各科目融合到同一个主题范围中,设计成一系列的主题活动,以主题为核心辐射开来,进行集中学习。如图 6-1 所示。

从图中可知,每一个主题中所包含的领域内容之间具有一定的联系性,每一个领域都指向"主题中心",领域与领域之间、主题与领域之间的经验都是融会贯通的,这有助于使幼儿获得与主题有关的整体经验,关注主题的全貌而不偏重于某一局部面貌。

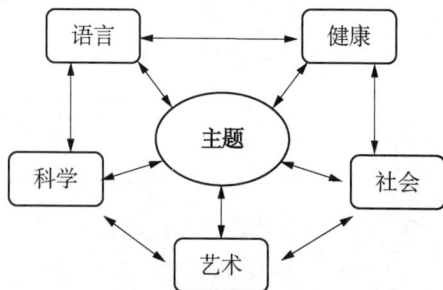

图 6-1   主题教育活动示意图

---

[1] 虞永平. 论幼儿园课程中的主题[J]. 学前教育研究,2002(06):13.
[2] 冯晓霞. 幼儿园课程[M]. 北京:北京师范大学出版社,2000:207.

但在此需要指出的是,在每一个主题活动中,各领域的内容不是均等的,而是存在一定的侧重点,但其宗旨都是注重幼儿的全面发展,给予幼儿一个完整的经验。

主题教育活动是建立在综合教育的基础之上,通过各种各样的形式、各种各样的层次结构对主题所要表现的核心问题进行的具体外化的活动形式,它着力于关注各相关要素和事物之间的有机联系,特别是这些要素和事物与主题内核之间的关系。在主题教育活动中,教师和学习者的角色都发生了相应的变化,活动的实现形式不仅仅局限于教师的预设和实施,还给予学习者很多机会去自主发起活动。

(二)特点

主题教育活动是目前幼儿园实施的主流教育活动形式之一,是幼儿园课程的主导形式,也是幼儿开展学习活动的主要途径,它与其他教育活动相比,具有以下四大特点。

1. 主题中轴性

主题教育活动是以主题为中心而展开的教育活动,在主题教育活动的诸要素中,主题居于核心位置,其教育目标、内容、方法、评价等均围绕主题而生成。这就犹如车轮一样,车轴就是中心主题,车辐就是教育活动的各要素,车轮就是师幼活动。主题教育活动的设计就是围绕主题展开目标、内容、方法、过程等活动要素的整体设计,设计好的目标、内容、方法、环境等都围绕中心主题而展开,与主题一起构成一个完整的教育活动系统。随着主题活动的不断推进,教育活动围绕中心主题不断向前发展,进而促进着幼儿的学习与发展。这就是主题中轴性,[①]参见图6-2。

图6-2 主题中轴性示意图

2. 综合性与整合性

主题来源于大千世界、人类社会和人类本身,它不分学科或领域,从人类生活世界中来,最终归于生活世界,所以主题都是综合性的。主题教育活动是围绕主题而展开的教育活动,它整合着语言、健康、社会、科学与艺术等多个领域的知识与经验,同时涉及幼儿的认知、运动、体验与创造等多方面学习活动,还延伸至家庭、社区、学校等多个社会生活空间。因此,主题教育活动是一种综合性、整合性的教育活动,它需要通过生活、教学、游戏、活动等多种方式来实施。

3. 预设与生成统一

围绕主题开展的主题教育活动,其活动主题既可以由教师预设,也可以由幼儿生成。教师预设教育活动主题,往往从课程计划出发,从幼儿生活、社会生活、自然世界与文学作品中选取那些具有教育价值的主题,作为幼儿学习活动的主题。教师预设的主题主要来源于课

---

① 袁顶国,朱德全. 论主题式教学设计的内涵、外延与特征[J]. 课程·教材·教法,2006(12):22.

程计划,因此它具有较高的教育价值,但幼儿对这些主题未必感兴趣,在主题活动实施时,幼儿的主动积极性就会受到影响。幼儿生成的主题,是幼儿在生活与游戏活动中发现的有趣的事物、事件等,是幼儿感兴趣的,教师要满足幼儿的兴趣与需要,将其生成为幼儿活动的主题,成为幼儿学习的内容。因此,幼儿的主动积极性与创造性很高,幼儿会全心全意投入到主题学习活动中。

幼儿园主题教育活动,往往是教师预设与幼儿生成的共生体,一开始教师预设目标与内容,组织幼儿开展主题活动,随着活动不断深入,幼儿在活动中就会生成一些有意义的活动内容。教师要及时地把握这些生成性内容,组织幼儿学习,使之成为主题教育活动的重要内容。最后完成的主题教育活动既有预设活动也有生成活动,是预设与生成的统一体。

4. 弹性计划与灵活实施

主题教育活动既有教师预设的主题活动,也有幼儿生成的主题活动,因此,教师在设计主题教育活动时,不能制定全面的计划,而要预留活动的空白空间,制定出弹性计划。在主题教育活动实施过程中,教师再通过幼儿预设的活动,来填补预留的空白空间。主题教育活动实施要坚持"相互适应取向",教师心中要有"大目标、大方案",正确处理好预设与生成的关系,既要根据预设的活动方案来开发利用资源、创设活动环境,同时还应根据幼儿生成的活动作出适应性计划,使得预设与生成活动融为一体,形成整体性的主题教育活动。

二、主题教育活动的系统结构

主题教育活动是一种半开放式教育活动,有着自身的特点和既定规律。教师要发挥主题教育活动在幼儿园保教系统中的效用和价值,就必须去认清并把握其特点和规律,并结合幼儿实际去展开设计与实施。否则,主题教育活动就会流于形式、缺乏系统化,陷入无序与失衡的状态,变成各领域之间的一个简单"拼盘",从而失去主题教育的价值。主题教育活动主要由五个方面组成,其中四个方面相互依存、相互影响,共同构成主题教育活动的整体。如图6-3所示。

图6-3　主题教育活动系统结构示意图

(一) 主题教育活动的主题

主题是幼儿园主题教育活动的核心,一个有教育价值的主题应回归幼儿的生活世界,就像陈鹤琴先生所言:"大自然、大社会都是活教材。"一般来说,幼儿园主题教育活动中的主题大多来源于以下五个方面:

1. 幼儿自身

幼儿自身主要包括幼儿的身体和心理两方面,幼儿的身体主要指身体的特征与功能、身体的发展与变化、身体的健康、安全与保护等,幼儿的心理指幼儿的兴趣、爱好、情绪、情感、性格、能力等。由于主题源于幼儿自身,幼儿既可以直观感知体验,又可以亲身经历,都是幼儿最熟悉的事物,因此,这样的主题最能激发幼儿的兴趣,也能带给幼儿很多的乐趣。如:

"从头到脚""我健康,我快乐""保护牙齿""奇妙的身体""认识我自己""长大的我""我的本领""我高兴,我不高兴"等。

2. 幼儿的社会生活

幼儿的社会生活主要包括与幼儿生活息息相关的各种事物、现象、环境及活动等。如服装、玩具、食物,家庭、医院、公园,通讯、交通、消防,还有节日、庆典、联欢以及新闻与偶发事件等。这些主题有些是幼儿感兴趣的,有些是幼儿需要的,还有些是幼儿关注的,有些甚至还是幼儿亲身参与的。因此这些主题对于幼儿而言,是生活中十分熟悉的主题,也是幼儿乐于探究的。如"我家的手机""我最爱的衣服""好吃的食物""亲亲一家人""垃圾分类""中秋月儿圆""正月里"等。

3. 自然事物与自然环境

幼儿生活的自然环境是幼儿认识的重要对象,其中包括大自然的各种事物和现象。如动植物、江河湖泊、沙土水石等自然事物,春、夏、秋、冬等季节变换,风、雨、雪、雾等天气变化,日月、星辰等宇宙奇观等。这些主题存在于幼儿身边,与幼儿生活密不可分,是主题选择的重要源泉。选择的主题如"拜访大树""秋天的果实""好玩的水""我和空气做游戏""热与冷""冬爷爷来了""动物同乐会"等。

4. 自然现象与科学概念

幼儿学习的科学概念是一种"前科学概念",就是依据自然现象,了解这种现象产生的原因,从而形成初步的"前科学认识",形成"前科学概念"。根据幼儿身心发展的水平与特点,幼儿园中开展的科学主题主要是幼儿生活中常见的、有趣的自然现象。这些主题有助于幼儿认识周围环境,了解环境中的事物变化,从而使自己能够适应周围的生活环境。如"有趣的旋转""沉与浮""平衡的奇妙"等。

5. 文艺作品

文艺作品是幼儿生活中常见的精神食粮,也是幼儿十分喜欢的事物。文艺作品是以艺术化的方式反映社会生活和人们的思想意识,具有思想的凝练性和情感的丰富性。因此,文艺作品中的事物、形象、故事等作为幼儿活动的主题,有助于幼儿理解生活、感受生活、丰富情感体验。如童话人物、童话故事、儿童歌曲,以及幼儿生活中喜闻乐见的艺术作品如黄梅戏等。

(二) 主题教育活动目标

主题教育活动目标是主题活动的灵魂,统帅着主题活动的发展,也是主题教育的目的所在。主题活动目标实现了,主题教育活动才能体现教育价值。因此,确立主题活动目标尤为重要。

主题教育活动目标是全面、多维的,这与主题活动的综合性、整合性相关。一个主题所能够实现的教育目标往往也是综合性的。其中,主要的教育目标与幼儿的身心发展和教育要求相一致。

1. 身体发展目标

身体发展是幼儿教育的根本目标,也是主要目标,幼儿的一切发展都是根植于幼儿的身体发展之上。因此,幼儿的身体发展目标至关重要,任何主题教育活动都要指向幼儿的身体发展,促进幼儿身体健康成长。幼儿的身体发展主要包括:体格增长、体能增强、体质提升、动作发展、运动协调等。

2. 语言发展目标

语言是幼儿社会化的基础与工具,是幼儿学习与发展的主要手段,也是幼儿教育的重要目标。主题教育活动的重要目标就是发展幼儿的语言,只有幼儿的语言得到良好发展,其他方面才能进一步得到健康发展。幼儿语言发展目标主要包括:听说发展、语言习惯养成等。

3. 认知发展目标

认知发展是儿童身心发展的重要基础,而幼儿期则是儿童认知发展的关键期。幼儿通过与环境的主动活动,发展自身的认知能力。幼儿认知发展目标包括:感知力、记忆力、想象力和思维力的发展,幼儿探究能力的发展以及注意力的提高等。

4. 情感发展目标

幼儿期是幼儿情感发展的关键期。幼儿情感发展是幼儿心理发展的重要内容,也是幼儿社会化发展的心理基础。幼儿的情感发展目标主要包括:幼儿的情绪发展,幼儿的社会性情感发展,良好态度的形成等。

5. 社会发展目标

幼儿期是幼儿从"自然人"向"社会人"发展的重要阶段,是幼儿成长为社会人的重要时期。幼儿的社会化发展目标主要包括:社会常识、社会规范的习得,亲社会行为的发展,社会交往能力提高,以及人际关系的建立等。

6. 知识经验目标

知识经验是幼儿学习与成长的重要基础,幼儿具备一定的知识经验是幼儿生命活动的基础,能保障幼儿生命活动的顺利开展。幼儿的知识经验目标主要包括:健康方面知识经验、自然与科学知识经验、生活常识等。

(三) 主题教育活动内容

主题教育活动内容也就是幼儿要学习的内容。主题存在于自然、社会与人类自身,它包含着广泛丰富且深刻的内容,但幼儿不可能全部学习,也学习不了。幼儿需要学习哪些内容,能够学习哪些内容,是主题活动设计必须重点考虑的问题,也是主题教育活动设计的关键。主题学习内容包罗万象、千姿百态。但幼儿关注且能够学习的主题学习内容则是相对固定的几个方面。

1. 语言方面

主题包含的语言及其意象,是幼儿学习的重要内容。如"月亮"主题,虽然是自然事物与现象,其包含的语言内容十分丰富;同时圆圆的月亮表现的"团圆"意象也是幼儿体验的重要内容。

2. 自然与科学技术方面

主题来源于自然与社会及人类自身,包含着自然世界的运行法则,是人类必须掌握的规律。这些事物特征及关系是幼儿学习的重要科学内容。如"四季"主题,既包含着丰富的自然内容,也包含着富有特色的社会生活内容;"汽车"主题则包含着丰富的科学与技术内容,它们都是幼儿学习的重要内容。

3. 社会生活方面

主题源于幼儿生活,幼儿生活都是社会性的,每个主题或多或少都包含有社会内容——社会现象、道德准则、社会交往与社会适应等。因此,主题的社会内容是幼儿主题学习的重要内容。如"大树"主题,既包含自然科学的内容,但也蕴含着环境保护的社会生活内容,都是幼儿主题学习的重要内容。

4. 健康安全方面

主题源于幼儿生活,很多涉及幼儿生命,关乎幼儿健康,其中包含着许多有关幼儿身心健康方面的内容,如文明卫生、疾病预防、人身安全、性别认同等。因此,主题涉及的相关健康内容是幼儿学习的重要内容,如"过大年"主题,既有社会习俗内容,也有饮食卫生安全以及烟火安全的内容,这些都是幼儿主题学习的重要内容。

5. 艺术方面

主题虽然不都是艺术性的,但主题形象往往包含着丰富的艺术意象,具有强烈的情感性与感染力,是幼儿体验的重要源泉。因此,主题的艺术内容同样是幼儿学习的重要内容,也是幼儿情感态度发展的重要推手。如"花"主题,花的意象具有强烈的艺术气息,它是幼儿爱花的情感源泉,开发"花"的艺术内容让幼儿学习,能够促进幼儿情感的丰富与发展。

6. 体育运动方面

幼儿天性就是活泼好动的,主题包含的要素与事物往往会成为幼儿活动的材料与对象。开发主题的体育运动内容,能够满足幼儿的体育运动需要,与此同时它又是幼儿非常感兴趣的活动,愿意积极主动地参与此类活动,从而促进幼儿身心健康发展。如"有趣的水"主题,既有科学方面内容:认识水的特性;也有社会方面的内容:节约用水;还可开发体育运动方面的内容:玩水戏水、过河游泳等。

(四) 主题活动

主题教育活动是综合性活动,它主要是通过幼儿一系列的主题活动来实施,即学习主题内容,完成主题任务,达成主题教育的目标。一个主题教育活动,往往涵盖多方面的内容,需要设计多样化的主题活动来学习。因此,主题活动是主题教育活动设计的核心。

主题活动是幼儿的自主活动,教师需要综合考虑学习内容及幼儿特点,系统设计相互依存、相互联系的活动来实现主题学习,完成主题教育活动的任务。根据幼儿主题学习的方式,可以将主题活动分为教学活动、游戏活动、作业活动、探究活动、家园合作等形式。

1. 教学活动

教学活动是指幼儿在教师有目的、有计划、有组织地指导下，开展自主学习主题内容的活动。教学活动需要教师系统设计、组织实施和指导评价，是幼儿主题活动的重要形式，也是教师设计与实施主题活动的重要方式。

2. 游戏活动

游戏活动是幼儿的基本活动，也是幼儿最喜欢的活动方式。主题教育活动中的幼儿游戏是在幼儿园环境中的幼儿自主活动，也是在教师指导下的幼儿游戏，如主题区角游戏。因此，游戏活动更具有教育性。

3. 作业活动

作业活动是指幼儿在教师指导下自主操作、完成制作任务的活动，也就是"做中学"活动。作业活动具有鲜明的操作性，幼儿通过"做中学"，不仅能获取经验，还能提高动手能力，是培养幼儿动手操作能力的主要活动方式。

4. 探究活动

探究活动是指幼儿在主题环境中，大胆探索、主动活动、发现问题、解决问题的自主活动过程。这是幼儿的发现式学习，能够满足幼儿的好奇心和探究欲望，也能够培养幼儿的探究意识和发现问题、解决问题的能力。

5. 家园合作

主题教育不仅仅是在幼儿园开展，还会延伸至家庭与社区。家园合作是指幼儿园在主题教育活动过程中，充分利用家庭资源，创设良好环境，家园合作共育，促进幼儿的主题学习。如主题户外活动，往往是通过家园合作的方式共同活动。

(五) 主题环境

主题教育活动环境是指为开展主题教育而创设的幼儿园环境，包括物质环境和精神环境。一个主题环境主要包括四个方面：主题展示区、主题活动区、主题文化环境和主题精神环境。

一是主题展示区。它是指教师在组织开展主题教育时，首先会布置一个主题展示区，明确主题名称及活动内容，绘制主题网络图，展示师幼主题活动的成果等。

二是主题活动区。它是指教师根据主题活动的特点和要求，在幼儿园布置相关主题的活动区角，指导幼儿在主题活动区角开展相关的自主性主题活动。如"交通"主题，教师可以在幼儿园院落中布置一个十字交叉的街道场景，让幼儿在其中开展角色扮演游戏，体验城市的道路交通，学习交通规则。

三是主题文化环境。主题文化环境是指教师与幼儿一起，根据主题内容和幼儿兴趣，布置幼儿园或班级的主题文化环境，营造主题氛围，激发幼儿的探究欲望，增强幼儿的学习热情。

四是主题精神环境。主题精神环境是指主题活动的思想理念、人际关系与心理氛围等精神因素的综合。精神环境是主题教育活动的重要条件,也是关键的环境因素。

三、主题教育活动的教育价值

(一) 促进幼儿认识周围环境、认识生活世界,获取关于世界的整体经验

主题教育活动的主题源于幼儿的生活世界,而幼儿的生活世界是一个整体世界。主题教育活动围绕主题展开学习活动,幼儿学习的是蕴含在主题之中的各方面经验,而这些经验关乎主题的整体经验,它们之间相互依存、相互联系、不可分割。幼儿认知世界的方式本身也是整体性、生活化的,所需要的经验也是统合性的整体经验,而主题教育活动打破传统分科、分领域学习的局限,通过主题将各个方面零碎经验统合起来,形成关于主题的系统经验。这与幼儿认识世界的方式相一致,既能够促进幼儿对主题世界的系统认知,又能够让幼儿获取整体经验,从而适应自己的生活环境。比如,幼儿生活中常见的“水”,是人们生活不可或缺的事物,也是一个整体的事物。幼儿生活所需的是关于“水”的整体经验,而不是所谓的“语言水”“科学水”“社会水”“艺术水”等。而主题教育活动“水”,是通过整合性主题学习,让幼儿形成“水”的整体认知,获取关于“水”的整体经验,从而适应自己的生活世界。

(二) 有利于幼儿开展丰富多彩的活动,促进幼儿的学习与发展

主题教育活动是涵盖多方面内容的,幼儿通过主题学习可以获取整体经验。幼儿的学习活动也是多维度、多方面和多元化的,幼儿通过主题的学习,既可以通过认知活动获取直观感性经验,也可以通过操作活动获取直接行动经验,还可以通过体验活动增进主题的情感态度,进而通过探究活动获取主题的内在关系经验。因此,幼儿在主题活动中,能够运用各方面资源,采用多种方法来获取关乎“主题”的多元化认知,同时通过多样化活动,实现多维度的学习目标,促进其身心的全面发展。

(三) 有助于照顾幼儿的个性差异,因材施教,促进幼儿的个性发展

不同的幼儿存在着个体差异,这种差异对教育所提出的要求便是因材施教。高结构化的课程活动设计虽然可以有明晰的过程和结果评价,但统一化的要求和固化的内容以及集体化的活动形式,都无法照顾到幼儿的个性差异,难以满足幼儿的兴趣和个性需要。而中结构化的主题教育活动,其活动目标、内容、方式及结果具有多样性,打破了统一要求,没有固定形式,也不要求幼儿达到一致的目标。因此,教师若能够关注幼儿的个性差异,满足幼儿的兴趣与需要,就有利于幼儿的自主活动,促进幼儿的个性发展。

(四) 有助于幼儿身心整体活动,实现幼儿全面和谐的发展

心理学家 J・M・索里和 C・W・特尔福德指出:“人是统一的单元,当他有所活动时,是整个人在反应……当一个人的行为模式由于经验而有所变化时,其运动的、观念的和情

感的方面都要发生变化。""人的每一活动总是程度不同地包含着运动的、观念的和情感的变化。"①主题教育活动能够使各方面的内容互相联结,使幼儿的各种活动相互补充,使获取的经验相互依存,融为一体。这不仅让幼儿可以从多个角度理解同一个事物与现象,也让幼儿亲历了事物的发展过程,而且将知识学习、动手操作、情景体验结合起来,实现知识、能力、情感三维合一的教育目标,从而促进幼儿身心和谐全面的发展。

(五) 有利于提高教师的专业化水平

主题教育活动是半开放性的活动,这就需要教师具有课程设计、活动组织、资源开发、环境创设以及活动评价等多方面的专业能力,对教师的专业化水平要求较高。教师设计实施主题教育活动,要从幼儿的生活中发掘主题,形成主题活动网络,进而设计活动内容,开发活动资源,利用多方面的条件,创设活动环境,引导幼儿积极主动地开展主题活动。在主题活动实施中,教师还需要协调幼儿园、家庭、社区等多方资源,为幼儿创造宽松、自主、温馨、和谐的开放式教育环境,促进幼儿的大胆探索、主动学习。同时,教师还要在幼儿开展主题活动时,记录幼儿的活动表现,根据幼儿的活动情况及时调整计划,评价幼儿活动的过程与结果等。这些都会培养教师的专业能力,促进教师的专业成长,提高教师的专业化水平。

第二节　单元主题教育活动的设计与实施

一、单元主题教育活动的概念与特点

(一) 概念

单元主题教育活动就是指在一段时间内围绕一个中心内容(主题)来组织开展的教育教学活动。与单个主题活动相比,单元主题教育活动实施的时间比较长,它是由系列的单个活动围绕主题共同组成。

单元主题教育活动也被称为"单元教学",是指围绕主题而组织开展的系列主题活动。幼儿通过系列主题活动,可以获取与主题相关的整体经验,形成关乎主题世界的整体认识。因此,单元主题教育活动是在一段时间内开展的系列活动,而不是单个主题活动。根据主题学习内容,单元主题活动往往是由3—5个主题活动组成,其时间或长或短,通常在5—10天左右。

(二) 特点

单元主题教育活动是一种综合性活动,它有其独特之处,具体表现为以下四个特点:

---

① 张兰英.积极开展主题教学活动[J].吉林教育,2005(10):15.

第一，学习内容的"中心制"，打破学科界限。单元主题教育活动围绕着中心即"主题"组织学习内容，而不是以抽象的学科知识为本位。根据同一主题统一探索几个方面的内容，从而打破了学科知识逻辑序列，形成关于主题的系统经验。

第二，注重知识的横向联系与整合。单元主题教育活动是根据一定的主题，由一系列的活动组成，这些活动不是随意的，而是与主题有关。每个活动之间相互有关联，构成一定的并列关系，都从属于同一个单元主题，主题活动的学习内容相互依存、相互联系，形成一个整体。

第三，学习者获得的是与"主题"有关的完整经验。幼儿生活的世界是以具体的"自然物"为本位的，而不是以抽象的学科知识为本位的。因此，单元主题教育活动围绕"主题"组织活动，学习的内容与活动涵盖各种领域，教师可以利用与单元密切相关的实物、照片、图片、录像带、儿歌、图画书等多种媒体，展开丰富多样的活动，拓展幼儿知识的广度，促使幼儿获得完整的经验。

第四，教育活动时间较长。由于单元主题活动是由一系列的主题活动组成，它往往会持续一段时间。比如"树"这一单元主题活动就会持续 10 天左右，内容包括：①认识树（2 天）；②好玩的叶子（2 天）；③花的造型（2 天）；④有用的果实（1 天）；⑤小木匠（2 天）；⑥大家来种树（1 天）。

二、单元主题教育活动的设计

单元主题教育活动是围绕着主题进行的一系列的学习与探索活动，因此，单元主题教育活动的设计首先就是确立"单元主题"。在此基础上，再设计单元活动的目标、内容及幼儿活动，准备活动材料，创设活动环境，制定活动计划。

(一)"单元主题"的确立

"单元主题"的确立是单元主题活动的核心，一个好的"主题"能够激发幼儿的好奇心与探索欲，能够引发幼儿的主动学习，能够丰富幼儿的生活经验。因此教师在选择"主题"时，要充分考虑幼儿的学习经验与生活环境，考虑"主题"学习与幼儿的兴趣相结合。

1. 单元主题来源于课程计划

在幼儿园课程计划中，有许多有待完成的主题教育，其中一部分可以直接成为单元活动的主题。如幼儿园健康教育课程"爱护牙齿"，幼儿园中班就可以直接将其作为单元主题来开展系列教育活动。

2. 单元主题来源于综合主题教育活动计划

综合主题教育课程计划中的某一部分也可以作为一个整体的"主题单元"来开展教育活动。如"春天多美丽"主题教育活动，可以将其中的"美丽的花儿"作为一个"单元主题"来开展；"中秋节"则可以作为"多彩的秋天"这个综合主题教育中的一个主题单元来学习。

3. 单元主题来源于幼儿的日常生活需要

当幼儿在日常生活与游戏中产生了一些问题或挑战时，往往需要通过学习来解决问题，这时就会产生单元主题。教师通过开展计划性的主题单元活动,可以促使幼儿的学习与发展,从而解决幼儿面临的问题,满足幼儿的生活需要。比如,小班幼儿的自理能力很弱,许多自己的事情都不能自己做,教师根据幼儿的这一生活问题,设计开展了单元主题"自己的事自己做"活动,培养幼儿自理能力。

4. 单元主题来源于幼儿的探索和兴趣

幼儿在日常的生活、游戏和学习中,经常会产生一些情境性的问题,对一些事物突然产生兴趣等。这些幼儿探索或好奇而产生的兴趣能够成为生成性的单元主题。教师因势利导,抓住机会,引导幼儿开展主题活动,既能够激发幼儿的学习积极性,又能满足幼儿的兴趣与好奇心,促进幼儿大胆探索、主动学习。

> **案例:单元主题教育活动——"孙悟空72变"**
>
> 　　大班幼儿在表演"孙悟空三打白骨精"游戏时,东东突然说:"白骨精会变,孙悟空也会变啊!"天天问:"不知道孙悟空都会变些什么呀?"洋洋说:"孙悟空可以变老虎。"金金说:"我知道,孙悟空还可以变鱼、变旗杆。"小朋友纷纷议论起来,孙悟空都能够变成什么? 于是,单元主题教育活动"孙悟空72变"便由此生成。

(二) 开发主题单元学习内容

单元主题一旦形成,教师就要以主题为中心来开发学习内容,组织幼儿学习活动。主题单元学习内容的组织要围绕主题中心而展开,可将主题相关内容一一罗列出来。然而,教师对罗列出来的主题学习内容的选择与组织会受到多方面因素的影响。

(1) 主题单元学习内容受到幼儿园课程计划的影响。幼儿园课程是幼儿园促进幼儿学习与发展的根本条件。主题单元学习什么,要与课程计划保持一致,成为课程系统的一部分,为实现课程目标服务。

(2) 主题单元学习内容受到幼儿的影响。单元主题学习内容一方面受到幼儿经验与能力的制约;另一方面还受到幼儿的兴趣与需要的影响。

(3) 主题单元学习内容受到地域与季节特征的影响。因幼儿园处于不同的地域,同一主题会呈现出不同的内容与要素,影响主题内容的学习;季节不同,单元主题也会表现出不同的形态,学习的内容也会随之发生变化。

(4) 单元主题学习内容还受到幼儿园环境与条件的制约。幼儿园环境与条件是课程实施的重要资源,也是幼儿学习的必备条件。主题学习既需要一定的资源与环境的支持,也需要家庭与社区的配合。因此,幼儿园的环境与资源制约着幼儿主题学习的内容。

主题单元学习内容的组织,教师应该充分发挥主题的综合性特点,设计多样化的学习内容,满足幼儿的学习需要。根据单元主题的整合性,教师应该合理组织多领域、多维度及多层次的学习内容。

（三）设计单元主题活动目标

单元主题活动目标是指整个单元完成应达成的目标，它应该包含幼儿园教育目标的全部内容：知识与经验、技能与技巧、能力培养、行为习惯的养成以及情感与态度的培养等各方面。设计单元目标，既要考虑课程目标体系，也要考虑主题单元活动与活动之间目标的关系。

案例：小班单元主题活动"球"的单元目标

（1）认识球的种类及性质（知识经验类）。

（2）幼儿亲近各种不同的球（情感体验类），并能运用球类做各种游戏（身体发展类）。

（3）幼儿大肌肉的发展及手眼的协调（身体发展类）。

（4）幼儿乐于参加团体活动（情感体验类）。

（5）幼儿喜爱运动并能注意运动安全（情感体验类）。

（6）幼儿从球类游戏中认识简单的数概念（知识经验类）。

（四）设计幼儿主题活动，制定单元主题活动纲要

单元主题活动需要教师根据学习目标与内容，选用合适的方法，制定活动纲要，设计幼儿活动。教师在设计幼儿主题活动、制定活动纲要时，要注意以下几点：

一是活动之间的逻辑性。单元活动之间具有高度的相关性，这决定了单元活动的组织编排具有一定的逻辑性，活动与活动之间相互关联，共同构成一个完整的单元活动。

二是活动的适宜性。单元专题的广度与深度是无限的，制定活动纲要必须考虑活动的适宜性，看它是否适宜于幼儿学习，是否适宜于社区环境，是否适宜于幼儿园的文化。

三是活动的有效性。衡量活动质量的关键是活动是否达成目标，因此制定活动纲要、规划活动内容时，要考虑活动对于目标的达成度。

四是活动的可行性。设计的主题活动要具有可行性，是幼儿园资源与环境能够支撑的，是能够为幼儿所接受的。

案例：小班主题单元"球"的活动纲要及系列主题活动

活动纲要：

（1）介绍常见的球。

（2）在观察及触摸、抱压的操作中体验对球软硬的感觉。

（3）通过游戏来比较球的形状与大小。

（4）配合歌曲来做球的趣味游戏。

（5）认识球在水中的沉与浮。

系列主题活动:

活动一:认识球。

活动二:摸一摸。

活动三:比一比。

活动四:团体趣味竞赛。

活动五:浮沉游戏。

活动六:滚画游戏。

(五) 逐一设计幼儿主题活动

逐一设计幼儿主题活动就是指教师根据前述的目标、内容与活动纲要,对要实施的单个主题活动进行设计与安排,它是单元主题教育设计非常重要的一个环节。单个活动设计的好坏会直接关系到活动开展的效果,也影响整个单元主题学习的效果以及单元目标的实现。因此,教师在对单个活动进行设计时要根据幼儿的兴趣和特点,采用灵活形式,设计有效的主题活动。

案例: 小班单元主题活动"球"之活动一: 认识球

1. 活动目标

(1) 听完故事后能对球引起兴趣。

(2) 能说出老师所介绍的五种球的名字。

(3) 能做滚球的游戏并注意手眼的协调。

(4) 能说出手的推动力大,球滚得快又远;推动力小,球滚得慢且近。

2. 活动准备

(1) 故事图片。

(2) 笼球两个。

(3) 大形皮球滚用 6—10 个。

(4) 数种不同种类的球(保利龙球、气球、海滩球)。

3. 活动过程

1. 以故事《小皮球遇险记》引起幼儿的兴趣。

2. 认识球:笼球、皮球、保利龙球、气球、海滩球。

3. 滚笼球。

4. 滚皮球。

5. 教唱歌曲《小皮球》

6. 讨论及口头评量。

(六) 制定单元主题活动方案

单元主题活动方案是在初步设计的基础上制定。一个完整的单元主题活动方案包括几个部分:

(1) 单元主题名称。

(2) 单元主题设计缘由。

(3) 单元主题总目标。

(4) 单元主题活动纲要。

(5) 单元主题系列活动计划。

(6) 单元主题活动资源与环境要求。

表 6-1 单元主题活动方案

单元名称: 球	班别: 小班	人数: 30 名	活动时间: 6—8 天	日期:

设定单元理由	1. 幼儿都喜欢玩球,并且在日常生活中,经常可以看到或接触到各种大小不同、颜色不同以及软、硬不同的球,他们喜欢利用球来抱、压、打、拍、滚、踢等游戏 2. 设定本单元不但可满足幼儿的球类活动兴趣,并且能启发幼儿爱好运动的习性,引导幼儿与别人共同游戏的乐趣,培养幼儿手眼的协调及大肌肉的发展,以及从游戏中认识球的种类及性质		

单元目标	1. 认识球的种类及性质 2. 辅导幼儿亲近各种不同的球,并能运用球类做各种游戏 3. 培养幼儿大肌肉发展及手眼的协调 4. 辅导幼儿乐于参加团体活动 5. 启发幼儿爱好运动的情趣,并注意运动时的安全 6. 辅导幼儿从球类游戏中认识简单的数概念	活动纲要	1. 介绍常见的球 2. 在观察及触摸、抱压的操作中体验对球软硬的感觉 3. 透过游戏来比较球的形状与大小 4. 配合歌曲来做球的趣味游戏 5. 认识球在水中的沉与浮

活动要素 活动项目	活动目标	活动内容及过程	教学资源
活动一: 认识球	1. 听完故事后能对球引起兴趣 2. 能说出老师所介绍的五种球的名字 3. 能做滚球的游戏并注意手眼的协调 4. 能说出手的推动力大,球滚得快又远;推动力小,球滚得慢且近	1. 激发动机:以故事《小皮球遇险记》引起动机 2. 介绍球:认识球:皮球、保利龙球、气球、海滩球 3. 团体游戏:滚笼球,滚皮球 4. 教唱歌曲:《小皮球》 5. 讨论及评量:讨论及口头评量	1. 故事图片 2. 笼球两个 3. 大形皮球 6—10 个 4. 数种不同种类的球(保利龙球、气球、海滩球)

右上角：续　表

活动要素 活动项目	活动目标	活动内容及过程	教学资源
活动二： 摸一摸	1. 从摸、抱、压的操作中能说出对球的感觉 2. 能分辨球的软硬 3. 能利用软硬不同的纸来揉纸团 4. 喜欢利用自己做的纸球参加投球游戏 5. 能注意球类游戏时的安全	1. 观察球：观察各种球，并让幼儿触、抱、压、打各种球 2. 讨论：球的特性，并让幼儿找出软、硬球 3. 分组活动：揉纸球活动：报纸、图画纸、保利纸 4. 户外活动：拿上述揉成的纸球到户外做投球游戏 5. 讨论与评量：报告感受及口头评量	1. 数种软硬不同的球 2. 报纸、图画纸、保利纸每人各一张 3. 投篮架
其他活动：略			

三、单元主题教育活动的组织与实施

(一) 主题环境的创设

在单元主题活动中，环境起着重要的的作用。首先，通过环境的创设，可以激发幼儿对本单元主题教育活动的好奇心与兴趣，调动幼儿学习的积极性、主动性。其次，通过环境的创设，有利于教师根据观察幼儿的表现，在了解幼儿的经验基础上，更好地设计单元主题教育活动。

"螃蟹世界"活动实录节选[①]

一天，华仕青带来了几只蟹壳，他的外婆在周末带他到阳澄湖吃螃蟹，这些蟹壳是他留下的。小伙伴们见了，都围了上来，有小朋友迫不急待地要伸手去摸，他着急地在一旁提醒："你们要小心，上面有刺的！"可同伴们并没有被吓住，有的故意用手轻轻地碰碰那些刺，敲敲那些壳；有的则在一旁说开了：刘慧旭说："我也吃过螃蟹，这是熟的蟹壳。"陶侃俊说："我以前抓过螃蟹，你们敢吗？"江怡雯说："我知道螃蟹是横着爬的。"……听起来，孩子们对螃蟹都有一定的生活经验，加上他们天生对小动物的浓厚兴趣，所以谈起来也很投缘。当时我就产生了一个灵感：如果将之作为一个研究主题，幼儿肯定喜欢。

第二天，我做了一个有心人，特地到菜市场上买了十几只螃蟹。这下小朋友可高兴啦，他们争着凑近蟹缸，想要看个仔细。我问孩子们："你们想抓螃蟹吗？""想。"他们的回答非常

---

① 毛美娟. 走向方案教学[M]. 上海：百家出版社，2001：42.

响亮干脆,可是面对一个个活生生的螃蟹,每个孩子的表现都不一样:

　　陈天涵:有点怕,始终在一旁观望。

　　邱晨垾:想抓,可嘴里不停地在说:"吓死人了!"

　　王耀瑜:看似很老练的样子,一边抓一边介绍说:"我是捏着抓的。"

　　……

　　在"螃蟹的世界"单元主题教育活动中,为了使幼儿更进一步地认识与了解螃蟹,教师主动到菜市场买了几只螃蟹,让幼儿有一个直观感知的环境。教师在观察了幼儿好多天的基础上,设计了"螃蟹"的主题网络。

(二) 主题活动材料的准备

　　在单元主题教育活动中,要求幼儿根据某个专题去统一学习和探究几个方面的内容。同时,由于幼儿思维的特点是具体形象思维占优势,教师必须提供相关材料,以便使幼儿获得感性经验,并在感性经验的基础上获得科学认识。如:案例"好玩的沙"中,教师给幼儿提供了白沙、黑沙与黄沙,使幼儿在观察、探索、比较中获得科学知识。

> **案例:"好玩的沙"单元活动材料的准备**
>
> 　　(1) 沙的来源故事图片。
> 　　(2) 白沙、黄沙、黑沙、白石头、黄色石头、黑色石头。
> 　　(3) 放大镜。

(三) 与家庭和社区的合作

　　家庭、幼儿园和社区是幼儿发展的三大环境。联合国教科文组织多次提出"教育机构必须突破自身局限,向社会开放",不同的幼儿园所处的社区、周边环境都是不相同的,教师可以根据周边资源对幼儿进行不同方面的教育,例如邻近有超市、玩具店的幼儿园,可以对幼儿进行自主、自控、自制的教育;邻近有报刊亭、书店、图书馆的幼儿园,可用来对幼儿进行热爱读书、热爱学习的教育;毗邻有服装店、邮电局、银行的幼儿园,可用来对幼儿进行多元文化的启蒙教育。因此,教师应更多地利用家庭和社区的资源,不仅能拓宽幼儿园教育的空间和内容,更新幼儿教育的途径和方法,促进幼儿的发展,同时也有利于形成家园合力,家、园及社区教育一致,更好地促进幼儿发展。

第三节　综合主题教育活动的设计与实施

一、综合主题教育活动的概念与特点

(一) 概念

综合主题教育活动是指幼儿围绕一个主题而展开的一系列学习的综合性教育活动。综合主题活动也被称为"主题课程",意为主题性综合课程,它既是中小学教育中的一种重要教育活动,也是我国幼儿园教育中的一种课程实施活动,深受幼儿园教师的喜爱。

(二) 特点

综合主题活动的综合,主要体现在:综合主题活动涵盖着几乎所有学习领域,囊括了所有学习的形式,实现全面教育目标,运用多种学习方式,动用全部教育力量。它不像单元主题,虽然也是综合的,但主要是内容与方法的综合,其综合性是有限的。综合主题教育活动具有三个特点:

1. **综合性**

综合主题教育活动的最大特点就是综合性。主题综合性不仅仅是将各种学习内容整合到一个综合主题教育活动之中,而且还综合运用了多种方法开展活动,综合开发与利用各方面的教育资源,实现着全面的教育活动目标。

2. **课程性**

综合主题教育活动也称之为主题课程。幼儿园课程有着多种形态,有领域课程,有活动课程,有综合课程。其中主题教育活动就是一种综合课程。课程具有强大的内在教育功能,综合主题教育活动因其综合性,对幼儿具有强大而全面的教育功能。主题教育活动的这种课程特质使之成为幼儿园教育的主要活动,也成为幼儿园课程的主体部分。

3. **计划性与生成性的统一**

综合主题教育活动有课程特质,具有很强的计划性。综合主题教育活动首先需要设计一个详细的活动计划,同时这个计划还要有一定的灵活性,需要预留一些生成活动的空白,以便于幼儿在综合主题中生成一些学习内容,满足幼儿的学习兴趣和需要。

二、综合主题教育活动的设计

综合主题教育活动的设计就是搭建整个综合主题教育的框架、对综合主题活动的发展进行预设和生成。教师在设计综合主题活动时,既要分析综合主题的价值和意义,挖掘主题包含的关键经验,确立主题活动的目标;还要架构主题发展脉络,设计主题活动框架,协同预设与生成的活动,最后生成综合主题活动方案。

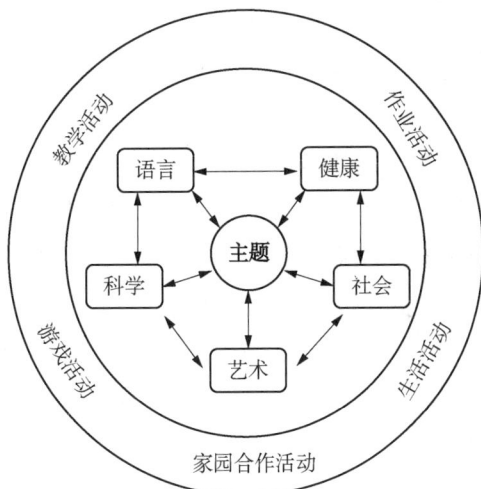

图 6-4　综合主题教育活动结构示意图

(一) 确立综合主题教育活动的主题

综合主题教育活动设计其实是"主题导向"的活动设计,首先要确定好教育主题。主题一旦确定,再展开目标、内容、方式、环境等方面的设计,因此主题确立是综合主题活动设计的核心。幼儿园综合主题活动的主题主要有以下两方面的起源:

一是教师预设活动主题。教师根据课程计划或幼儿兴趣,预设活动主题,组织活动内容,设计综合主题。教师预设的主题往往具有较高的课程价值,但不一定是幼儿感兴趣的。因此,教师要以幼儿在日常生活中的问题或兴趣点来预设主题,引起幼儿兴趣,激发幼儿的好奇心和求知欲,满足幼儿探究的欲望。

二是幼儿生成活动主题。幼儿在日常生活、学习、游戏中,发现有趣的事物或形象,引发强烈的探索动机,由此生成活动主题。这样的主题由于是幼儿兴趣与需要驱动生成的,因此具有极高的适宜性,能够激发幼儿活动的积极性与创造性。但主题的课程价值有待考量,教师要把握主题的教育意义,引导幼儿开展丰富多彩的活动。

在确立活动主题时,教师要依据幼儿的兴趣和需要,保证课程内容的连贯性。"不管是何种类别的主题,都应尽量提供幼儿体验和参与的情境,有效促进幼儿的学习迁移,使幼儿经历有意义的学习。"①只有有意义的学习,才能实现儿童新旧经验之间的连结和构建,才能真正发挥主题教育活动的价值。

(1) 主题要与幼儿园课程体系相匹配。幼儿园课程体系是实现幼儿身心健康发展的关键,也是幼儿园教育活动的根本。选择主题,要考虑主题与幼儿园学期课程目标相契合,与学期课程内容相一致,主题教育活动要成为幼儿园学期课程的主要组成部分,而不能游离于课程体系之外或者是成为附加的教育活动内容。

---

① 秦光兰.对幼儿园主题教学的再认识[J].教育导刊,2010(08):35.

（2）主题要贴近幼儿的生活。选择的主题要从幼儿的生活中来，与幼儿是经验相联系，而不能脱离幼儿生活。选择主题要考虑主题是否是幼儿感兴趣的、幼儿需要的，是否蕴含丰富的教育资源，是否能够展开多样化的活动等。

（3）主题要具有适宜性。选择的主题要与幼儿、环境、地域、文化等相适宜，要考虑地域差异、环境差异、文化差异，要反映幼儿生活的社区和环境的特点，要能充分利用本土资源和条件，使活动主题本土化，具有地域文化特色。比如，乡村幼儿园开展的"交通"主题、城市幼儿园开展的"丰收秋天"主题都与幼儿生活环境不相适宜。

（4）主题要有时代性。幼儿的生活也是随着时代的发展而不断发展的。随着时代的进步和科技的发展，新的事物、新的现象和新的作品层出不穷，这也正是幼儿喜闻乐见的。因此，在选择活动主题时，教师要时时关注时代变化，关注幼儿感兴趣的新事物、新现象，将其作为主题开发与选择的主要内容。

（二）选择综合主题教育活动内容

当主题确定下来之后，综合主题教育活动的方向就确定了，但幼儿学习哪些内容、获取哪些经验、达成哪些目标，则需要教师具体地分析并开发出来，以便于组织幼儿学习活动。主题学习内容是主题教育的核心，它决定了主题目标的确定、主题活动的组织和主题活动的成果。因此，需要教师系统分析主题的相关要素与关系，确定幼儿学习内容。开发的综合主题内容需要满足以下几个条件：

第一，主题应与幼儿的日常经验相关联。主题源于生活却高于生活，而不是生活本身，否则就没有学习的必要。综合主题内容源于幼儿生活，是在幼儿日常生活的基础上学习新内容，但它应该是与幼儿的日常生活经验相关联，不能脱离幼儿的日常生活这个基础。否则，幼儿学习的主题内容就成了"无根之木、无源之水"，难以引起幼儿兴趣，也将丧失学习的意义。如"交通"主题中的"交通规则"对城市幼儿来说，是他们的必备生活经验；可对农村幼儿来说，他们则对"交通工具"更感兴趣。

第二，主题应适宜幼儿学习与活动。无论是什么学习内容，都必须要适宜幼儿学习，幼儿才能主动活动，获取经验。开发的主题内容同样如此，要适合幼儿的认知水平，要与幼儿经验相联系，要适宜幼儿的身心能力，这样的内容才能引起幼儿的兴趣，才能为幼儿所接受，才能驱动幼儿的学习活动。开发的综合主题内容，只有适宜幼儿的兴趣与需要，才能实现它的教育价值。比如，同样是"四季花开"，小班、中班、大班的学习内容差异很大，小班幼儿主要是观赏与体验的内容，中班幼儿应该是操作与互动的内容，而大班幼儿就可以是探究与发现的内容。

第三，主题应有助于幼儿学习与发展，具有教育价值。主题教育活动是幼儿园教育的重要活动，也是实现幼儿教育目标的重要方式。因此，综合主题学习的内容应承担起课程任务，幼儿通过学习综合主题内容，获取有益经验，促进自身发展。也就是说，综合主题开发的内容应该具有教育价值，要有助于幼儿的身心发展，有助于实现幼儿园的教育目标。判断内容是否具有教育价值,重点要看学习内容是否是幼儿必须要学的,是否能够激发幼儿的主动活动。

开发综合主题内容的方法,目前常用的做法是采用"头脑风暴法"来编制主题网络。"头脑风暴法"是指教师与幼儿一起,围绕主题,不受外界环境干扰,展开丰富的自由联想,充分调动相关的知识经验,挖掘与主题相关的要素及其关系。然后大家将其汇总在一起,进行归类整理,以便于编制主题网络。

主题网络就是通过"脑力激荡"调动出来与主题有关的知识经验或概念,经过归纳整理,建立起某种关系与联系,并以网络的形式将这种关系和联系直观形象地呈现出来。[①] 也就是说,通过教师与幼儿的共同发掘,将与主题相关联的各种事物、现象及其内含的意象与关系开发出来,编制成一个相互关联的网络,呈现出主题的学习内容。

案例:大班主题活动"鸡"的主题网络图[②]

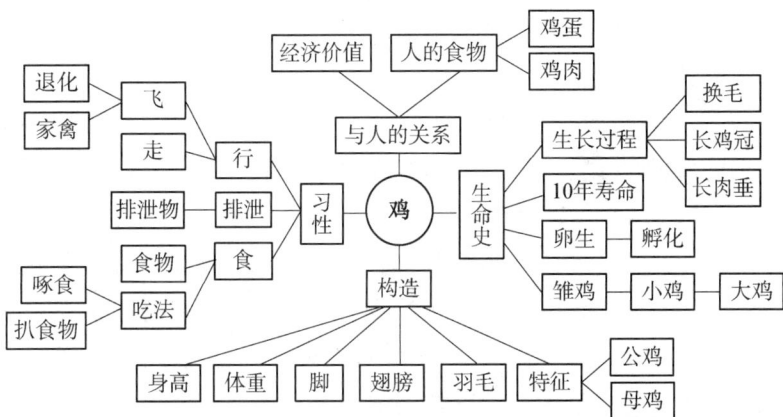

图 6-5 大班主题活动"鸡"的主题网络图

(三) 确定综合主题教育总目标

目标的设计往往是整个活动设计的第一环节,对内容的选择、方法的使用等都具有导向作用。但是主题教育活动设计并非如此,综合主题设计往往是"先内容,后目标",这是由主题教育活动本身性质决定的。即使如此,主题教育活动的总目标以及各主题活动的具体目标还是要设定的,以此来体现出教育的目的性和计划性。

教育活动目标的设定要体现全面性、系统性和差异性。对综合主题教育活动而言,综合主题的目标要明确,与上层目标的关系要密切;涵盖面广且具有代表性;指向幼儿的全面发展。

---

① 冯晓霞.幼儿园课程.北京:北京师范大学出版社,2000:226.
② 台湾"爱弥儿"幼儿园.学校附近的地图[M].台湾:光佑文化事业股份有限公司,2003:35.

案例：大班综合主题活动"丰收的秋天"总目标

（1）情感目标：通过观察、体验使幼儿了解秋天是一个丰收的季节，享受秋天为人们带来的欢乐，懂得珍惜粮食，尊重农民伯伯的劳动。

（2）态度目标：鼓励幼儿积极参加农务劳动，体验劳动的艰辛与快乐。

（3）能力目标：能大胆地在集体面前背诵或熟练演唱有关秋天的诗歌、歌曲等，运用美术、手工等多种表征表达自己对秋天的认识。

（4）知识目标：认识秋天收获的果实，并能进行分类，了解秋天的节日。

（5）技能目标：在活动中引导幼儿参加力所能及的劳动，学会简单的劳动技能。

（四）编制综合主题教育活动纲要

主题教育活动根据综合主题的目标和资源，根据幼儿的发展水平，围绕着主题开展一系列的教育活动。这些活动包含着主题网络中的学习内容，为达成综合主题目标，需要有计划地组织、编排。因此，教师在设计具体的活动之前，需要编制一个综合主题实施纲要，合理安排活动进程与活动计划，开发活动资源，创设活动环境。

综合主题纲要的编制，首先教师要考虑综合主题的目标，具体的活动进程是为实现目标服务的，拟定的活动纲要要能够达成预设的全部目标。其次，拟定的纲要要考虑幼儿园课程资源和环境条件，这是综合主题实施的根本保障，没有资源的支撑就无法展开相应的活动。再次，拟定活动纲要还要考虑活动与活动之间的相互关系。综合主题都是围绕主题而展开的，因而具有一定的逻辑性和系统性。因此，教师拟定活动纲要需要考虑活动与活动之间的这种关联性，以便形成一个系统的活动计划。如"丰收的秋天"综合主题纲要（如图 6-6），是将整个综合主题安排为调查累积、操作实施和展示总结三个阶段，各个阶段明确了综合主题的任务，形成了一个具体的系统的活动纲要，拟定了整个综合主题的进程。

（五）制定综合主题教育活动计划

主题教育活动的开展需要大区段的集中时间来进行保障，这就要求设计者需要按照教育本身所具有的计划性、目的性和科学性要求来进行设计和实施。科学的计划可以使主题教育活动有序开展，并能使活动总目标的实现得到一定程度的保障。主题教育活动的计划一般可包括整体计划和周活动计划两个组成部分，整体计划主要是从主题探究的进程方面来进行整体把握，形成完整的活动方案，而周活动计划则是将具体活动安排到幼儿园的一日活动中，和幼儿的生活及游戏等活动形成周活动计划。主题教育活动整体计划方案一般包括：

（1）主题教育活动名称。

（2）主题教育活动设计缘由。

（3）主题教育活动总目标。

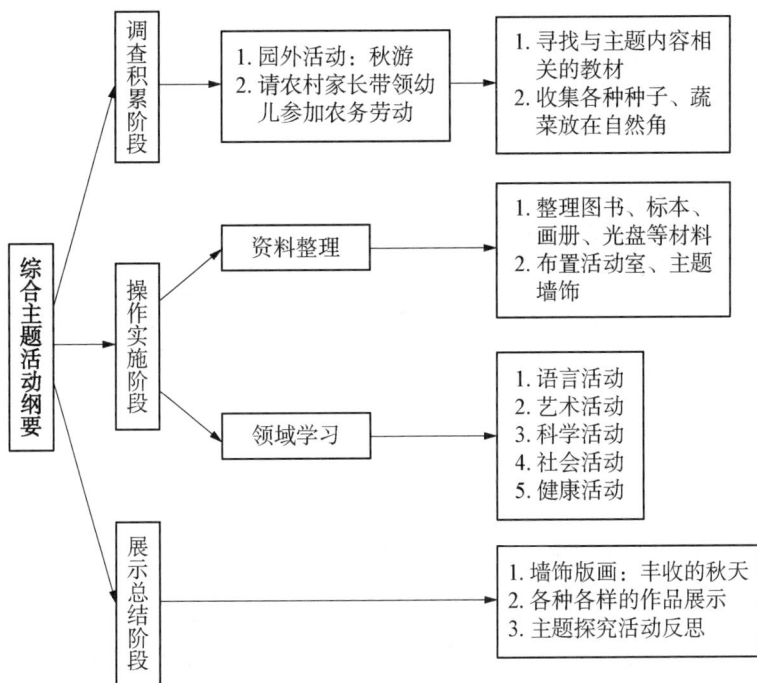

图 6-6 "丰收的秋天"预设的综合主题纲要示意图

（4）主题网络图。

（5）主题教育活动纲要。

（6）主题活动资源利用与环境创设。

（7）主题活动周计划。

（8）各具体主题活动计划。

（9）主题教育活动评价与反思。

其中，周计划应根据幼儿园一日活动规律和幼儿园周计划的特点，将主题教育活动融入周活动计划之中，除了专门的教育活动时间之外，还要在生活活动、游戏活动、亲子活动、节庆活动等活动中渗透主题教育。

案例：主题教育活动周活动计划（示例）

表 6-2 "丰收的秋天"周活动计划

本周 重点	结合实际，教育幼儿爱惜粮食， 珍惜农民的劳动成果		环境创设	创设秋天的主题环境	
			家长工作	帮忙准备铁罐、黄豆、红萝卜等	
时间＼活动	星期一	星期二	星期三	星期四	星期五
晨间活动	晨间阅读、散步、区角自由活动、做操				

续　表

时间 / 活动	星期一	星期二	星期三	星期四	星期五
学习活动	语言活动:古诗《锄禾》	艺术活动:小小菊花展	科学活动:吃它的哪一部分	社会活动	健康活动
户外活动	玩大型玩具	夹包游戏	跳房子	草地自由活动	拍球
区域活动	科学区:引导幼儿进行"种子大力士""不用盆的盆景"小实验,并将实验的结果记录、表示出来;自然区:各种发芽的种子				
生活活动	培养幼儿良好的卫生习惯				

(六)检核、评价并修正主题教育活动方案

活动设计初步完成,拟定好主题教育活动方案之后就是检核及评价方案。设计的综合主题是否符合幼儿的发展水平和兴趣,其目标、内容和方法是否科学合理等,这需要教师对整个方案作出全面的检核与评价,根据评价结果修订原有的主题方案。评价并不单单局限在主题开始之前,也要在主题开展的过程中进行评价,教师可通过在教学过程中的观察和了解,及时发现问题并予以解决。

(七)主题学习活动的计划与设计

当综合主题活动的主题网络被建构好之后,就是对综合主题教育具体活动的计划与实施。具体活动的计划首先要考虑学期课程目标与内容;其次是要达成主题教育活动的总目标。而具体活动的设计就是单个教育活动的设计,其设计要遵循单个教育活动的设计原理,充分考虑主题教育活动的目标,考虑幼儿活动的兴趣和需要,考虑教育资源和环境等要素。

案例:综合主题"丰收的秋天"具体活动计划

表6-3　"丰收的秋天"具体活动计划

活动一:中秋节	活动十:国庆节
活动二:静夜思	活动十一:学习4的组成
活动三:水果、干果分类	活动十二:学习5的组成
活动四:做月饼	活动十三:小伞兵和小刺猬
活动五:过小桥,送月饼	活动十四:秋天多么美
活动六:10以内相邻数之间的关系	活动十五:小小菊花展
活动七:散文诗:欢迎秋爷爷	活动十六:古诗《锄禾》
活动八:加油干	活动十七:吃它的哪一部分
活动九:摘葡萄	活动十八:摘果子

案例：活动一：中秋节

活动目标

（1）引导幼儿体验节日的快乐气氛，激发幼儿对民间节日的兴趣。

（2）引导幼儿讲出自己的节日感受，提高其口头语言的表达能力。

（3）让幼儿了解中秋节的来历和有关习俗，加深对中华民族传统文化的认识。

活动准备

（1）在生活中曾经给幼儿讲述过《月亮变圆了》《月亮姑娘做衣裳》等有关月亮变化的故事。

（2）准备各种月饼和水果若干。

（3）准备中秋节的录像，主要包括月亮的变化、人们的活动等。

（4）准备中秋节的民间故事磁带、实物、图片等。

活动过程

1. 教师用猜谜的方式创设谈话情景，调动幼儿的积极性

谜语：有圆有方，又甜又香。八月十五，家家吃上。

师：刚才咱们猜出的谜底是月饼，那你们知道吃月饼是哪个节日的习俗吗？（中秋节）

请幼儿相互交流自己对中秋节的认识。

2. 教师介绍节日的来历和有关习俗（可欣赏有关中秋节的录像）

3. 讲述《嫦娥奔月》等传说故事

4. 教师和幼儿一起品尝月饼、水果

5. 延伸活动

请幼儿和父母一起观察八月十五前后月亮的变化并欣赏中秋节文艺晚会。

（八）综合主题教育活动设计要注意的问题

在综合主题教育活动设计过程中，教师要把握主题教育活动的特点，灵活运用多方面的资源，创设丰富的环境，设计涵盖多个领域、贯穿幼儿一日生活的各环节的教育活动，调动幼儿学习的主动性，促进幼儿积极探索、主动活动。在设计中，教师除了以上所述的要求之外，还需要特别注意下面三个方面的问题。

1. 综合主题活动要与幼儿生活活动与游戏活动紧密结合，形成一体化的课程体系

综合主题教育活动是以主题为中心开展的幼儿学习活动。但在幼儿园中，幼儿每日除了学习活动之外，还有大量的生活活动和自主游戏活动。如何将主题教育活动与幼儿的生活活动有机结合，贯穿于幼儿的日常生活活动与自主游戏活动之中，是教师提高主题教育活动设计艺术的一个难点。教师在设计主题教育活动时，不能将主题教育活动与幼儿的日常生活及自主游戏相分离，游离于生活与游戏之外，这样必然导致主题教育活动的孤立化，从

而失去幼儿园课程整体性的本质。

2. 综合主题教育活动的设计要充分考虑家园合作、园区合作

在主题教育活动实施中,无论是资源还是环境等条件,都不能离开家庭资源与社区资源的支持。因此在设计主题教育活动时,教师要对家庭和社区资源进行调研,摸清情况,有针对性地设计活动。同时,教师要主动寻求家庭与社区的支持与合作,最大限度地开发与利用多方面的资源,创设丰富的活动环境,促进幼儿的学习与发展。

3. 正确处理好预设活动与生成活动之间的关系

综合主题教育活动是一个相当长时间的活动,在活动实施的过程中,幼儿会不时地生成一些新的活动内容,这些内容体现了幼儿对综合主题的兴趣所在、需要所至。因此,教师在设计主题教育活动时,要预留一定的学习空间,灵活地处理活动时间,为幼儿的生成性活动成为主题教育活动内容提供空间和时间保障,为幼儿的生成性活动开展提供资源与环境支撑。

三、综合主题教育活动的实施与指导

主题教育活动作为中低结构性质的活动类型,在其具体的实施过程中自然要紧贴主题教育活动本身所具有的特点来进行。只有如此,才能使活动本身充分发挥主题教育活动的教育价值。要想实现此目标,教师就必须把握主题教育活动的实施要点和相应的指导方式与策略。

(一) 综合主题教育活动的实施过程

一个综合主题教育活动的实施需要较长的时间,往往通过几个星期或几个月来完整实施一个综合主题教育活动。因此,综合主题教育活动的实施犹如课程实施一样,具有一定的动态发展性,其实施的过程具有一定的阶段性。

1. 综合主题教育活动的起始阶段

综合主题教育活动的实施,首先要做好准备并启动起来,起始阶段也就是准备阶段和预热阶段。首先,教师根据主题活动方案,创设主题环境,准备活动材料,营造活动氛围;其次,启动主题活动,幼儿通过多种方式开展主题活动;再次,展开家园合作,取得家庭与社区的支持与配合。

起始阶段的主题活动要以幼儿的兴趣与需要为中心展开,以充分激发幼儿开展主题活动的积极性。教师在起始阶段,要加强与同事、家长和社区的交流与合作,以争取他们对综合主题活动的支持与配合。起始阶段的任务就是发动主题教育,其具体任务为:

(1) 创设环境,准备材料,营造氛围。

(2) 启动主题活动,激发幼儿的活动兴趣。

(3) 加强家园合作和园区合作,丰富活动资源。

2. 综合主题教育活动的发展阶段

主题教育活动发展阶段,就是主题教育随着师幼主题活动的深入开展而不断深化升华的过程。教师一方面通过各种方式不断引导幼儿深入开展主题学习活动,实现主题教育的阶段性目标;另一方面随时关注幼儿在主题活动中的表现,动态调整活动计划,并需要积极引导幼儿探索主题,认识问题,发现问题,生成新的活动主题。同时,教师还要同幼儿、家长及相关人员密切合作,丰富主题教育环境,深化主题教育内容,提高主题教育价值。主题活动发展阶段的主要任务有以下几点:

(1) 有计划地开展主题教育活动,逐步达成主题教育目标。同时要不断修正主题活动计划,以适应主题教育的不断发展。在主题教育活动实施过程中,教师要根据主题活动进程与幼儿生成活动,不断修正主题计划,适应幼儿学习与发展。修正主题计划包括:①调整主题目标;②修改主题网络;③调整活动计划;④补充活动资源;⑤丰富主题环境;⑥补充主题活动等。

(2) 积极引导幼儿探索主题,生成幼儿感兴趣的主题活动,促进幼儿的自主活动。

(3) 引导幼儿广泛开展内容丰富的主题游戏、作业与探索活动。

(4) 与幼儿一起,不断丰富主题学习环境,拓展主题学习内容。

(5) 加强家园合作和园区合作,丰富主题活动,促进家园共育。

3. 综合主题教育活动的总结阶段

主题活动总结阶段,就是主题教育活动的结尾阶段。综合主题教育的结尾并不是结束,往往是新的主题活动的启动。因此,教师要注意综合主题教育的总结。主题教育活动总结阶段的主要任务是:

(1) 整理、展示幼儿主题学习成果,激励幼儿的主题活动。

(2) 加强与幼儿互动交流,深化幼儿主题学习,促进幼儿主题性发展。

(3) 总结评价幼儿主题学习,以赏识性、激励性评价为主,同时指出问题与改进措施。

(4) 与同事、家长及社区合作,共同欣赏幼儿主题活动的成果,升华主题教育的价值。

(二) 综合主题教育活动的资源开发与利用

主题教育活动是一个大型的教育活动计划,一般的实施过程长达一个月左右,综合主题的实施需要大量的资源和丰富的环境支持。因此,在设计、实施与评价主题教育活动时,教师需要综合运用多方面的条件与资源,创设丰富多彩的教育活动环境,以利于幼儿主动与主题环境互动,增强幼儿活动的主动性、积极性和创造性,促进幼儿的全面发展。

主题教育活动的实施往往是开放性的,需要的资源也是多方面、多维度的。教师在开发资源时,需要保持开放性的观念,综合运用多方面的条件,力求开发利用丰富的资源与条件。

第一,教师要尽可能地利用幼儿园的园本资源。主题教育活动需要的资源往往是丰富多样的,而园本资源具有即时性、计划性和可操作性等特点,正是主题教育活动所需要的。因此,资源利用应本着经济高效的原则,充分发掘园本资源,有助于综合主题的树立开展。

案例：主题探究活动"桥"的园本资源利用①

　　大班幼儿本周有个小组开展"桥"的主题探究活动,他们先在班级内利用积木区的积木搭建"小桥"。随着主题探究活动的深入开展,他们搭建的"桥"越来越大,越来越"正规",班级教室里的积木已经不能满足他们建构"大桥"(5米长、1米宽、2米高)的需要。若是没有大型积木,这"大桥"就没法搭建起来。这时,老师想起来幼儿园地下室里有小木箱(装玩具的木箱,便于邮寄)。老师让孩子们去地下室,搬来十多个这样的空木箱,既轻便、结实,又大,正好用作建构"桥墩"和桥基。孩子们把"桥"建得大了,教室容不下,就到一楼的门厅里搭建。两天下来,一座"宏伟的大桥"终于建成了,孩子们欢呼雀跃,和老师们一起从桥上走来走去,分享着成果的喜悦。

　　第二,主题教育活动要充分利用家庭资源、社区资源和网络资源。《幼儿园教育指导纲要(试行)》指出:"幼儿园应与家庭、社区密切合作,与小学相互衔接,综合利用各种教育资源,共同为幼儿的发展创造良好的条件。"幼儿园资源再丰富,也是不可能满足所有综合主题的需要的。教师要充分发掘幼儿家庭资源、社区公共资源和网络信息资源,为丰富和充实幼儿园的园本资源、促进幼儿的活动提供有力的支持。

案例：综合主题教育活动"丰收的秋天"家园合作活动

　　(1)请家长协助搜集有关"秋天"主题的资料。

　　(2)请家长平时带幼儿去农村,了解一些季节与农业劳动的关系。

　　(3)请家长带幼儿去公园或野外,观察秋天的景色,收集一些树叶、果实等。

　　(4)在家庭日常生活中,家长随时提醒幼儿吃干净碗中的饭,爱惜粮食,培养幼儿良好的饮食习惯。

(三) 综合主题教育活动的环境创设

　　主题教育活动的环境应隶属于幼儿园环境的范畴,也是幼儿园课程的主要要素组成部分。对于综合主题教育活动的环境创设,我们既可以将环境创设作为师幼主题活动来完成,也可将其作为主题活动条件,由师幼共同来创设完成。

　　环境与主题活动密不可分,环境为主题活动而设,主题活动则依靠环境而深入展开。主题教育环境创设是一个动态发展的过程。教师首先要规划主题环境,设定环境创设目标,规划环境布局,开发多方面资源,编制主题网络。活动伊始,教师还要创设初始主题文化环境,与幼儿一起创设展示区、活动区环境,支持幼儿的主题学习;活动进程中,教师要不断跟进综

---

① 案例来源于台湾"爱弥尔"幼儿园的教育实例——大班主题探究活动"桥",有改编。

合主题环境,随着幼儿主题学习的不断深入,活动成果日益丰富,教师与幼儿一起创设更加丰富全面的主题环境,展示学习结果,丰富主题环境,汇报共享学习成果。如图6-7所示。

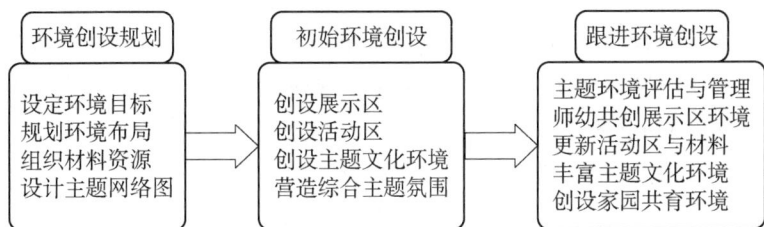

环境创设规划		初始环境创设		跟进环境创设
设定环境目标 规划环境布局 组织材料资源 设计主题网络图	→	创设展示区 创设活动区 创设主题文化环境 营造综合主题氛围	→	主题环境评估与管理 师幼共创展示区环境 更新活动区与材料 丰富主题文化环境 创设家园共育环境

图6-7　综合主题教育活动环境创设流程示意图

幼儿园主题教育活动环境创设主要包括三方面的工作:一是创设展示区环境;二是创设区角环境;三是营造心理环境。三者相互协调、相互补充,构成一个完整的主题环境。

1. 创设富有特色的展示区环境

所谓"综合主题展示区"是指主题教育活动过程中,在幼儿园班级内或者活动室内专门设置的一个区域,辅以相应的空间来展示主题教育活动展开的基本脉络,记录幼儿学习活动,展示幼儿活动成果的区域。[①] 综合主题展示区环境在主题教育活动过程中,幼儿与其朝夕相处,亲密互动,不仅仅能够给予幼儿丰富的感官刺激,激发幼儿活动的兴趣;而且幼儿置身于这样的主题环境之中,"环境"本身就成为一位"不说话的老师"。正如瑞吉欧教育的创始人马拉古奇所说:"我们学前学校的墙壁会说话,也有记录的作用,利用壁面的空间暂时或永久地展示幼儿及成人的生活。"[②]

综合主题展示区的环境创设受制于空间限制,往往多以墙面环境创设为主,辅以教室的吊顶、走廊和阳台等空间的主题装饰。这要求教师在创设综合主题环境时,首先要做到统筹规划,中心突出;其次要做到安全可靠、丰富多彩;再次要做到师幼共同创设,积极高效。

案例: 主题教育活动"丰收的秋天"展示区环境创设

(1)主题墙:以图文并茂的形式展示预设的主题学习网络;师幼共同绘制版画"丰收的秋天"。

(2)走廊:悬挂成熟的各种果实,如玉米棒、红豆、绿豆、辣椒等。

(3)室内吊顶:布置中秋节欢庆晚会场景,悬挂一些装饰性塑料果实(梨子、葡萄等)。

(4)阳台:设个自然角,种植一些植物,到了秋天,有的开花,有的结果,有的枯萎,一派秋天的景象。

---

① 袁爱玲.幼儿园教育环境创设[M].北京:高等教育出版社,2010:159.
② Carolyn Edwards, Lella Gandini, George Forman. 儿童的一百种语言:瑞吉欧·艾密莉亚教育取向——进一步的回响[M].罗雅芬,等译.台北:心理出版社,2000:195.

2. 创设丰富的区角环境

区角是幼儿园班级内布置的活动区。在主题教育活动开展过程中,区角活动是综合主题的主要内容和方式,它直接影响孩子们的兴趣和需要,影响综合主题的成效。因此,教师在开展综合主题时,要将区角创设成为综合主题的主要阵地,成为幼儿活动的主要场所。

班级的区角平时就有许多的活动,在开展综合主题时,教师要有所选择地将多数区角创设成综合主题区角,与活动的主题相适宜,投放大量的综合主题材料,以便于幼儿主动积极地投入到区角活动中去。

创设区角环境,首先要体现主题特征,要与主题相宜;其次要投放多样化的丰富的主题材料,让幼儿开展综合主题时使用;其三要师幼共同创设,让幼儿在创设过程中享受活动的乐趣和成功的喜悦;最后,教师要随着综合主题的深入开展,不断地变换和丰富区角环境,动态跟进综合主题的进展。

> **案例: 主题教育活动"丰收的秋天"区角环境创设**
>
> (1) 自然区:摆放各种植物的种子和果实让幼儿观察认识。
>
> (2) 科学区:引导幼儿进行"种子大力士""不用盆的盆景"等小实验。
>
> (3) 制作区:将幼儿收集的各种各样的树叶、水果、蔬菜摆放在活动区,并提供剪刀、色纸、即时贴等材料,让幼儿根据自己的想象,创造性地进行制作;同时教师可在活动区内为幼儿提供制作的各种范例。
>
> (4) 语言区:为幼儿提供有关国庆节、中秋节、和有关秋天的图书、画册、图片,供幼儿进行讲述和查阅资料用。

3. 营造宽松、自主的心理环境

心理环境是幼儿在活动中体验和感受的一种活动氛围,是师幼关系和幼幼关系的机制体现。良好的心理环境有助于幼儿主动学习、积极活动、相互合作、大胆探索。因此,在中结构化的主题教育活动过程中,教师要通过有效策略来创设良好的心理环境,以促进幼儿积极探索、主动活动。

(1) 要创设宽松自主、积极愉快的活动氛围。主题教育活动既是信息交流的过程,也是情感交流的过程。宽松自主、和谐愉快的活动氛围是鼓励幼儿积极主动与环境互动的关键。因此,在主题教育活动中,教师要保持对幼儿活动与行为的宽容,保持宽松和谐的氛围,鼓励幼儿大胆探索、积极活动,促进幼儿兴趣的发展。

(2) 要创立和谐的师幼关系。良好的师幼关系是和谐的心理氛围的前提,是幼儿自信成长的基础。在主题教育活动中,教师要尊重幼儿的活动自主权,相信幼儿的活动能力,鼓励幼儿大胆探索,真诚关注幼儿及其活动。特别是教师要善待无心犯错的幼儿。

(3) 要加强家园合作,丰富亲子活动。家园合作既是发展家园关系的重要途径,也是密切亲子关系、改善心理环境的重要措施。亲子活动既有利于亲子关系的密切,也有助于幼儿的心理健康,同时还有助于激发幼儿的活动积极性。因此在主题教育中,教师要通过组织各种形式的亲子活动、亲子游戏与户外活动,营造乐观、积极与亲密的心理环境。

思考与练习

1. 主题教育活动是什么活动? 在幼儿园教育中起到什么作用?

2. 单元主题活动的设计要点是什么?

3. 综合主题教育活动具有什么特点?

4. 选取幼儿日常生活的一个生活主题,设计一个单元主题教育活动,制定出单元教学计划。

5. 在三个主题"新年快乐"(大班)、"多彩的春天"(中班)、"我爱我的幼儿园"(小班)中任选一个,以此主题设计一个幼儿园综合主题教育活动,制定出详细的活动方案。

附录 1: 单元主题教育活动案例精选

案例一: 球①

表 6-4 "球"单元教学活动方案

单元名称: 球	班别: 小班	人数: 30 名	活动时间: 6—8 天	日期:

设定单元理由	1. 幼儿都喜欢玩球,并且在日常生活中,经常可以看到或接触到各种大小不同、颜色不同及软硬不同的球,他们喜欢利用球来抱、压、打、拍、滚、踢等 2. 本单元之设定不但可以满足幼儿的球类活动兴趣,并启发幼儿爱好运动的习性,辅导幼儿与别人共同游戏的乐趣,培养幼儿手眼的协调能力、促进大肌肉的发展,以及从游戏中认识球的种类及性质

教学目标	1. 认识球的种类及性质 2. 辅导幼儿亲近各种不同的球,并能运用球类做各种游戏 3. 促进幼儿大肌肉的发展及手眼协调 4. 辅导幼儿乐于参加团体活动 5. 启发幼儿爱好运动的情趣,并注意运动时的安全 6. 辅导幼儿从球类游戏中认识简单的数概念	活动纲要	1. 介绍常见的球 2. 从观察及触摸、抱压的操作中感知球的软硬 3. 透过游戏来比较球的形状与大小 4. 配合歌曲来做球的趣味游戏 5. 认识球在水中的沉与浮

活动一: 认识球	1. 听完故事后能对球产生兴趣 2. 能说出老师所介绍的五种球的名字 3. 能做滚球的游戏并注意手眼的协调 4. 能说出手的推动力大,球滚得快又远;推动力小,球滚得慢且近	引起动机 → 介绍球 → 团体游戏 → 教唱歌曲 → 讨论及评量	故事《小皮球遇险记》引起动机 认识球: 笼球、皮球、保利龙球、气球、海滩球 1. 滚笼球 2. 滚皮球 《小皮球》 讨论及口头评量	1. 故事图片 2. 笼球两个,大皮球 6—10 个 3. 数种不同种类的球(保利龙球、气球、海滩球)

---

① 卢素碧.幼儿教育课程理论与单元活动设计[M].台北:文景书局,1996.

续　表

活动项目 ＼ 活动要素	行为目标	活动内容及过程	教学资源
活动二：摸一摸	1. 从摸、抱、压的操作中能说出对球的感觉 2. 能分辨球的软硬 3. 能利用软硬不同的纸来揉纸团 4. 喜欢利用自己做的纸球参加投球游戏 5. 能注意球类游戏时的安全	观察球 → 观察各种球,并让幼儿触、抱、压、打各种球 讨论 → 讨论球的特性,并让幼儿找出软的球、硬的球 分组活动 → 揉纸球活动:拿报纸、图画纸、保利纸分别揉纸球 户外活动 → 拿上述揉成的纸球到户外做投球游戏 讨论 → 报告感受及口头评量	1. 数种软硬不同的球 2. 报纸、图画纸、保利纸每人各一张 3. 投篮架
活动三：比一比	1. 能说出哪一个球大、哪一个球小 2. 在拍球游戏后,能说出哪一种球好拍,哪一种球不好拍 3. 能使用手来拍打皮球 4. 能用色彩笔把大、小保利龙球加上各种色彩与图案 5. 从游戏中能捡拾大小不同的球,并加以分类	操作讨论 → 让幼儿拍、抓各种大小不同的球之后讨论及报告拍、抓之感受并比较大小 分类游戏 → 捡大小球及分类游戏 画球 → 画彩球游戏 儿歌 → 教唱儿歌 评量 → 拼图(圆)	1. 数种大小不同的球 2. 保利龙球 3. 彩色笔 4. 评量表、拼图

活动要素 活动项目	行为目标	活动内容及过程	教学资源
活动四： 团体趣味竞赛	1. 乐于参与团体游戏 2. 能说出自己所拿的气球的颜色 3. 能数出相同颜色的气球并比较多少 4. 踢球游戏时，能注意眼睛与手脚的配合 5. 能注意团体游戏的规则	引起动机 → 教师拍皮球并唱单元歌曲以引起动机 捡球游戏 → 配合歌曲做捡球游戏：戴面具捡球 踢球 → 踢球游戏 鸭子抱蛋 → 鸭子抱蛋游戏：脚夹住鸭子，手抱两个蛋(气球)，往前走至前面，将手上的蛋投进箩筐里(分两组游戏) 讨论 → 报告捡球、踢球、鸭子抱蛋游戏的感受、发现 评量 → 按纸上所示的数目，贴出球数	1. 纸套面具数个 2. 30—50个保利龙球及皮球 3. 气球 4. 海绵鸭子、箩筐 5. 评量表
活动五： 浮沉游戏	1. 从操作游戏中能分辨"浮"与"沉" 2. 从游戏中能做球的浮沉分类 3. 能细心观察	浮沉游戏 → 幼儿在水盆中玩球及捡拾沉下与浮起的球 讨论 → 讨论球为什么沉下去，让幼儿自由发表观点 评量 → 口头评量 唱游 → 唱游及吟唱儿歌	1. 各种大小的球 2. 数个漏气或破了会进水的球 3. 浴盆或人工游泳池
活动六： 滚画游戏	1. 能说出球可以滚、踢、跳、拍 2. 能用语言、图画表达所见所闻 3. 喜欢参加球类的各种游戏	讨论 → 讨论球的功能，让幼儿自由发表后教师综合大家的观点 吟唱儿歌 → 儿歌吟唱 分组活动 → 1. 滚皮球画 2. 滚玻璃球画 3. 彩色笔画 4. 蜡笔画 欣赏及讨论 → 作品欣赏及综合讨论	1. 小皮球 2. 玻璃球 3. 彩色笔、蜡笔、图画纸

案例二：好玩的沙①

表6-5 "好玩的沙"单元教学活动方案

单元名称：好玩的沙	班别：大班	人数：30名	活动时间：8—12天	日期：

| 设定单元理由 | 1. 幼儿最喜欢玩沙、水和黏土，但是在玩沙时最容易与同伴发生争执而扬沙的行为
2. 本单元之设定主要是探讨沙的颜色、性质及用途，并且培养幼儿玩沙的良好习惯，满足幼儿玩沙的兴趣，激发幼儿的好奇心、创造力以及仔细观察事物的态度 | | | |

| 教学目标 | 1. 认识沙的颜色、来源及干沙、湿沙的不同
2. 认识沙在日常生活中的用途
3. 喜欢利用沙来做各种造型活动
4. 养成分工合作与收拾整理的习惯
5. 培养幼儿仔细观察的科学态度 | 活动纲要 | 1. 介绍沙的种类并观察、比较其颜色
2. 分辨干沙、湿沙的不同
3. 利用沙子让种子发芽，并观察其生长状况
4. 做沙的染色游戏
5. 漏沙与量沙的游戏
6. 沙画及沙的装瓶配色游戏
7. 沙的立体造型
8. 沙箱设计 | |

| 活动一：认识沙 | 1. 观察后能说出沙与石头之不同
2. 能说出沙的颜色
3. 能仔细观察事物 | 引起动机 → 分组观察 → 讨论及评量 | 以故事图片介绍沙的来源，并讨论沙与石头的不同
1. 白沙、黑沙、黄沙的不同
2. 利用放大镜观察沙的特征

讨论及口头评量 | 1. 沙的来源故事图片
2. 白沙、黄沙、黑沙及白石头、黄色石头、黑色石头
3. 放大镜 |

| 活动二：干沙与湿沙（活动时间：2天） | 1. 能将干沙加适量的水变成湿沙
2. 能利用晒干或烘干的方法，使湿沙变成干沙
3. 能利用沙种植西瓜种子使其发芽并观察其生长
4. 能利用广告颜料（或食用色素）将白沙染成各种颜色
5. 能与同伴分工合作做收拾整理工作 | 讨论 → 唱游 → 分组活动 → 团体游戏 → 讨论与评价 | 分辨干沙与湿沙的不同，以及讨论如何使湿沙变成干沙，干沙变成湿沙

教唱单元歌曲
1. 分组染沙游戏
2. 分组活动与模印
① 缝沙包
② 种植与模印

投沙包

口头及观察评量 | 1. 干沙、湿沙
2. 炒锅、瓦斯炉、锅铲
3. 布（缝沙包用）
4. 食用色素或广告颜料
5. 盒子数个
6. 模印数种 |

① 冯晓霞.幼儿园课程[M].北京:北京师范大学出版社,2000.

续 表

活动要素 活动项目	行为目标	活动内容及过程		教学资源
活动三: 漏沙与量 沙游戏 (活动时间: 2天)	1. 能说出筛过后的沙均匀,可使漏斗中的沙流畅 2. 能利用唱歌来计时,指出大、小口径不同的漏斗流出等量的沙所需要的时间不同 3. 能利用小量杯量沙,说出两个粗细不同的杯子哪一个装得多,哪一个装得少	讨论及演示 ↓ 分组操作 ↓ 教唱歌曲 ↓ 分组活动 ↓ 漏沙游戏 ↓ 讨论及评价	讨论并演示如何去掉染色沙的杂质 分组操作染色沙的过筛 教唱单元歌曲及儿歌 1. 量量看:利用量杯量沙比较两个杯子的大小 2. 配对及分类游戏 以唱歌计时,比较大小漏斗口径哪边流得快(第二天) 口头评量,观察评量	1. 筛子或沙网 2. 大小口径的漏斗两个 3. 量杯 4. 直径不同的杯子两个 5. 分组用的教具(分类、配对)
活动四: 沙画及沙的装瓶配色游戏 (活动时间: 2天)	1. 能利用口径不同的漏斗画出粗、细不同的线条 2. 能利用不同颜色的沙作画 3. 能利用沙做色彩的搭配装瓶游戏 4. 能有始有终地完成工作 5. 能与同伴合作做工作后的整理	讨论 ↓ 分组活动 ↓ 作品欣赏 与评量	讨论染色沙的用途及操作应注意事项(做沙画及装瓶应注意事项) 分两天进行,两组交换: 1. 沙画游戏 2. 沙的装瓶及配色游戏 1. 幼儿报告自己的作品 2. 口头、观察及成品评量	1. 漏斗 2. 空瓶 3. 染色沙 4. 刷子 5. 图画纸 6. 白胶
活动五: 立体造型 (活动时间: 2天)	1. 能说出干沙不可做立体造型 2. 能说出湿沙可做立体造型,但干了以后会松散,没有保存性 3. 能说出干的沙加树脂、水混合做立体造型可永远保存 4. 能说出沙的用途	讨论及实验 ↓ 沙的立体造型 ↓ 讨论与欣赏	1. 讨论沙的用途 2. 沙的立体造型及保存性;湿沙和干沙做立体造型后的观察比较 1. 沙加树枝与水后做立体造型 2. 将第一天所做的立体造型加以着色 讨论与欣赏	1. 白沙 2. 树脂 3. 画笔 4. 广告颜料

续 表

活动要素／活动项目	行为目标	活动内容及过程	教学资源
活动六：沙箱设计	1. 能依自己的构想设计沙箱的装排 2. 喜欢做新的尝试 3. 能与别人共同合作设计	引起动机 → 分组活动 → 综合讨论、欣赏 以故事引起动机 沙箱设计： 1. 乡村 2. 游乐场 3. 动物园	1. 故事图片 2. 沙箱数个 3. 黏土 4. 沙箱装饰用配件

案例三：树①

一、 单元活动专题的由来

在幼儿的生活环境中，经常会看到大小、高矮不同的各种树木，幼儿经常会捡树叶、采花、摘树果，或利用树木做捉迷藏游戏。本单元的设定便是利用幼儿这种兴趣，培养幼儿喜欢观察树木、爱护树的习惯，并辅导幼儿种植花草树木以及喜欢观察植物生长的概况。

二、 单元名称：树

三、 活动班级：中班（30人）

四、 活动时间：10天

五、 单元活动目标

（1）认识树的主要部分及用途。

（2）培养幼儿喜欢观察并爱护植物。

（3）启发幼儿喜欢种植花木。

（4）喜欢利用自然界的事物做游戏。

六、 单元活动纲要

1. 认识树并观察比较其形态上的不同

2. 比较各种不同树的树叶形状并能分辨新、旧叶

3. 利用各种叶子做工作

4. 观察有些树会开花、结果实，有些树则不会

5. 讨论树的功用

6. 种植树木

7. 集体布置森林

---

① 卢素碧.幼儿教育课程理论与单元活动设计[M].台北：文景书局,1996.

七、 单元具体活动

活动一：认识树（活动时间：2天）

（一）活动目标：

（1）观察后能说出树木和花草的不同。

（2）能说出树的特征。

（3）能仔细观察事物。

（二）活动材料：

（1）故事图片。

（2）蜡笔、彩色笔、通草、书面纸、月历纸、图画纸。

（三）活动内容及过程：

（1）引起动机：以"小强、小玉游森林"的故事引起动机展开活动。

（2）认识树：到校园看树，并捡落叶、花、果实。

（3）分辨及比较：分辨树和花草并作比较。

（4）户外活动：捉迷藏及爬树（第二天）。

（5）触摸：以手触摸外形，并说出感受。

（6）讨论及唱儿歌：①观察树后的讨论。②教唱儿歌。

（7）小组活动：①画树。②树的造型（分两组两天交换）。

（8）讨论及欣赏。

（9）教唱歌曲：教唱单元歌曲

活动二：好玩的叶子（活动时间：2天）

（一）活动目标

（1）能分辨不同形状的树及其叶子。

（2）能依叶子之大小及形状分类。

（3）能分辨新叶、旧叶及枯叶。

（4）能利用叶子(捡拾落叶)做造型游戏。

（5）能够有始有终地完成工作。

（二）活动材料

（1）书面纸剪成叶子五种，每人一套，玩分类游戏。

（2）大、中、小的叶子，教师示范用。

（3）每人一套大、中、小的叶子，依序贴出来。

（4）小组活动用的各种树叶。

（三）活动内容及过程

（1）观察、认识叶子：小玉、小强玩过了捉迷藏走到一棵大树下面，发现地上的叶子，展开认识叶子的活动，比较颜色、形状及大小。

（2）分类游戏：①叶子的分类。②叶子的大中小的分类及排列。③新叶、旧叶的比较。

（3）评量：依叶子的大、中、小顺序排列贴出。

（4）小组活动：①面具：面包树叶面具。②贴画：叶子贴画。③压印：叶子压印花。

（5）讨论及欣赏。

活动三：花的造型游戏（活动时间：2天）

（一）活动目标

（1）能说出有些树会开花。

（2）能利用捡拾的花瓣做工作。

（3）喜欢观赏花木，并不乱攀折花木。

（4）能做花和阿拉伯数字的对应游戏(1—8)。

（二）活动材料

（1）教具：大的花朵三朵、中的五朵与数字卡。

（2）粉色两朵、红的三朵、蓝的三朵。

（3）评量表。

（三）活动内容及过程

（1）团体讨论：树会不会开花？开的花一样不一样？如何爱护花木？

（2）操作游戏：每人两套花的教具，依教师指示拿出。

（3）数一数：梅花树上的梅花。

（4）评量：将与花朵相同数目的数字圈出来。

（5）小组活动：①花瓣印染。②做项链。③木棉花。

（6）讨论与欣赏。

活动四：有用的果实

（一）活动目标

（1）能说出有些树会开花也会结果。

（2）能说出果实的用途。

（3）喜欢和别人共享。

（4）能利用树的果实做造型。

（二）活动材料

（1）果树图片。

（2）可食与不可食之果实数种。

（3）评量表。

（三）活动内容及过程

（1）认识果树：将长在地上和树上的水果分类。

（2）分类游戏：①可食之果实。②不可食之果实。

（3）评量：将可食的果实圈出来。

（4）小组活动：①果实造型。②请客。

（5）唱游。

活动五：小木匠（活动时间：2天）

（一）活动目标

（1）能说出树可制成木材。

（2）能区别哪些家具是用木材做的。

（3）喜欢与别人分工合作。

（二）活动材料

树的功用图片、评量表、大小木块、铁锤、钉子、树脂、大型积木。

（三）活动内容及过程

（1）讲故事：以故事图片介绍树的功用。

（2）团体讨论：①树的功用。②木材的用途。

（3）评量：将木材制品圈出来。

（4）小组活动：①木工造型。②大积木集体搭建。

活动六：大家来种树（活动时间：2天）

（一）活动目标：

（1）能说出树要有根才能生长。

（2）能协助老师种植树木。

（3）喜欢观察树的生长。

（4）能复述"小玉、小强游森林"的故事，并说出所见的事物。

（二）活动材料

树苗、花盒，活动一至活动五的所有工作成品。

（三）活动内容及过程

（1）团体讨论：如何种树？树生长需要什么？

（2）分组种植：每4—5人一组。

（3）设计森林：将本单元所做的工作成品组合成一小森林。

（4）儿歌及唱游。

（5）讨论欣赏。

附录2：综合主题教育活动案例精选

案例一："丰收的秋天"（大班）①

一、"丰收的秋天"主题的由来

秋天是一个美丽的收获季节,加之秋季里的几个传统节日,使人们的秋季生活更加丰富多彩。因此,我们选择和设计了"丰收的秋天"这一主题,旨在让大班幼儿通过各种活动,真实地感受和表现秋天的丰收与美好,激发幼儿对生活和大自然的热爱之情。

二、主题教育活动总目标

（1）情感目标:通过观察、体验使幼儿了解秋天是一个丰收的季节,享受秋天为人们带来的欢乐,懂得珍惜粮食,尊重农民伯伯的劳动。

（2）态度目标:鼓励幼儿积极参加农业劳动,体验劳动的艰辛与快乐。

（3）能力目标:能大胆地在集体面前背诵或熟练演唱有关秋天的诗歌、歌曲等,运用美术、手工等多种形式表达自己对秋天的认识。

（4）知识目标:认识秋天收获的果实,并能进行分类,了解秋天的节日。

（5）技能目标:在活动中引导幼儿参加力所能及的劳动,学会简单的劳动技能。

三、主题学习网络图

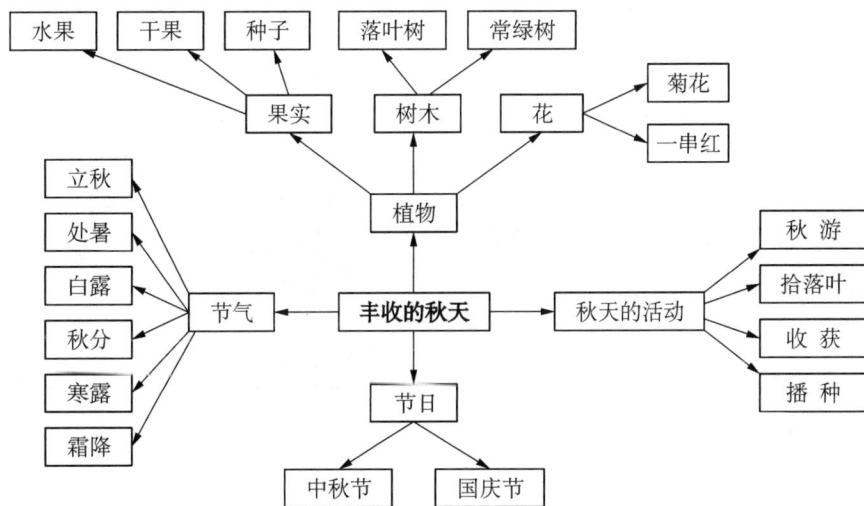

图6-8　"丰收的秋天"主题学习网络图

---

① 本案例资料来源于安徽省桐城市实验小学附属幼儿园。

四、 主题教育活动纲要

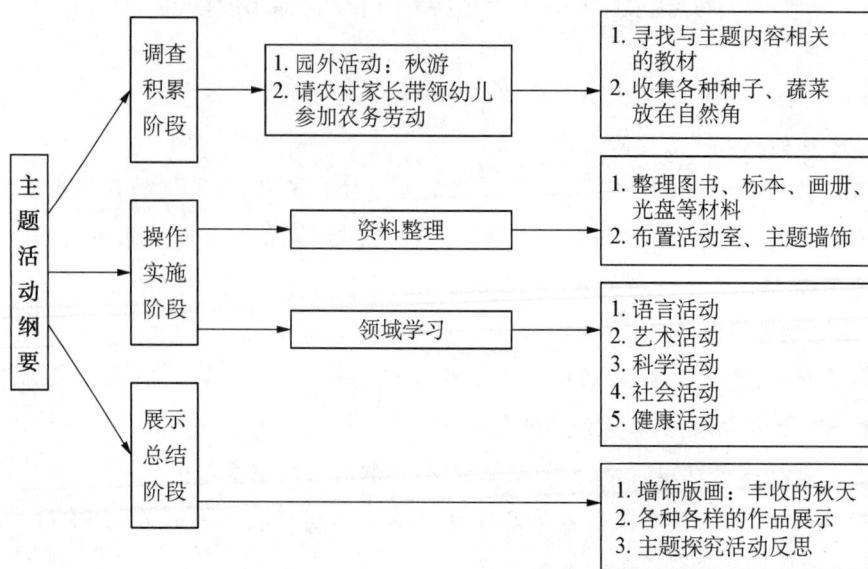

图6-9 "丰收的秋天"主题教育活动纲要

五、 主题活动具体计划安排

表6-6 主题活动具体计划安排

活动一:中秋节	活动十:国庆节
活动二:《静夜思》	活动十一:学习4的组成
活动三:水果、干果分类	活动十二:学习5的组成
活动四:做月饼	活动十三:《小伞兵和小刺猬》
活动五:过小桥,送月饼	活动十四:秋天多么美
活动六:10以内相邻数之间的关系	活动十五:小小菊花展
活动七:散文诗《欢迎秋爷爷》	活动十六:古诗《锄禾》
活动八:加油干	活动十七:吃它的哪一部分
活动九:摘葡萄	活动十八:摘果子

六、 可利用的资源及环境

(一)环境创设

(1)主题墙:以图文并茂的形式展示预设的主题学习网络;师幼共同绘制版画"丰收的秋天"。

(2)走廊:悬挂成熟的各种果实,如玉米棒、红豆、绿豆、辣椒等。

(3)阳台:设个自然角,种植一些植物,到了秋天,有的开花,有的结果,有的枯萎,一派秋天的景象。

(二)区活动区

(1)自然区:摆放各种植物的种子和果实让幼儿观察认识。

（2）科学区:引导幼儿进行"种子大力士""不用盆的盆景"等小实验。

（3）制作区:将幼儿收集的各种各样的树叶、水果、蔬菜摆放在活动区,并提供安全剪刀、色纸、即时贴等材料,让幼儿根据自己的想象,创造性地进行制作;同时教师可在活动区内为幼儿提供制作的各种范例。

（4）语言区:为幼儿提供有关国庆节、中秋节和有关秋天的图书、画册、图片,供幼儿进行讲述和查阅资料用。

（三）家园合作

（1）请家长协助搜集有关"秋天"主题的资料。

（2）请家长平时带幼儿去农村,了解一些季节与农业劳动的关系。

（3）请家长带幼儿去公园或野外,观察秋天的景色,收集一些树叶、果实等。

（4）在家庭日常生活中,家长随时提醒幼儿吃干净碗中的饭,爱惜粮食,培养幼儿良好的饮食习惯。

七、 主题教育活动周计划

表6-7 第一周 "丰收的秋天"教育活动计划

本周重点	结合生活实际,带幼儿秋游,感受秋天丰收的场面	环境创设	创设秋天的主题环境		
		家长工作	中秋节的晚上带领幼儿一起赏月,并欣赏中秋节文艺晚会;准备充足的水果、干果,帮幼儿认识		
时间 活动	星期一	星期二	星期三	星期四	星期五
晨间活动	晨间阅读	晨间阅读	晨间阅读	晨间阅读	晨间阅读
学习活动	语言活动:《静夜思》	艺术活动:加油干	科学活动:水果、干果分类	社会活动:中秋节	健康活动:过小桥,送月饼
户外活动	玩大型玩具	夹包游戏	跳房子	草地自由活动	拍球
区域活动	玩橡皮泥、有关中秋节的图书及材料				
生活活动	培养幼儿良好的卫生习惯				

表6-8 第二周 "丰收的秋天"教育活动计划

本周重点	根据节气的变化,引导幼儿注意气温及自然界的变化	环境创设	创设秋天的主题环境,创设节日环境		
		家长工作	请家长协助收集一些有关国庆节方面的材料,和孩子一起观看庆"国庆"文艺节目		
时间 活动	星期一	星期二	星期三	星期四	星期五
晨间活动	晨间阅读	晨间阅读	晨间阅读	晨间阅读	晨间阅读
学习活动	语言活动:《欢迎秋爷爷》	艺术活动:摘葡萄	科学活动	社会活动:国庆节	健康活动

户外活动	玩大型玩具	沙包游戏	跳房子	草地自由活动	拍球
区域活动	美工区:投放一些美工纸,让幼儿制作红灯笼、五星红旗等作品来装扮教室,庆祝"国庆" 图书区:放置一些有关庆国庆方面的材料和图片 自然区:幼儿亲手做的"从黑洞里爬出来的豆芽"的实验				
生活活动	培养幼儿良好的卫生习惯				

表 6-9　第三周　"丰收的秋天"教育活动计划

本周重点	通过各种活动,激发幼儿对生活和大自然的热爱	环境创设	创设秋天的主题环境		
		家长工作	农村家长带幼儿到田间劳动,让幼儿体验一下劳动的艰辛;城市的家长可以带孩子到郊区参观,并根据自己的劳动经验让幼儿简单了解节气与农业劳动的关系		
时间 活动	星期一	星期二	星期三	星期四	星期五
晨间活动	晨间阅读	晨间阅读	晨间阅读	晨间阅读	晨间阅读
学习活动	语言活动:《小伞兵和小刺猬》	艺术活动:秋天多么好	数学活动	社会活动	健康活动:摘果子
户外活动	玩大型玩具	自由游戏	跳绳	草地自由活动	玩沙
区域活动	分区活动:幼儿在各区角自由活动 日常活动:户外散步时师幼观察落叶树、常绿树的不同,共同收集各种植物的叶子,每个幼儿将自己收集的叶子夹在旧本子里或装在纸盒子里有序地整理好,留做开展"树叶粘贴"活动				
生活活动	培养幼儿良好的卫生习惯				

表 6-10　第四周　"丰收的秋天"教育活动计划

本周重点	结合实际,教育幼儿爱惜粮食,珍惜农民伯伯的劳动成果	环境创设	创设秋天的主题环境		
		家长工作	帮忙准备铁罐、黄豆、红萝卜		
时间 活动	星期一	星期二	星期三	星期四	星期五
晨间活动	晨间阅读	晨间阅读	晨间阅读	晨间阅读	晨间阅读
学习活动	语言活动:古诗《锄禾》	艺术活动:小小菊花展	科学活动:吃它哪一部分	社会活动	健康活动
户外活动	玩大型玩具	自由游戏	跳绳	草地自由活动	玩水
区域活动	科学区:引导幼儿进行"种子大力士""不用盆的盆景"小实验,并将实验的结果记录、表示出来 自然区:各种发芽的种子				
生活活动	培养幼儿良好的卫生习惯				

八、 主题教育活动具体活动设计

活动一：中秋节

（一）活动目标

（1）引导幼儿体验节日的快乐气氛，激发幼儿对民间节日的兴趣。

（2）引导幼儿讲出自己的节日感受，提高其口头语言表达能力。

（3）让幼儿了解中秋节的来历和有关习俗，加深对中华民族传统文化的认识。

（二）活动准备

（1）在生活中曾经给幼儿讲述"月亮变圆了""月亮姑娘做衣裳"等有关月亮变化的故事。

（2）准备各种月饼和水果若干。

（3）准备中秋节的录像，主要包括月亮的变化、人们的活动等。

（4）准备中秋节的民间故事磁带及实物、图片。

（三）活动过程

1. 教师用猜谜的方式创设谈话情景，调动幼儿的积极性

谜语：有圆有方，又甜又香。八月十五，家家吃上。

师：刚才咱们猜出的谜底是月饼，那你们知道吃月饼是哪个节日的习俗吗？（中秋节）

请幼儿相互交流自己对中秋节的认识。

2. 教师介绍节日的来历和有关习俗（可欣赏有关中秋节的录像）

3. 讲述"嫦娥奔月"等传说故事

4. 教师和幼儿一起品尝月饼、水果

5. 延伸活动

请幼儿和父母一起观察八月十五前后月亮的变化并欣赏中秋节文艺晚会。

（其他省略）

九、 主题活动的评价与反思（略）

案例二：瓶瓶罐罐总动员（小班上学期）①

一、 设计思路

在成人看起来平常不过的瓶瓶罐罐，却是幼儿爱不释手的玩具，甚至是无价之宝，特别对于小班幼儿，他们喜欢敲一敲、碰一碰、摇一摇、滚一滚各种各样的瓶罐，瓶瓶罐罐是一个无比神奇的世界，形状、颜色、质地以及用途不一的瓶罐吸引着幼儿，激发着幼儿观察的兴趣、求知与创造的欲望，幼儿在寻找、观察、比较、操作的过程中惊喜地发现各种各样的瓶罐经过创意改变之后是那么有趣。让幼儿在生活中获得快乐，在操作中创意得到发挥。

整个主题活动的设计追随幼儿的玩耍、体验和探究，从有趣到有意、从简单到复杂、从现实到艺术，体现了幼儿经验逐步、逐层的展开。"瓶罐大家庭"作为本主题的开端环节，充分

① 张晓辉，倪志明.幼儿园课程［M］.北京：北京师范大学出版社，2012：149—153.

满足了幼儿与各种各样瓶罐对话、交流的愿望：幼儿可以用手触摸、用眼睛看,摆弄可爱的盖子,故事中富有智慧和爱心的熊宝宝促使幼儿去寻找与各种生活物品相匹配的瓶罐。接着,"瓶罐真好玩"很自然地成为幼儿深入探究的重要阶段：幼儿给瓶瓶罐罐排队,用瓶罐搭建高楼,敲敲拍拍瓶罐,听听瓶罐发出的声音;尝试着用瓶罐制作有趣的沙球、罐子球、罐子琴等瓶罐乐器,和爸爸妈妈一起组成瓶罐大乐队,演奏各种好听的乐曲。求"真"的执着挡不住幼儿内心深处对"美"的渴望;"漂亮的瓶罐"从欣赏到创作可谓是水到渠成;"彩陶漩涡纹瓶"和各种装饰性瓶子吸引了幼儿的眼光,激发他们把那些本不起眼的瓶瓶罐罐打扮得漂漂亮亮。一些平平常常的瓶子在幼儿的手里变成了有生命的、会说话的瓶偶,由此上演了瓶偶戏。最后,漂流瓶的故事让幼儿新奇而感动,小老鼠的漂流瓶传递着爱心和友谊,让幼儿对漂流瓶产生探究的兴趣;漂流瓶送礼物的亲子活动让爸爸妈妈感受到孩子的爱,也让幼儿在与爸爸妈妈一起玩瓶子的游戏中感受着浓浓的亲情。

二、 主题目标

(1) 乐于探索各种瓶瓶罐罐,感知盖子的特征,并进行相应的匹配。

(2) 认识各种常见的瓶瓶罐罐,根据瓶瓶罐罐的不同形状、色彩、材料等特点,对瓶瓶罐罐进行分类。

(3) 感受瓶罐带来的欢快情绪,产生对瓶罐喜爱的情感。

(4) 尝试用瓶罐制作沙球、罐子球、罐子琴等瓶罐乐器。

(5) 能利用各种材料对瓶罐进行装饰。

(6) 在与爸爸妈妈一起玩瓶子的游戏中感受亲情。

三、 环境创设

(一)区域活动

表6-11 "瓶瓶罐罐总动员"区域活动计划

区域名称	活动内容	材料投放	活动指导
美工区	瓶罐涂色、彩泥瓶罐	瓶罐型白纸、油画棒、制作流程图、彩泥	指导幼儿按照流程图制作
建构区	瓶罐高楼	各种各样的瓶瓶罐罐	指导幼儿学会平铺、叠高等方法
角色区	水果店小舞台	不同形状的瓶罐、水果	将水果装进瓶罐中,敲打出不同音色
益智区	配配对	各种瓶罐及盖子	先按大小来确定,然后按瓶盖与瓶口的纹路
科学区	沉沉浮浮敲敲看	各种质地的瓶罐、相同质地与大小的瓶罐	观察不同质地瓶罐沉浮情况;装上不同的水,敲击,听音色

(二)环境资源

1. 主题墙

(1) 将不同形状、颜色、质地的瓶罐进行摆设,布置成"瓶罐王国"。

（2）将师幼共同收集到的各类瓶罐图片张贴在室外瓷砖墙上，布置展区：古代的瓶瓶罐罐、现代的瓶瓶罐罐。

（3）展示幼儿制作的瓶偶和各种漂亮的瓶罐造型。

（4）以故事"熊宝宝的空罐子"为内容，进行主题环境墙布置。

2. 园外资源

幼儿园致家长的一封信

亲爱的家长朋友：

　　您好！首先感谢您在百忙之中抽空详细地阅读这封给您的信。在此也非常感谢您一直对幼儿园的关心和大力支持。

　　这个月我们将开展"瓶瓶罐罐"的主题活动。目的是让孩子对各种各样的瓶瓶罐罐有所了解，通过各种活动让幼儿发展语言、艺术、科学等方面的技能，并获得关于瓶瓶罐罐的经验。

　　在主题活动中，家长与幼儿园的合作也至关重要，希望您能够根据教学活动的安排为您的孩子做以下的准备工作，幼儿园将非常感谢您的参与及合作。

　　（1）请家长帮忙收集生活中的各种各样的瓶瓶罐罐实物及图片，并且带到幼儿园中。

　　（2）请家长和幼儿在家中共同制作完成一个瓶罐动物的玩偶，提高幼儿的动手能力，并且带到幼儿园中。

　　（3）请家长在收集各种各样的瓶罐同时，与幼儿多交流关于瓶罐的形状、颜色、质地等特点，提高幼儿的语言表达能力。

　　此致

敬礼

　　　　　　　　　　　　　　　　　　　　　　　　　　　　小二班

　　　　　　　　　　　　　　　　　　　　　　　　　　　××年×月×日

四、 具体活动计划

活动一：瓶罐奇遇记（语言）

（一）活动目标

（1）理解故事内容，感受角色的特点。

（2）初步感知瓶罐的用处。

（3）能简单复述故事内容，提高语言能力。

（二）活动准备

（1）三个罐子（大大的、高高的、小小的）。

（2）糖果、鲜花、药片。

（三）活动过程

1. 出示三个空罐子,引出故事

教师出示三个空罐子,让幼儿进行观察,从中引出《瓶罐奇遇记》的故事。

2. 边出示道具边讲故事

罐子三兄弟他们说好了要一起出去找自己的伙伴,于是啊,他们就一同出发了。一天,糖果宝宝们遇见了罐子三兄弟,他们对罐子大大说:"遇见你真高兴,我们能成为你的好伙伴吗?"大大说:"我很乐意成为你们的好朋友。"糖果们跳进大大的罐子里,他们一起到处游玩,过着幸福的时光。罐子高高和罐子小小继续着他们的旅行,走啊走啊,他们在路上遇上了一束鲜花,鲜花小姐对罐子高高说:"遇见你真高兴,我们能成为你的好伙伴吗?"高高说:"我很乐意成为你们的好朋友。"鲜花们跳进高高的罐子里,他们一起到处游玩,过着幸福的时光。罐子小小一个人继续着他的旅行,走啊走啊,他在路上遇上了一群药片弟弟,药片弟弟们对罐子小小说:"遇见你真高兴,我们能成为你的好伙伴吗?"小小说:"我很乐意成为你们的好朋友。"药片们跳进小小的罐子里,他们一起到处游玩,过着幸福的时光。

3. 教师提问,帮助幼儿理解故事内容,进行简单的复述

是谁第一个遇见了他的伙伴们? 他遇见了谁并且当了他们的伙伴? 他们是怎么说的?

是谁第二个遇见了他的伙伴们? 他遇见了谁并且当了他们的伙伴? 他们是怎么说的?

是谁第三个遇见了他的伙伴们? 他遇见了谁并且当了他们的伙伴? 他们是怎么说的?

4. 教师总结

今天我们学到了:大大的罐子是用来装糖果宝宝的,高高的罐子是用来插鲜花姐姐的,小小罐子是用来装药片弟弟们的,今天大家都表现得很棒!

活动二: 瓶罐滚印画(美术)

(一)活动目标

(1)能尝试用不同的瓶罐来进行美术创作。

(2)了解各种瓶罐画画的方法。

(3)体验美术创作的乐趣。

(二)活动准备

大张白纸若干、各种颜色的水粉颜料、各种各样的瓶瓶罐罐及盖子。

(三)活动过程

1. 出示瓶瓶罐罐,引出绘画方法

2. 示范用不同的瓶罐画画作指导

让幼儿思考不同的瓶罐可以怎么画画,最后教师进行讲解并示范。

3. 请幼儿自由选择瓶罐进行创作

在幼儿选择瓶罐进行画画的时候,教师在一旁进行指导。

4. 展示幼儿作品,结束总结

活动三: 按颜色大小分类(科学)

(一)活动目标

（1）学习按瓶罐的颜色大小分类。

（2）能说明瓶罐分类的标准，提高语言能力。

（3）在体验为瓶罐分类的过程中，感受快乐。

（二）活动准备

红色大小瓶罐各 3 个、蓝色大小瓶罐各 3 个、绿色大小瓶罐各 3 个。

（三）活动过程

1. 出示各种瓶罐，询问特点

特点可以着重在颜色和形状两方面。

2. 按颜色或大小分类，并提示完整说明

让幼儿按红色、蓝色、绿色、大小的特点分类。

3. 按颜色和大小分类，并提示完整说明

教师要求幼儿依次将蓝色、绿色的瓶子分类，再请幼儿将一样小的颜色不同的瓶子放在一起。

4. 结束活动，教师总结

（其他略）

案例三："再见，幼儿园"（大班）①

（一）"再见，幼儿园"主题来源

大班末期是幼小衔接的关键时期，此刻的幼儿即将结束幼儿园生活升入小学，很多孩子都表现出对幼儿园的依恋，而幼儿园三年的生活经历，正是他们成长的经历，这种成长的自豪感和幸福感，不仅可以帮助幼儿认识自己，还可帮助幼儿更好地进入小学学习。于是，我们设计了"再见，幼儿园"这一主题活动。

（二）活动时间：四周

（三）主题活动目标

（1）理解感受同伴的心情，体会分享秘密话的温馨气氛，能用各种方式表达对老师和同伴的情感。

（2）初步理解"好朋友"的含义，感受祝福别人和被别人祝福的喜悦。

（3）珍惜自己在幼儿园的生活经历，知道长大意味着有更多的责任。

（4）知道自己即将离开幼儿园升入小学，对上小学充满期待。

（5）初步了解小学的学习环境和学习生活，知道怎样做一名合格的小学生。

（四）主题教育活动纲要

---

① 本案例由安徽省安庆市高琦幼儿园提供。

表 6-12　"再见,幼儿园"主题教育活动纲要

块面	具 体 说 明
预设效果	1. 社会领域:理解感受同伴的心情,体会分享心里话的温馨气氛;感受祝福别人和被别人祝福的喜悦,珍惜自己在幼儿园的生活经历,知道长大意味着有更多的责任;了解小学的环境设施和小学生的学习生活,对照小学生的学习生活,知道自己的长处和不足,有做一名合格小学生的愿望 2. 艺术领域:能用简单的几何图形画小书包,表现书包的形状特征,并能用喜欢的图形颜色装饰书包,喜欢小书包;喜欢表演,并能在大家面前表演节目 3. 科学领域:认识常用的文具,掌握正确的使用方法 4. 健康领域:喜欢参与体育活动,学习小学生自己背小书包到幼儿园 5. 语言领域:理解"好朋友",理解故事和儿歌的内容,能用语言表达自己的情感
环境创设	1. 在墙壁上创设一幅"再见,幼儿园"主题框架画 2. 将幼儿的参与活动的作品增添到墙上主题装饰画中,充实教室环境 3. 将不同建筑风格的学校照片和小学生生活照片布置在教师开辟的专用栏
家园同步	1. 与孩子共同回忆在幼儿园里取得的点点滴滴的进步,鼓励孩子用不同的方式表达自己对幼儿园的情感 2. 支持配合幼儿园开展"毕业典礼"活动,督促孩子在家里准备毕业典礼的节目 3. 为孩子准备小学生相关物品:文具、衣物、书包、书本等 4. 纠正孩子的一些不良的习惯,如不正确的坐姿、握笔等 5. 每天晚上有一定的亲子阅读时间,帮助孩子养成良好的学习习惯 6. 鼓励孩子自己收拾整理文具、玩具、用具等物品,养成自我管理与自我服务能力

(五) 主题教育活动计划

表 6-13　"再见,幼儿园"主题教育活动计划

名称	预设主题活动	辅助活动
再见,幼儿园	**第一周——"甜蜜的回忆"** 活动一:我的老师,我的班 活动二:老师谢谢您 活动三:我的离园纪念册 **第二周——"我快毕业了"** 活动一:毕业诗 活动二:小书包 活动三:文具,我们的朋友 **第三周——"我爱我的幼儿园"** 活动一:记住你,记住我 活动二:给弟弟妹妹送礼物 活动三:我长大了,我真壮 **第四周——"走进小学"** 活动一:参观小学 活动二:哥哥姐姐真棒 活动三:像个小学生 活动四:毕业典礼	1. 收集与老师及小朋友一起活动的照片、纪念物品等,为我的离园纪念册作准备 2. 准备展览台,陈列幼儿的作品 (1) 请家长和幼儿一起准备小书包和文具 (2) 设计给幼儿园弟弟妹妹的礼物,并准备相应的材料等 1. 联系小学,和小学教师沟通好活动的内容 2. 邀请家长参加幼儿的毕业典礼,请幼儿参与邀请词的创编,在班级网络主页上发送相关消息

案例四："我"（大班）①

（一）活动目标

表 6-14　"我"主题教育活动目标

名称	"我"（大班，5—6 岁，大约 3 周）
单元主题活动总目标	1. 知道自己的出生日期、相貌特征、兴趣爱好等 2. 了解自己随年龄而发生的变化 3. 认识自己的能力，喜欢做自己能做的事 4. 知道引起情绪的原因，能用适当的方式表达情绪 5. 了解自己与他人的异同，接纳自己，尊重和欣赏他人 6. 知道自己需要别人的关爱和帮助，也知道应该关爱和帮助别人

（二）活动计划

表 6-15　"我"主题教育活动计划

活动名称	活 动 内 容
活动一：我的出生日	1. 知道自己的生日 2. 知道自己是妈妈生的 3. 对妈妈怀有感激之情，并会表达 4. 会做简单的统计，感受数学的用途 5. 会唱《生日快乐歌》
活动二：我在不断长大	1. 了解自己随年龄而发生的变化 2. 感受父母养育自己的辛苦 3. 领悟"以前"和"现在"两个词的含义 4. 能按成长过程排序
活动三：我很能干	1. 能说出自己会做的事 2. 知道哪些事自己可以学会，并愿意学 3. 主动做自己能做的事并努力做好 4. 会做简单的统计，感受数学的用途
活动四：我快乐，我不快乐	1. 知道人有不同的情绪 2. 了解情绪的产生是有原因的 3. 能够用适当的方式表达情绪
活动五：我们一样，我们不一样	1. 能说出自己的相貌、喜好等方面的特点 2. 知道自己和别人有相似，也有不同 3. 喜欢自己同时知道欣赏他人 4. 能用流畅的语言表达，并愿意听别人讲话 5. 能在教师的帮助下作简单的调查和统计
活动六：我们需要互相帮助	1. 知道有困难时向别人求助 2. 知道在有能力时应该帮助别人 3. 理解互相帮助的道理 4. 能用清楚流畅的语言表达 5. 注意听别人讲话

① 本案例由安徽省池州市市直机关幼儿园提供。

（三）环境创设：我的成长

（1）图书角：收集有关幼儿成长的图书或故事书。

（2）美工区：制作各种卡片的工具和材料；制作自我成长手册的各种工具。

（3）角色扮演区：抚养婴儿的各种用品；不同成长时期的人的典型服装、道具。

（4）数学区：匹配卡，要求幼儿找出不同时期的人和与之对应的主要活动；展示各种统计图表，引导幼儿学会读统计图、设计制作统计图。

（5）幼儿园环境：利用收集和自制的成长图布置幼儿园环境；设计"我的心情图"墙面，让幼儿每天表达自己的心情；在教室墙面设计"以前和现在"专栏。

（四）园外资源

（1）请家长参与，如请家长为孩子展示或讲述自己的成长、与孩子一起认识自己等。

（2）邀请怀孕的亲友到班上，让孩子了解宝宝在出生前与妈妈的关系。

（3）邀请儿科医生或幼儿园保健医生进班，说明孩子的成长过程中可能遇到的各种疾病。

（五）具体教育活动计划（节选）

活动一：我的出生日

（1）邀请怀孕的亲友到班上，由她向小朋友说出肚里怀有未出生的婴儿。

（2）教师利用胎儿在母体里的透视图，向幼儿讲解，每个人都曾经留在妈妈肚子里，是妈妈生的孩子。

（3）请幼儿回家问妈妈，她在哪年哪月哪日生下自己的，并记下自己的出生日期，回幼儿园后与小朋友交流。

（4）教师和幼儿共同制作生日月份统计表，统计每个月份生日的人数、班上最多人和班上最少人出生的月份，并安排同月出生的幼儿互相握手。

（5）安排幼儿制作爱心卡片送给妈妈，向妈妈表示谢意。

（6）教唱《生日快乐歌》。

（其他略）

第七章

方案教学活动的设计与指导

本章学习目标

☞ 了解方案教学活动的概念与特征,理解其教育价值

☞ 掌握方案教学活动设计与实施的步骤与方法

☞ 理解教师在幼儿方案教学活动中的地位与作用

☞ 学会指导幼儿的方案教学活动

本章内容纲要

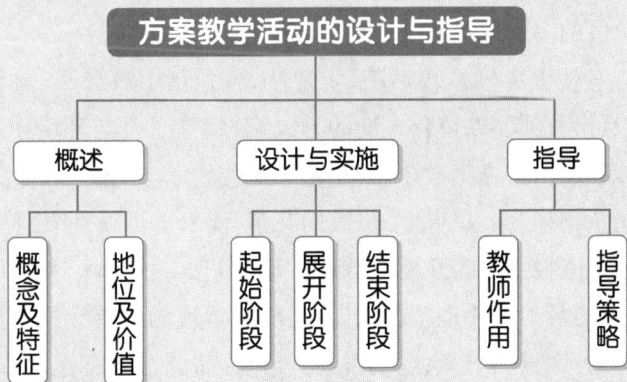

方案教学活动的设计与指导

- 概述
  - 概念及特征
  - 地位及价值
- 设计与实施
  - 起始阶段
  - 展开阶段
  - 结束阶段
- 指导
  - 教师作用
  - 指导策略

第一节　方案教学活动概述

20世纪60年代,瑞吉欧教育体系的创始人洛利斯·马拉古齐在意大利北部的一个小镇——瑞吉欧·艾米里亚一所学前教育学校创立了一套全新的学前教育体系,人们称之为"瑞吉欧教育"。瑞吉欧教育让儿童运用多种符号系统表现和表达自我,有"动态性"和"生成性"的方案教学,有采用摄影、录音和直接观察的方法记录儿童的活动过程,有适合儿童成长和发展的教育环境,有儿童、教师、家长和社区其他人员的集体学习和共同建构。方案教学作为瑞吉欧教育体系的核心部分,受到专家学者的广泛关注。

一、方案教学活动的概念及特征

在幼儿园教育活动诸类型中,方案教学是结构程度较低的一种类型,它更注重儿童的系统表现和自我表达。对方案教学内涵和特征的深入解读,将有助于读者加深对此活动类型的理解,能更好地为幼儿教育理论研究和教学实践服务。

(一)方案教学活动的概念

方案教学,也叫项目活动、项目教学、设计教学。设计教学出现于20世纪初,由克伯屈和杜威所倡导,主张学校的课程要用直接的、功能式的方式来组织,即以各种有目的的"方案"(Project),让学生采取行动,解决问题。

著名儿童教育家凯兹与查德曾于1989年合著《探索孩子心灵世界:方案教学的理论与实务》一书,并产生了很大的影响。在这本书中,凯兹和查德都极力倡导方案教学。凯兹认为:"方案"一词有多种含义,但一旦被用于"方案教学","方案"一词的含义就被特定化了。她们将方案教学看作是以某一主题为中心向四周扩散编制主题网络,制作主题网络程序,然后根据儿童的兴趣、需要,让儿童对该主题的不同方面进行探索和研究的教学活动。其中也渗透了教师认为有价值的主题内容。

她们还认为:"方案教学不只是教学法、学习法,也包括了教什么、学什么。就教的角度而言,方案教学特别点出教师要以符合人性的方式,鼓励孩子去与环境中的人、事、物发生有意义的互动;从学的观点来看,方案教学强调孩子要主动参与他们的研究方案。"[1]参与方案教学的通常是一组儿童,有时可以是整个班级的儿童,偶尔也可以是个别儿童。

方案教学活动也是围绕主题而开展的教育活动,但它与主题教育活动相比,具有很大的不同。首先,方案教学的活动设计是动态设计,是随机生成的。单元主题活动是预先设计好的,活动中要按照预设方案进行。其次,方案教学的活动设计与实施没有严格的区分,而单元主题活动的课程设计与实施是严格区分开的。再次,方案教学活动注重幼儿的探究与问

---

① 凯兹,查德. 探索孩子心灵世界:方案教学的理论与实务[M]. 陶英琪,等,译. 台北:心理出版社,1998:5.

题解决,而主题教育活动往往注重幼儿的经验获取和能力培养。

方案教学重视儿童自身的探索和研究活动,其主题往往会很明确地标明探究活动的方向。例如,"如何让水沸腾"可以是方案教学设定的一个主题,而在主题教学或单元教学中,这样的主题就可能只是"水"。方案教学内容的广度和深度可以根据儿童探究的兴趣和学习活动是否具有价值而有所拓展,而不拘泥于是否偏离主题。

表7-1 主题教育活动与方案教学活动的比较

活动项目	主题教育活动	方案教学活动
活动主题	教师预设与计划好的	通过形成性评价有组织地发展出来的
活动目标	教师预设好目标	目标经由儿童和教师商议发展出来
活动内容	教师预先计划好的	儿童生成与教师商议后决定并不断生成新内容
活动方式	集体活动形式,所有儿童从事相同或相似的工作	小组活动形式,儿童从富有变化的课程组织中自由地选择活动
活动评价	结果取向为主	主体取向为主

(二) 方案教学活动的特征

方案教学活动主张由儿童自发地决定学习的目标和内容,在儿童自己设计、自己负责执行的活动中获取有关的知识和解决实际问题的能力。其具有四个基本特点:

1. 方案教学活动是一种教师和幼儿共同合作、商议计划的活动

方案教学活动是在幼儿与教师的共同商议下,合作制定活动计划的教学活动。与主题教育活动相比较,方案教学活动更强调儿童的自主性和积极性,更强调儿童的自愿和自觉。方案教学活动的主题主要是儿童在生活和游戏及教育活动中生成的,主题活动往往由儿童发起。在方案教学活动中,儿童的学习动机是内发的,强调儿童对活动、工作的兴趣以及活动本身的吸引力。在兴趣和动机的推动下,儿童的探究欲望会增强,体现了儿童的自主性。

2. 方案教学活动是一种以问题为中心, 以解决问题为目的的活动

方案教学活动是以问题或论题为中心形成研究性活动、以解决问题为目标的活动。方案教学活动的主题往往就是问题,教学活动就是为解决这些问题而生成的。如儿童在一次参观农场时,发现了许多鸡蛋与鸡,就产生了疑问:"一只鸡蛋怎样孵出小鸡来的呢?""是什么决定它将来会变成小鸡而不是小鸭子呢?""我们怎样才能把小鸡从蛋壳里取出来呢?"……这些问题通过儿童与教师共同商议就成为方案教学活动的探究内容。而整个的探究过程就是为了解决这些问题、回答这些问题而展开的。儿童也就是在探究问题、解决问题的过程中学习新知识、形成新认识、提高解决问题的能力以及合作共享等社会品格。

3. 方案教学活动是一种具有生成性的探究活动

凯兹认为："一个方案是一个值得作更多学习的主题的深入探究。……方案的最重要特征是着意地将活动的努力放置于寻找问题的答案，而这些问题是由儿童、教师或师生共同对主题的探究而提出的。"在方案教学活动中，儿童探究的过程性非常突出。不管是由教师发起，还是由儿童自己发起，总之，在该低结构化的教学活动中，儿童自己的探究占据着重要的地位。与"能不能解决问题或能在多大程度上解决问题"相比，方案教学活动更侧重于"如何去解决问题"。显然，前者更加强调结果，而后者则更加强调过程。另外，在活动过程中儿童的经验结构和情感结构的变化也是此类型活动所关注的。所以，过程性的特征是非常明显的。

方案教学是一种更强调儿童的主动探索的幼儿园综合课程模式，围绕某个儿童感兴趣的主题或问题进行深入研究，从而在活动的过程中发现知识，理解意义，建构认识。方案教学更关注儿童的兴趣和需要，活动计划的弹性较大。相对于单元教学，方案教学的结构化程度较低。方案教学中的"主题"是方案进行的中心，主题的延展是根据儿童的兴趣、经验、问题、意见或建议，由教师和儿童共同发展出来的。

4. 方案教学活动是一种动态发展和主体取向评价的活动

方案教学活动不是预设的计划好的活动，而是一种实施与设计并行的教育活动。方案教学活动开始也可能有一点预设，但活动开展以后，活动的自主权落在儿童手上，活动的内容会随着儿童的兴趣和需要的变化而随时生成有价值的主题内容。因此，方案教学活动的设计不可能完全预先设计好，而需要根据儿童活动的进程而不断地进行设计。

由于方案教学活动是一种动态生成性的活动，不是预设的计划好的活动，因此评价儿童的活动就不可能采用"结果取向"的评价模式，甚至"过程取向"的评价也不能完全适宜。所以方案教学活动是以"主体取向"评价为主，辅以"过程取向"的评价。这样才能准确反映儿童的学习活动，反映儿童的成长。方案教学活动的实施过程本身就是活动评价的过程，其中儿童探究成果的展示成为儿童学习评价的重要方式。

二、方案教学活动的地位及价值

方案教学在幼儿园教育活动体系中占有重要的一席之地，有着独到的教育价值。

(一)方案教学活动可充分尊重个性差异，保证在不同水平上适合儿童的学习和发展

在幼儿园的教育活动体系中，方案教学的结构化程度要比一般的主题教学活动低。方案教学过程中充分体现出了对儿童的尊重，它的特点就是主题活动进行的方向、方式、时间长短，几乎完全来自于儿童的构想或生成，而不是教师的预先准备。这充分体现出对儿童个性的充分尊重，对每个渴望自由不被拘束的儿童而言，这无疑是非常有吸引力的事情。不同年龄或心理发展存在水平差异的儿童均可以在方案教学过程中得到充分的学习和发展，因为没有统一的标准，没有既定的知识、技能，没有必须要完成的预设目标等。儿童要做的就

是依据自己的已有水平,在自己的兴趣指引下去从事活动,通过活动本身获取心理资源上的积累,获得发展。所以,方案教学活动的实施是儿童的福音,充分体现了以儿童为本的教学理念在具体实践中的实现。

（二）方案教学活动可有效解决学前教育的一个两难问题,即学前教育既要顺应儿童的自然发展,又要有效地将儿童的发展纳入符合社会要求的轨道

顺应儿童的自然发展可以使得教育更有效果,是教育具有科学性的体现,也是为人自身充分发展创造条件的功能得以体现的表现。但科学性绝对不是唯一的教育性质,它还需要具有目的性,即教育出什么样人的问题。不管是学前教育、小学教育还是中学教育、大学教育,我们最根本的教育目的便是"教育必须为社会主义现代化建设服务,必须与生产劳动相结合,培养德、智、体等方面全面发展的社会主义事业的建设者和接班人"。这也是对教育要为社会服务这一工具性功能的体现。但是,在现实的教学活动过程中,很难将以上两个所涉问题兼而解决之,往往会顾此失彼。方案教学活动的出现,为我们解决了这一困扰幼教工作者多年的问题,它完美结合了教育应为社会服务和顺应儿童自然发展两种功能。

凯兹等人基于对当代研究儿童复杂的认知过程的了解,重申了方案教学对幼儿教育的潜在价值,她们认为:"对幼儿进行正式教学,可能会有合乎常模的终结效果,但却牺牲教育上长期的、动态的目标。"由此,她们建议,儿童年龄越小,课程应越不正式,越具有统整性,而方案教学正是这样一种课程。

（三）方案教学可有效提高教师的素质

方案教学的教育价值,尤其对儿童发展的教育价值是显而易见的。需要指出的是,方案教学不仅仅会对儿童的批判性和创造性思维进行训练,它还可以对指导教师进行有效的素质提高。

方案教学的运行过程具有较大的弹性,并没有统一的操作模式。它需要教师敏锐地观察儿童的兴趣、能力、反应,并深入理解儿童的想法和旧经验,协助儿童拟定、执行、评估、修正学习计划,从实际观察、探索、操作、实验的过程中建构新的概念。这就需要教师在与儿童互动的过程中要善于运用智慧去把握教育、教学的过程。因此,对于没有经过专业训练的教师或者初入教职的教师而言,他们都难以在真正意义上去运用,并取得良好的效果。所以,方案教学还能对教师的心智提出挑战,从而在提高教学效果的同时,也可以提高教师的素质。这对于教师与儿童双方来说,无疑是双赢的。

第二节　方案教学活动的设计与实施

方案教学以其自身所独有的特点,使其设计与实施过程主要是根据儿童的兴趣与需要开展,更多关心和强调的是儿童自己的生成,并不主张教师的预设。所以,这种高开放性、灵活性的教学活动并没有固定的模式可用,而是根据时间、地点和条件而灵活地确定活动的操作步骤。如前所述,方案教学活动的设计与实施基本上是同一过程,不能区分开来,设计的过程就是实施过程,实施过程也需要设计与组织。方案教学活动由最初的主题产生到活动结束,大概经历了三个基本的发展阶段:起始阶段、展开阶段和结束阶段。

一、方案教学活动的起始阶段

方案教学活动的起始阶段主要是活动主题的产生、主题网络的初步编制以及活动计划的商议。方案教学与主题教学有很多相似之处,其中有一点便是它们都离不开"主题"和"主题网络的编制"。和主题教学活动一样,在方案教学活动的起始阶段,主要的工作是主题的选择和主题网络的编制两个问题。值得注意的是,"主题"在方案教学和主题教学之中的涵义是不同的,这在前文已有所述。

(一) 选定主题

方案教学活动主题的产生没有固定的模式,随机性比较强。但对年龄大些的儿童来说,主题往往是由教师和儿童以协商的方式一起选择出来的。方案教学的主题是广泛的,没有既定的条目供教师随需随拿来使用,它具有很强的随机性和偶发性。但这也并非意味着对此教师毫无对策可用,对教育者而言,在选择方案教学的主题时可依据幼儿园的教学计划、幼儿园的课程指导手册、儿童的兴趣和需要(尤其是即时的兴趣和需要)、师幼或幼幼之间的讨论和协商等途径来确定所需的主题。不管主题是以哪一种方式提出,从根本上说,主要是依据儿童的兴趣和需要来确定的。它不仅仅是指儿童在活动中的自发表现,而且还包括由教师推断和引发出来的兴趣和需要。

在方案教学活动中,主题的内容虽然没有被具体限定。但一些最基本的原则还是需要被遵守的,朱家雄曾就方案教学活动主题选择提出了几个一般性的原则:[1]

(1) 选择的主题应与儿童的生活相贴近,并能被用于他们的日常生活。

(2) 应能引起儿童的兴趣,并能运用已学的技能。

(3) 应能为儿童未来的生活作准备。

(4) 应有益于平衡幼儿园的课程。

(5) 应能充分运用幼儿园和社区的资源。

依据上述选题的原则,我们不难发现方案教学的主题可以选择的范围仍然是十分广泛的。凯兹和查德在她们的《探索孩子心灵世界:方案教学的理论与实务》一书中为读者介绍了方案教学活动的主题选择范围,以便于活动实施者使用。

---

[1] 朱家雄. 幼儿园教育活动设计与实施[M].北京:高等教育出版社,2008:247.

表 7-2　幼儿园方案教学活动主题选择范围

分　类	举　例
儿童的日常生活	家、食物、游戏等
当地社区	医院、商店、交通工具等
当地大事	重要节庆、事件、名人等
地理	道路、河流、山丘、住家附近
时令	钟点、日历、季节、历史事件
自然	水、风、植物、动物、恐龙
抽象概念	颜色、形式、对称等
普通常识	太空旅游、车船等
其他	略

那么，选择好一个主题，它能不能成为幼儿探究的活动主题呢？这需要根据多方面的因素来判断，一般而言，教师可以依据以下 10 个标准来作出判断：

(1) 它在儿童自己的环境中能否被直接观察到。

(2) 它是否在儿童经历的范围内。

(3) 第一手的直接调查研究是否可行。

(4) 当地资源是否是开放而且是容易获得的。

(5) 是否有很大的可能性使用多种表征媒介（角色游戏、建构、画图、编制图表等）。

(6) 让家长参与进来，是否困难。

(7) 它是否不仅对当地文化敏感，而且在文化方面总体是合适的。

(8) 儿童当中是否有许多人对它感兴趣，或者成人是否认为它值得在儿童中间发展。

(9) 它与学校和地区的课程目标是否相关。

(10) 它能否给儿童提供充足的机会去运用基本技能。

> ### 案例：方案教学活动"毛毛虫"主题的生成[①]
>
> 时值春末夏初，幼儿园的各种树上都有毛毛虫的影子，爬在树上的，掉在树下的。尤其是挂在树枝上的毛毛虫，一根丝线将毛毛虫荡在半空中，吸引了许多孩子，有的在长时间地观察，有的在展开无限遐想："这些毛毛虫是哪里来的？""小毛毛虫长大后就是大毛毛虫了吗？""它们吃什么？""它们住在哪里？"面对孩子们的求知欲和好奇心，一个以"毛毛虫"为主题的方案教学活动由此产生了。

[①] 张沛红，姜雪丽. 方案教学活动一例[J]. 宁夏教育，2007(05).

(二) 主题网络的初步编制

当主题确定之后,便进入了主题网络的编制阶段。主题网络是一种由许多与主题相关的小子题编织而成的放射状的图形,它把各种资料都纳入到主题之下的各子题内。如进行"恐龙"主题时,就可以以"恐龙"为核心概念,向四周作放射状的小子题,如"恐龙的演进""生理习性""恐龙与人们的生活关系"等,再依照每一个小子题进行"放大",作再一次的生发。如"生理习性"又可发展为"恐龙的食物""恐龙的体积""恐龙的行为""恐龙的生活习惯""雌雄恐龙"等。"恐龙的演进"又可生发出"恐龙的起源""恐龙的消失"等。

方案教学活动的主题网络并不是一成不变的,随着幼儿探究的不断深入,新的主题内容往往会不断生成,因此,预设的主题网络只是初步编制,而真正实施过程中探究的内容会有所变化。主题网络的初步编制一般是由教师和幼儿共同协商讨论而形成的。

(1) 教师可以通过与幼儿一起讨论的形式去发现他们关于某个主题的已有经验,去发现对这个主题孩子们已经知道了多少。孩子们表达自己已有经验的途径是多样的,如言语、绘画、歌唱、舞蹈、建筑、想象性游戏等,我们提倡让孩子们自己选择表达方式,以此帮助他们提出有待探究的问题,建构主题网络。我们还可以通过家园合作的形式来进行,如电话交流、书信往来等形式。

(2) 教师与幼儿一起初步编制主题网络,主要通过脑力激荡—归类—命名—交流—连网一系列步骤来建构网络,形成主题网络图。在确定活动内容、编制初步的主题活动网络时,教师要通过提问、交流、讨论等多种方式,启发幼儿的问题意识,建立起探究的主题网络。其实,在方案教学活动中,初步编制的主题网络只是探究活动的引子,激发起幼儿深入探究活动的兴趣。而实际上幼儿并不一定完全按照主题网络的规划内容来进行探究活动,在活动过程中,幼儿会生成新的活动与探究内容,教师适时将这些活动内容补充到主题网络中,到活动结束时方案教学活动完成的主题网络就呈现出来,以便于教师进行评量和反思。

案例: 瑞吉欧方案教学活动"人群"探究活动网络图

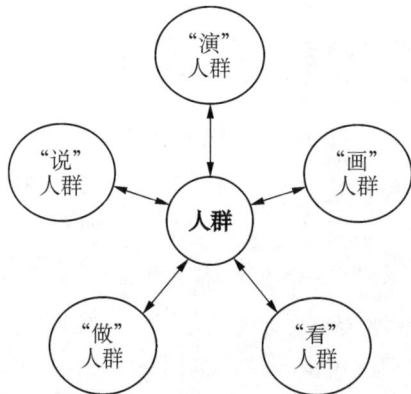

图7-1 "人群"探究活动网络图

二、方案教学活动的展开阶段

方案教学活动的展开阶段就是幼儿就主题或问题进行探究的过程。这一阶段教师的任务是向孩子们提供活动所需的各种环境、资源和活动开展的良好时机，并鼓励幼儿独立运用他们已有的技能进行活动。通过第一阶段的经验表征所预热的相关经验，可以在幼儿接下来的活动中被优先提取使用。幼儿的经验正是在个体与环境互动的过程中被重新验证、重组和改变的，也正是在这种互动中，幼儿才能获得具有建构意义的"体验"。

教师在这一过程中，主要是激励、帮助、启发幼儿深入探究，通过各种方式来探究学习主题内容，表现自身的活动体验，形成完整的经验。一方面，教师鼓励幼儿运用角色游戏、绘画、团体讨论等多种方式表达自己的相关经验，从而充分地展示其关于主题的认识和理解，并与同伴、教师、家长一起分享经验。在幼儿表达自己的经验时，教师可以通过追问，引出他们对有关事物的认识极限，从而使幼儿意识到自己的问题。另一方面，教师为幼儿获取新信息、解决问题创造条件，让幼儿进行实地观察或考察。

凯兹等人按活动目的将方案活动分为三类：建构活动、调查活动和戏剧扮演活动，它们融合了语言、数学、科学、音乐、美术等方面的学习。每一种方案活动均不拘泥于形式，活动与活动之间也没有规定的前后次序。在活动的持续时间上没有既定的标准，一个方案可在较短的时间内完成，也可持续数月。在活动过程中，教师还可通过班级聚会、参观活动、展示成果、报告研讨等各种形式，使方案活动更具活力，对幼儿产生更大的吸引力。

在方案教学活动的展开阶段，孩子们主要通过团体讨论、实地考察、发表、探究、展示等多种方式活动。

1. 团体讨论

团体讨论是指全班或活动小组，针对主题的各个方面的议题或构想进行讨论，并分享想法和经验。这在方案教学活动开始时经常使用，如：方案教学活动"鞋子"（见本章附录案例精选），在活动展开阶段，一开始，教师和儿童一起讨论他们应该做些什么以解答提出的这些关于鞋子的问题。这些问题有：鞋子是用什么做成的？他们值多少钱？你怎么知道你穿几号的鞋？当儿童开始讨论钱时，他们讨论商店店员是如何处理人们买鞋时所付的钱的。一些儿童认为店员把钱送给穷人，有的儿童认为他们把钱带回家使用，有的则认为老板保管了所有的钱。所预测的问题的各种答案增强了儿童的好奇心，也促使儿童渴望更详细地了解在鞋店里发生的事情。

2. 实地考察

实地考察是指让幼儿走出教室进行现场参观、访问、调查，以获得第一手的资料，即获得直接经验，从而帮助幼儿在个人经验的基础上建构新的知识，理解其意义。如案例"鞋子"活动中，教师安排孩子们到鞋店参观，每个小组与三个店员在一起待了 20 分钟。

3. 发表

发表是指让幼儿回顾与主题相关的个人经验，并将它表达出来。幼儿可以用语言来表达,更可以用图画、数学符号、戏剧表演或模型制作等自己擅长的方式来表达。这种表达的过程会加深幼儿对他们所观察事物的了解,并鼓励幼儿把自己的想法进行整理,以便向教师与同伴汇报。如案例"鞋子"中,孩子们考察了鞋店后,在教室里布置了一个"鞋店",制作了一本书,还制作了节目表等。

4. 探究

方案教学活动重视各种探究。儿童可以访问自己的父母、校外的朋友,也可以通过实地参观和访问专家的方式找到问题的答案,还可以通过实际接触、试验等方式来探讨分析实物、材料或事物之间的关系和联系,更可以利用图书馆或教室里的书籍来研究更深入的问题。如"鞋子"案例中,儿童在实地参观中,观看到了把一双鞋卖给一位顾客的过程。

5. 展示

儿童通过自己的活动展示活动的成果或活动经验。借助于讨论与展示,儿童可以非常清楚地了解研究工作的进展情况,了解其他小朋友的想法与经验等,同时还有利于家长和来访者了解幼儿园的教育教学工作。如案例"鞋子"中,孩子们布置了鞋店,还将绘画、制作的玩具等都展示在班级教室里。

三、方案教学活动的结束阶段

方案教学的结束阶段是将各组与个人的工作做个总结,并摘要整理学习成果。在结束阶段,孩子们与教师以某种形式与他人如园长、其他教师、家长等分享经验和成果。

案例: 方案教学活动"鞋子"（节选）

几个星期以后,孩子们开始对新游戏感兴趣。他们想探索汽车旅行,这种想法在鞋子的方案活动中就已经有了,当一些顾客借助当地的交通系统来到镇上买鞋时,孩子们就产生了这种想法。老师安排家长来学校参观孩子们的鞋店,看看孩子们在设立鞋店和玩鞋店游戏的过程中学到了什么。家长还有机会在鞋店里买鞋,接受孩子们的服务。

家长可以观看孩子们的绘画作品、方案活动的相关记录,也可以阅读标注在表征作品和照片上的文字标签和标题,这些标签和标题是教师和儿童写上去的,而那些照片则是为记录下儿童学习的亮点和学习的各个方面而在整个方案活动中抓拍的。在方案活动中,孩子们运用的技能有数数、测量、使用专业词汇、认识颜色、形状和大小、访谈以及其他的技能。他们获得的知识则涉及设计、生产、销售鞋子的过程,而在用于制造不同鞋子和鞋子不同部分的各种材料方面,他们也获得了许多相关的信息。他们也懂得了商店的工作,领会到了许多不同的人员都在致力于使人们能够穿上鞋子之类的基本物品,而各种人员的数量则是相互依赖的。在活动的最后,那些一起分享儿童活动成果的家长们,毫不怀疑儿童在过去六周的方案活动中进行了有价值的深入学习。

第三节　方案教学活动的指导

方案教学能丰富儿童的心灵世界,让儿童通过自身的经验认识外部世界,鼓励儿童提出问题、解决问题,并积极地与环境发生相互作用。方案教学还有平衡课程、产生教室社区化与教育机构生活化的效果。方案教学的价值是具有积极意义的,但是要想把方案教学的效果发挥到极致却是很难的。不管是对教师而言,还是对学生而言都充满着挑战。所以,在这里我们有必要和一线教学工作者们,尤其是初入教职的年轻老师们谈谈方案教学的点点滴滴。

一、方案教学活动中教师的作用

在教育活动中,以幼儿为本是符合当前幼儿教育思潮的,但即便如此,教师才是教育活动顺利且成功进行的关键因素。在方案教学中教师要正确认识并把握好自己的角色与地位,才能成为幼儿探究活动的支持者、合作者和促进者。

由于习惯于传统的教学方式,教师在方案教学活动过程中,常常会有意无意地以活动组织者、领导者的身份出现在幼儿面前,把自己的想法、意愿强加给幼儿,出现了"穿新鞋走老路"的现象。将方案教学活动实施成为"主题教育活动"或"单元活动",这便失去了方案教学的应有之义。

方案教学活动是一种低结构化活动,儿童在方案教学活动的角色地位与结构性教学比较,有着相当大的差别,相应地,教师在方案教学活动中的角色地位也发生了很大的变化。凯兹和查德曾在儿童的学习动机、活动的选择权、专家的归属和学习成就等方面对结构性教学与方案教学进行过比较,详见表7-3。

表7-3　结构性教学活动与方案教学活动的比较

比较项目	结构性教学活动	方案教学活动
动机学习	外诱动机:为教师、奖赏而工作	内发动机:儿童的兴趣与投入,提升努力与动机
活动选择权	教师根据教学进度,选择活动、提供教材	儿童在由教师所提供的诸多活动中,选择适合自己的挑战
专家的归属	教师是专家,关注儿童能力的不足之处	儿童是专家,教师强调儿童已经会的知识和技能
学习成果	教师负责儿童的学习与成就	师幼共同为学习与成就负责

通过表7-3的比较,不难发现教师和儿童在结构性教学活动与方案教学活动之间所扮演的不同角色、所起的不同作用。就教师而言,教师的作用体现在创设环境和条件,激发儿

童的兴趣,提升儿童行为的动机,使儿童能积极投入活动中去;体现在关注儿童已有的经验,尊重儿童自己的选择,以此作为组织和实施教育活动的出发点,在与儿童互动的过程中不失时机地介入儿童的活动,并对儿童提出挑战;体现在与儿童一起学会共同生活,相互交流,认同和欣赏他人的工作等。

在方案教学中,如何摆正教师自身的角色是非常关键的,它甚至可以决定方案教学能否顺利实施,决定着方案教学的效果。那么,教师在方案教学中的角色又是什么,起什么作用。对此,有人认为,在方案教学活动中,教师的角色与作用体现在以下几个方面:[①]

(1)教师是倾听者和观察者,教师要用全身心来倾听幼儿的心声、观察幼儿的行为,了解幼儿的真正兴趣和需要,以此作为制定下一步计划的依据。

(2)教师是记录者,主要记录幼儿的主要活动轨迹,一方面帮助幼儿及时地回忆提醒和反思总结,另一方面通过记录幼儿的思维过程来应对方案教学的不确定性。

(3)教师是关键的课程决策者,在面对着不确定的课程情境时,必须对其中的具有价值的教育时机、教育资源进行选择、开发和发展,这些是课程顺利进行的关键所在。

(4)教师是反思者、研究者,教师要将自己对幼儿的观察记录,作为反思的资料,也作为与其他同事讨论的资料,并且同家长共同商讨,从而积累经验,帮助教师进一步了解幼儿,为幼儿提供合适的环境和材料。

(5)教师是咨询者、引导者和协助者,当幼儿出现问题向教师求助时,教师的作用是引导幼儿自己思考,自己寻找解决问题的办法。教师在活动中总是让幼儿在尽情的玩耍中、尽情的操作中、尽情的观察中完成自己的需求,是幼儿在玩中乐学、乐做。

(6)教师是学习者和合作者,在方案教学活动中教师具有双重身份,既是平等的活动参与者,也是幼儿活动过程的引导者。

二、方案教学活动的指导策略

方案教学活动的指导策略是多样化的,这主要是由方案教学活动本身所具有的开放性特点所决定的。需要指出的是,虽然方案教学的动态性和生成性比较明显,但方案教学也仍然还没有脱离教育活动的范畴。教师在方案教学活动中,其主要的作用是提供丰富的活动资源供幼儿使用,创设适宜的环境激发幼儿的活动,加强与幼儿的交流和研讨,整理幼儿的问题,提供恰当的帮助,并对幼儿的项目活动进行记录等。

(一)资源开发利用策略

在方案教学中,教师的主要任务不是直接呈现知识给儿童,而是引发儿童发现、明确自己的问题。在这种引发和明确的过程中,教师可以使用的资源是多样性的。教师可以使用园所或当地现成的资源,如幼儿园的场地、当地社区的景点等,也可以通过一些具体的途径

① 于冬青,屈迎辉.教师在幼儿园方案教学课程中的角色[J].吉林教育,2002(06).

对现有但不合要求的资源进行改造利用,如对挖掘工具的改造使其具有杠杆支撑的功用等。

家长的参与和社区资源的充分利用,在方案教学中占有重要的地位。一方面,家长和社区各类人员能为儿童提供大量的物品和信息,这些对于主题活动的展开和深入都有好处。另一方面,家长和社区各类人员的活动参与可以真正实现家庭—幼儿园—社区之间的教育协作。在这个大的活动环境中,教师、儿童、家长和其他社区人员会以更加复杂的人际交往态势出现在儿童的周围。与儿童互动的人员具有更多样的经验背景,对问题多多的儿童来说可谓是再好不过的互动环境了。

(二) 师幼互动的策略

"师幼互动指的是发生在幼儿园内部的幼儿教师与幼儿之间的相互作用、相互影响的行为及过程。"[1]师幼互动可以因其参与主体的不同而分为三种,即教师与全班幼儿间的互动,教师与小组幼儿间的互动,教师与个体幼儿间的互动。三种互动又因主导互动的主体不同而分为六种方式,如图 7-2[2] 所示。

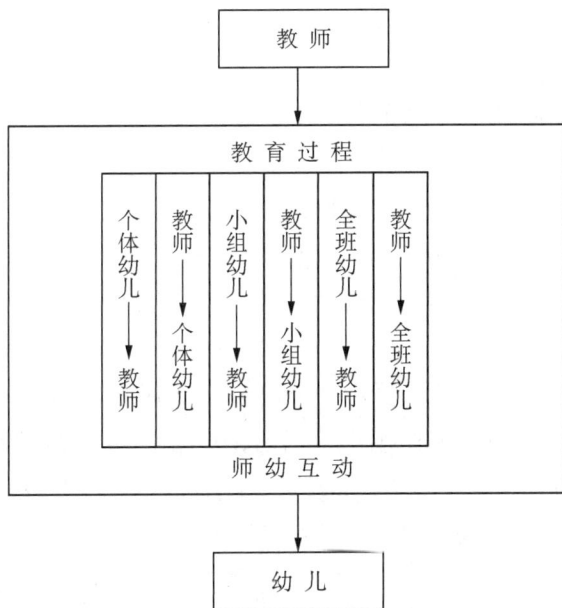

图 7-2　幼儿园师幼互动行为关系示意图

在方案教学活动中,师幼互动的类型是多样化的。所以,师幼互动策略的使用可以依据这一分类来进行。在方案活动进行的过程中,教师和幼儿双方是始终处于积极互动状态之中的。为了使师幼互动策略能够被很好地在方案教学中使用,教师要主动和幼儿进行对话,不断地提醒自己经常跟随幼儿、尊重幼儿和解释幼儿。

---

① 刘晶波.社会学视野下的师幼互动行为研究[M].南京:南京师范大学出版社,2006:21.
② 刘晶波.社会学视野下的师幼互动行为研究[M].南京:南京师范大学出版社,2006:22.

（三）活动总结的策略

在方案活动行将结束的时候,回顾幼儿在方案活动进行过程中运用过的技巧、策略以及幼儿的探索过程,这对教师和幼儿而言都是十分重要的。教师要在活动总结环节,开展一些高潮性的大型活动,让幼儿在活动中展示活动成果,体验活动的快乐。教师可以让个别幼儿讲述自己整个活动的历程,鼓励他们透过口语、肢体、艺术创作等形式去表达或表现自己的完整想法和感受,或者举办全班甚至全园的作品展示会等。

（四）教育记录策略

在意大利瑞吉欧幼儿教育系统中,广泛运用"教育记录"来评价和展示幼儿的活动及其成果,这是一种先进且具有世界影响力的教育活动评价方式。

教育记录是教师通过持续、细心地观察、倾听幼儿,通过采用如笔记本、照相机、录音机、录像机等不同的工具,从不同角度对幼儿在教育活动中自主活动的过程进行原始的资料收集、记录。幼儿所画的一张图片不能被视为是记录,但幼儿绘图的过程,或一连串过程片段作为了解整幅画如何完成的依据,就可以被视为记录。教育记录在方案教学的作用是显著的,主要体现在以下几方面:

（1）教育记录可以诠释幼儿在教育活动中的想法与思考过程,也可以借此评价幼儿。

（2）教育记录可以协助幼儿从活动中进一步加深、拓宽学习的范畴。

（3）教育记录可以帮助幼儿进一步地回忆与记忆。

（4）教育记录可以作为教师的依据,协助教师下一步的规划——深入教育活动。

（5）教育记录可以为家长和社区了解幼儿,与幼儿、幼儿园互动提供机会。

（6）教育记录可以促进师幼互动,促进教师的进一步成长。

教师在整理这些记录时,不仅仅要对这些记录进行选取,同时也要不断地反思,包括对教学策略的思考,对幼儿认知方式的把握,对活动在不同阶段的幼儿的进展状况及对幼儿使用多种符号表征世界的方式等进行诠释和反省,使教师再一次回顾教育活动中的师幼对话和交流,进一步了解幼儿的想法。记录,是指以足够的细节报告成果和表现,并协助他人了解所记录的行为背后蕴含意义的任何相关活动。教育记录的目的在于解释,而非仅是展示之用,记录可用来或不用来作公开性展示,如教室墙壁上展示相片与文字的布告栏;记录也可归档于资料夹,以供日后浏览之用。

思考与练习

1. 什么是方案教学活动? 它有什么特点?

2. 方案教学活动的一般活动环节有哪些?

3. 幼儿在方案教学活动中主要通过什么方式活动与学习?

4. 教师在方案教学活动中发挥什么作用?

附录：方案教学活动案例精选

案例一："鞋子" ①

新学年来临,幼儿园的孩子们穿着新鞋子来到幼儿园,孩子们对各式各样的鞋子产生了浓厚的兴趣。这些鞋子有的会发光,有的有声音,有的带着花边,有的有着特别的样式。这样,教师根据儿童的兴趣开展起方案教学活动——鞋子。

阶段一　起始阶段

儿童在教室里谈论他们的鞋子和他们买鞋子的经历。儿童开始对鞋子产生疑问,提出了一些问题。教师将他们的问题汇编成一个目录,并在方案活动的最初一个星期里不断对该目录进行补充。儿童则绘画,画下他们的鞋子,画下他们买鞋子的经历。教师鼓励儿童去向他们的父母、朋友和邻居要来各种鞋子,因为班级要收集鞋子以供研究之用,儿童或许也得为这个收集出一份力。教师则从她16岁女儿的壁橱里拿来了一些鞋子,并把它们放到了表演区角里。

儿童在表演区角里设立了一个简易的鞋店,并在那里试穿不同的鞋子。教师可以告诉家长这个研究的主题,邀请他们与孩子一起讨论鞋子;也可以邀请孩子把他们所知道的有关鞋子的任何特有的知识告诉给班级里的其他儿童。在第一个星期结束时,教师安排了班级里的一个儿童把他的小弟弟带过来,向全班儿童展示小弟弟的第一双学步鞋。

阶段二　发展阶段

教师和儿童一起讨论他们应该做些什么以解答提出的这些关于鞋子的问题。这些问题主要有:鞋子是用什么做成的? 它们值多少钱? 你怎么知道你穿几号的鞋?

当儿童开始讨论钱时,他们讨论商店店员是如何处理人们买鞋时所付的钱的。一些儿童认为店员把钱送给穷人,有的儿童认为他们把钱带回家使用,有的则认为老板保管了所有的钱。所预测的问题的各种答案增强了儿童的好奇心,也促使儿童渴望更详细地了解在鞋店里发生的事情。

教师安排儿童去一家家庭开的鞋店,这个店就在他们所在的城市里。儿童花了一个星期来为这次旅行做准备。他们确定要调查这家商店的哪些部分,谁负责把商店的这些部分画下来,谁负责向老板和店员问问题和问哪些问题。他们计划通过这个实地远足获得多的必要的信息,从而在他们返回之后把教室里的鞋店弄得更加精美。

围绕特定兴趣,儿童分成五组。他们的兴趣如下:

(1) 现金出纳,一天卖出多少鞋,每天一共收到多少钱。

(2) 鞋子怎样展示在商店橱窗里,在商店里面如何把鞋子展示给顾客看。

---

① 贾伯分·L·鲁普纳林,詹姆斯·E·约翰逊.学前教育课程(第三版)[M].黄瑾,等,译.上海:华东师范大学出版社,2005:238—242.

（3）贮藏室,如何分类整理放鞋的盒子(如男/女/儿童,尺码,正规型/运动型等)。

（4）鞋店店员的职责,所做的事情有哪些。

（5）那里有哪些不同种类的鞋。

（6）所储备的鞋的尺寸、颜色和数目。

（7）这些鞋从哪里来,在哪里提货,提货的频率。

（8）研究儿童带到教室来的鞋子,研究它们的材料,它们的特殊功用及风格、式样、生产厂家的名称。

教师和她的助手轮流和每组儿童进行谈论,谈谈他们想问的问题以及他们想从这些问题中挖掘出什么。儿童在商店里将会收集到一些信息,教师则帮助儿童形成一些记下这些信息的方式。

教师事先与这家鞋店的员工沟通,告诉员工她对这次实地体验的期望,让他们为这次参观做好准备。她简要地讲了儿童希望他们回答的问题,描述了儿童计划要作的画,告诉员工儿童期望在他们工作时对他们进行观察,并描述了这些观察,描述了儿童想仔细察看的物品。

当这重要的一天到来时,鞋店里的三个员工与每组儿童在一起待了20分钟。儿童返回学校时,也有了很多要思考的东西。教师和她的助手引导儿童以大组和小组的形式进行讨论,询问儿童这次参观的情况。

每一组向整个班级介绍他们获得的信息。然后他们打算在教室里设立一个鞋店。小组和个体儿童找出他们要了解些什么,从而明确他们想在鞋店里补充些什么。在接下来的三个星期里,教师与各组儿童讨论他们的进展情况,儿童互相倾听各自的观点,互相提出建议。

孩子们制作了到达鞋店的汽车。他们做了一个在笼子里的鸟,就像他们在那家店里看到的一只鸟一样。他们做了一台电视设备,与他们在鞋店里看到的那台类似。他们为自己鞋店里的鞋做了价目表,在鞋盒上做记号,以便让他们自己能够知道哪些盒子里装着哪些鞋。教师提供了一个小小的现金出纳机,一些儿童为此制作了一些钱。他们绘制了鞋子的轮廓图,是为了让他们商店的顾客能够知道他们自己的鞋码。他们制作了一本书,告诉新店员怎么卖鞋。他们做了一张木凳,让儿童坐在那里等候招待。有时,以上的东西还出现了数个版本,这是因为个别儿童想为鞋店贡献自己的特殊力量。例如,他们特别做了许多鞋子的价目表。

一个被邀请过来的土耳其工人还帮助两个共同来自土耳其的儿童在这个方案活动的背景中使用他们自己的语言,他们用土耳其语制作了鞋子价目表,贴出了用土耳其语写的广告牌和指示牌。

儿童在调查和制作他们想放在鞋店里的物品期间,邀请了一些参观者来到教室里。这所学校的另一位教师是学舞蹈的,她向儿童展示了跳踢踏舞和爵士舞时所用的特殊的鞋子。

有一位父亲是警员。他帮助儿童了解到在寻找罪犯时犯罪现场的鞋印是很重要的证据。参加的另一位家长展示了她在自行车比赛时用的特殊鞋子。

其中一个幼儿的祖父在工作时修过鞋,他能告诉孩子鞋子是怎么做成的以及它们是用什么做的。在这位知识丰富的老人的帮助下,儿童能够知道鞋子的各个部分以及皮革、线、鞋钉、胶水这些做鞋时要用的材料。

哥哥姐姐则向他们展示了其他不同种类的运动鞋：溜冰鞋、滑轮滑冰鞋、马丁博士鞋、滑雪靴、捕鱼时用的防水靴、系鞋带的高尔夫球鞋、来自尼德兰的木鞋、芭蕾舞鞋、来自德克萨斯的牛仔鞋、足球鞋等。

在实地参观中，儿童观看到了把一双鞋卖给一位顾客的过程。他们密切注意买/卖，从卖者的角度和买者的角度来注意整个过程的步骤。他们在自己鞋店里开展买卖鞋的角色游戏时，能够运用这些步骤。儿童很自豪地把几双鞋拿给可能会买鞋的顾客看，丈量他们脚的尺寸，就他们想要的鞋的种类、颜色、他们的心理价位和他们攀谈。然后他们决定买卖是否成交，在买卖结束后把没有卖出的鞋放回盒子里，再放回储存架上。

制作美钞的那些儿童设立了一个银行，这样别人就能用他们做的钱在鞋店里买鞋。他们在钱上标了一行数字，儿童数出他们想花的钱。为了帮助愿意用这些钱的儿童，他们还把价格贴在了鞋盒上。

阶段三 总结方案活动

几个星期以后，孩子们开始对新游戏感兴趣。他们想探索汽车旅行，这种想法在鞋子的方案活动中就已经有了，当一些顾客借助当地的交通系统来到镇上买鞋时，儿童就产生了这种想法。教师安排家长来学校参观孩子们的鞋店，看看孩子们在建造鞋店和玩鞋店游戏的过程中学到了什么。家长还有机会在鞋店里买鞋，接受孩子们的服务。

家长可以观看孩子们的绘画作品、方案活动的相关记录，也可以阅读标注在表征作品和照片上的文字标签和标题，这些标签和标题是教师和儿童写上去的，而那些照片则是为记录下儿童学习的亮点和学习的各个方面而在整个方案活动中抓拍的。在方案活动中，孩子们运用的技能有数数、测量、使用专业词汇、认识颜色、形状和大小、访谈以及其他的技能。他们获得的知识则涉及设计、生产、销售鞋子的过程，而在用于制造不同鞋子和鞋子不同部分的各种材料方面，他们也获得了许多相关的信息。他们也懂得了商店的工作，领会到许多不同的人员都在致力于使人们能够穿上鞋子之类的基本物品，而各种人员的数量则是相互依赖的。活动的最后，那些一起分享儿童活动成果的家长们，毫不怀疑儿童在过去六周的方案活动中进行了有价值的深入学习。

案例二：瑞吉欧方案教学活动"人群"①

期终临近，教师和孩子们一起讨论，怎样在即将到来的暑假留下点纪念。他们经过商量，给家长提出了建议：在外出旅行时，给孩子带上一个空盒子，这样，孩子就可以积攒各种纪念品。

秋天，假期结束，孩子们回到了学校。为了解孩子们的假期经历，教师把孩子们分成小组进行谈话。她提出了假期里你看到了什么、听到了什么之类的问题，老师期待着听到孩子

---

① 屠美如. 向瑞吉欧学什么：《儿童的一百种语言》解读[M]. 北京：教育科学出版社，2012.

们述说在海边的趣闻,和他们谈谈有关船只、海浪、日落的情况。结果这个班的孩子们带来了非常特别的记忆。

一个孩子谈道:"有时候,我们去码头。我们走过一条又窄又长的街道,叫'羊肠街',那儿的商店一家挨着一家,到了晚上,人们来来往往,挤来挤去,你什么都看不到,到处是大腿、胳膊和脑袋。"教师立即抓住了"人群"这个词,询问其他孩子对这个词的理解。就这样,一段有关此话题的学习探索开始了。

孩子们七嘴八舌地表达他所理解的"人群":一个装满人而且全部挤在一起的袋子;一大堆人都黏在一起,而且每个人都靠得很近;有人调到你身上,也有人推你,等等。小组讨论之后,教师要求孩子们画出他们的"人群"。在画出的作品中,教师发现,孩子的图画所表达的与他们口头描述的不一样。见图7-3。

他们是朋友、手拉着手向前走　　　　　　他们像一群企鹅

图7-3　孩子们的作品

这一活动持续了两天,教师也不断地进行反思:为什么会出现这种情况? 怎样帮助孩子将他们不同的象征语言(言语、视觉、声音)结合起来,使其和谐一致? 于是,教师等了两天,她把前天孩子们说话的录音重新放给他们听,将文字记录读给孩子听,再看看他们所画的画,让他们对自己第一次的画作些反思。

孩子们看着画,彼此评论着。教师从孩子们的描述中注意到,他们关于"人群"的概念逐步发展了。如一个孩子对"人群"的描述:"他向左走,向右走,向前走,当他们忘了什么东西时,就向后走。"但她发现她说的与画的不一致:她的画中人都是向前的。她显得有些不安,但她为自己找到了一个巧妙的理由:我只画了那些没有忘记什么的人。一个孩子画的是大家手拉着手向前走,他解释说:"他们是朋友、手拉着手。"这一观点遭到其他孩子的反对:"一群人不一定是朋友,他们有可能不认识。"另一个孩子也遇到了问题:"他画的人都在往前走,而有只狗却是侧面的。在其他孩子的追问下,他承认他只会这样画狗。"还有一些孩子谈到自己的画时说:"如果人们像我画的那样一直朝前走的话,那他们一定会撞墙的。""我们得画一些背面的、侧面的人,不能全画正面的人。"

至此孩子们都表现出一种强烈的愿望:学习如何从背面和侧面画人像。教师全力支持孩子们的想法。他们让一个孩子站在教室的中间,其他孩子从不同的角度对她进行观察,画出她的位置和体态,并且从前后左右四个不同的角度进行描绘。在这一过程中,孩子们学习了从不同的角度去考察和把握事物的基本方法。为了巩固孩子的学习,教师让孩子们在一段时间内,从不同背景中尤其是从背面和侧面观察、研究人的姿态,鼓励孩子们用铁丝、黏土和绘画等各种方式展现他们所看到的人的背面和侧面。见图7-4。

照着这个模特画侧面的人

不同方向的人像

侧面人像

图7-4　孩子们从不同方面画的人像

教师多次把孩子们带到学校外面。在市镇中心,孩子们不仅观察和拍摄繁忙街道上熙熙攘攘的人群,还汇入人群,在其中去观察、感受和体验人群。教师还带着孩子们从高处、远处、近处等各个不同的角度去观察、感受人群,获取直接经验。见图7-5。

图7-5　带孩子从不同角度观察人群

几天后，活动的幻灯片制作出来了，并投射到墙上。教室的墙壁变成了一个城镇的广场，孩子们玩起进入广场，和墙上的"人群"交往的游戏（见图7-6）。孩子们还在教室中扮演着各种不同角色，在"人群"中穿梭行动。教师不断鼓励孩子们做各种有关"人群"的游戏，以各种方式贴到先前的画中，重新组合成"人群"。见图7-7。

图7-6　玩有关"人群"的游戏

图7-7　重新组合的"人群"作品

最后，孩子们用流水作业的方式，分工合作，制作黏土人物模型，并组合成了一个规模庞大的团体——人群。见图7-8。

图 7-8 制作黏土人群

第八章

区角活动的设计与指导

本章内容纲要

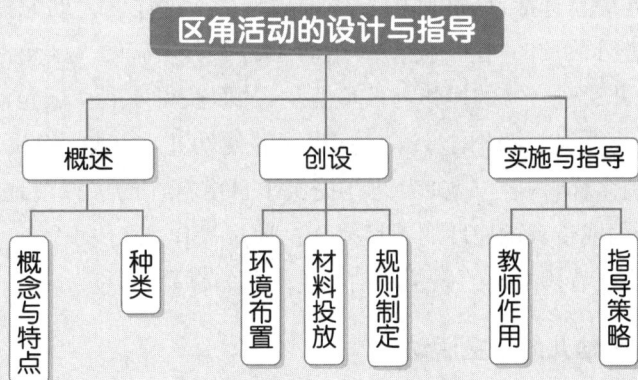

```
                区角活动的设计与指导
       ┌────────────┬────────────┬────────────┐
     概述           创设              实施与指导
    ┌──┴──┐    ┌────┼────┐        ┌────┴────┐
  概念     种      环    材   规        教          指
  与       类      境    料   则        师          导
  特              布    投   制        作          策
  点              置    放   定        用          略
```

第一节　区角活动概述

《幼儿园教育指导纲要(试行)》中指出:"为幼儿探究活动创造宽松的环境,让每个幼儿都有机会参与尝试,支持、鼓励他们大胆提出问题,发表不同意见,学会尊重别人的观点和经验。支持和引发幼儿的操作摆弄、探究、实验、制作等活动,引导他们通过自己的发现主动建构有关的知识经验。"区域活动适应了《幼儿园教育指导纲要(试行)》的理念,颇受当前幼儿园的重视,它力求给予幼儿创设积极的活动环境,使幼儿在其中自主、自愿地进行活动,切实满足了幼儿的身心发展需要。

一、区角活动的概念与特点

区角活动,也称区域活动、活动区活动,是指以幼儿的需要、兴趣为主要依据,考虑幼儿园教育的目标和正在进行的其他教育活动等因素将活动室或者教室划分一些区域,如积木区、表演区、科学区等,在其中投放一些适合的活动材料,制定活动规则,让幼儿自由选择区域,在其中通过与活动材料、同伴等的积极互动,获得个性化的学习与发展。[1] 区角是根据幼儿的兴趣与能力,在活动室设计出丰富的情境,提供多样化的材料,让幼儿自主探索和游戏的空间。

区角活动最重要的特点就是创造能鼓励幼儿自由选择、大胆操作、大胆探索的环境,更好地促进幼儿身心全面和谐的发展,让他们的需要真正得到满足。区角活动对幼儿来说,是一种自主活动,活动的类型是幼儿感兴趣的,他们可以自己决定玩什么、怎么玩。为了实现一定的教育意图和要求,教师可以通过创设区角并投放材料来影响幼儿的自主活动行为,激发幼儿对周围环境的兴趣,积极实践、操作探索,促进幼儿全面和谐的发展。幼儿园区角活动具有两个方面的鲜明特点。

(一)区角活动是幼儿自愿选择的活动

区角活动是幼儿的自选活动,教师的直接干预较少。这样就为幼儿提供了更多的按照自己的兴趣和能力进行活动的机会,便于满足幼儿的个别化需要。区角活动打破了传统的集体授课形式,让幼儿通过自身的操作与环境互动,从而获得发展。区角活动能给幼儿提供更多的活动机会,无需受到"集体同步"的约束,能够使幼儿在轻松、愉快、自愿的状态下活动。而区角活动材料多样,内容丰富,为幼儿提供了自由自在的选择余地,幼儿可以选择自己喜欢的、自己擅长的或带有挑战性的项目操作。通过操作,赋予每个幼儿成功感。所以这种既适合幼儿的能力又有挑战性的区角活动深受幼儿的喜爱。

(二)区角活动是幼儿的自主活动

区角活动具有自由、自选、独立而协作的特点。以区角活动为手段培养幼儿的自主性是

---

① 王春燕. 幼儿园课程概论[M]. 北京:高等教育出版社,2010:185.

非常恰当的。幼儿在没有压力的环境中做做玩玩,生动、活泼、自主、愉快地活动,潜移默化地学习,更多地体验到成功的乐趣。幼儿的自主学习能力并不是由教师直接教会的,而只能通过幼儿在自由自主的探索学习中获得快乐的情感体验才能培养发展起来。所以,在区角活动中,教师更多地将着眼点放在幼儿的活动态度上,放在幼儿的活动过程中,去关注幼儿一点一滴的进步。教师不直接把答案告诉幼儿,而是尽量让幼儿自己去探索、自己去发现。这会使幼儿在轻松自在的气氛中,个性得到显现和张扬,充分调动和激发其自我潜能。

二、幼儿园常见的活动区角

幼儿园的活动区角是根据幼儿活动的趣向来创设的,具有重要的教育功能。幼儿园常见的活动区角有美工区、积木区、科学发现区、角色表演区、益智区、阅读区、自然角、体育活动区、玩水玩沙区和种植养殖区等。这些区角有些是创设以后长期存在供幼儿活动的,如自然角;而有些则是要不断变换其中的材料,创设不同的活动环境,支持不同的活动内容的,如阅读区;特别是角色扮演区,需创设各种生活场景供幼儿扮演角色开展活动,因此教师要经常变换生活场景,如这段时间创设银行,过一段时间创设医院,再后来创设娃娃家等。

(一) 美工区

美工区是让幼儿进行美术和手工制作的活动区。在幼儿园大、中、小班都可以创设的一种活动区角,由于该区角活动材料丰富有趣,能够引起幼儿的兴趣,能够开展丰富的自主活动,因此受到幼儿园小朋友的广泛欢迎。

美工区的作用主要体现在以下几个方面:

(1) 学习观察和感受周围事物,并用美工材料表达个人情感和思想。

(2) 提供接触各种材料的机会,使幼儿了解各种材料的特性。

(3) 通过剪、贴、揉、拍、画等技巧,发展幼儿的手眼协调能力和精细动作。

(4) 在运用各种颜色及设计过程中,培养美感,发展创造力、想象力和不拘一格的表现力,体验成功。

(5) 培养发现问题、解决问题的能力,进而获得自信与独立能力。

(6) 在展示自己与欣赏他人作品的经验中,培养尊重自己,也尊重他人的良好品格。

(7) 在静态活动中,获得放松自己的机会,以促进身心健康发展。

美工区里的材料也是广泛而丰富的,需要教师花费时间与精力去收集、准备,务求充实、充分。一般来说,常见的美工区活动材料,如表8-1所示。

表8-1　美工区投放材料一览表

美工区	材料	具体内容
	颜料	水性颜料、手指画颜料、染料、水性彩色笔、蜡笔、粉笔等

材料	具 体 内 容
工具	画架、黑板、剪刀、针和线、糨糊、订书机和订书针、打洞机、透明胶、双面胶、纸夹、回形针、橡皮擦、铁丝、细绳、纱线、绷带、塑料挤压瓶、有盖的小罐子、点心盘、碟子、刷子、海绵块、牙刷、网眼布等
纸类	素描纸、白纸、卡纸(各种颜色、大小和质地)、旧报纸、牛皮纸、玻璃纸、贺卡、明信片、厚纸板(平的、瓦楞的、盒状的、管状的)、咖啡滤纸或蕾丝纸、纸盘、泡沫塑料或蛋糕盒、卫生纸、包装用纸、旧杂志、月历和生活照片等
剪贴材料	坚果和种子、珠子、瓶盖、包装纸或包装布料、时钟和手表的零件、和电脑相关的废旧物品(光盘)、五彩碎纸、棉球、蕾丝纸、蛋壳碎屑、碎布料、皮革、花、亮片、纱网、旧饰品、回形针、档案夹、橡皮筋、皱纹纸、毛根、缎带、鞋带、线、绳子和麻绳、牙签、拉链、挂钩等
塑型材料	黏土、面团、胶土、玉米粉土、橡皮泥、熟石膏等
配件	字母和饼干模型、黏土板和锤子、擀面棍、塑胶刀和叉子、塑料刀等
手工材料	羽毛、纽扣、纸筒、布块、毡块、麻布、毛皮碎片、塑料布块、旧袜子、吸管等结构性和非结构性材料
其他材料	罩衣、大的布块、抹布、垃圾桶、扫帚等

美工区可以开展的活动是丰富多彩的。有平面美工活动,有立体造型活动,还有各种小制作活动等。

(1)平面造型活动:绘画,自然材料的剪贴、撕贴,拼图活动,剪纸等。

(2)立体造型活动:捏泥,和面团,剪纸,黏土制作等,自然材料造型如豆画、石画等。

(3)小制作活动:利用废旧材料如纸盒、易拉罐、纸杯等从事制作活动和造型活动,结合节日活动制作装饰物如彩环、灯笼等,结合主题活动开展创作与制作活动等。

(二)积木区

积木区是让幼儿操作积木,进行自由建构和组合活动的活动区角。积木区是幼儿十分喜欢的活动区角,幼儿在积木区用积木搭建物件和建筑,能够发展幼儿的感知觉,促进幼儿动手能力的发展。

积木区的作用主要表现在以下几个方面:

(1)发展幼儿的建构能力,学习建构技法。

(2)发展幼儿的空间知觉,认识基本形状、数量关系。

(3)学习尝试各种不同的建构材料、方法、设计,激发幼儿的创造力、想象力。

(4)学习基本的数概念。

(5)幼儿之间分工合作,共同设计、建构,共同游戏,促进幼儿合作能力的发展。

(6)培养幼儿的社会性,发展幼儿的交流表达能力以及解决问题的能力。

积木区往往处于活动室的一个拐角,占用面积较大,与其他区角可以用柜子或其他材料隔开。一个积木区常用的积木材料形状各异,大小不一,详见表 8-2。

表 8-2 积木区投放材料一览表

	材料	具 体 内 容
积木区	单位积木	大型空心积木,斜面积木和板,混合积木,小型积木,硬纸板积木,在鞋盒或牛奶纸盒表面蒙上布或纸制成的积木。如进行具体分类,主要包括小方块、基本块、双倍块、四倍块、方柱块、小方柱、小三角、三角块、小圆柱、大圆柱、小路、大拱璧、桥形块和小半圆形、半拱门、小拱璧、大岔路等
	辅助材料	地毯块、板、硬板纸块、旧床单、毯子、有机玻璃块、塑料泡沫块、大小不等的箱子、塑料管、线、玩具小人、交通标志、餐巾纸卷筒、城市地图、贝壳和石头等材料

(三) 科学区

科学区是幼儿利用材料和自然事物进行科学探索活动的活动区角。幼儿在科学区通过观察、实验、操作等方式,发现问题、提出问题并解决问题。科学区的主要作用是引导幼儿进行科学探究,培养幼儿的科学意识和解决问题的能力。

科学区对幼儿发展的作用主要有以下几个方面:

(1) 激发幼儿的科学兴趣,学习运用多种感官感知事物,发展幼儿的观察力。

(2) 初步了解人与自然的关系,增强幼儿的环境保护意识。

(3) 提供尝试、探究和实验的机会,实地操作,解决问题,获得知识,形成概念。

(4) 促进幼儿主动发现问题、解决问题,体验发现事实、解决问题的成功喜悦。

表 8-3 科学区投放材料一览表

	材料	具 体 内 容
科学区	科学探索材料	动物笼、水族箱、捕虫网,植物、种子和球茎,小动物、玻璃缸、盆子、望远镜、三棱镜、地球仪、人体模型、磁铁、放大镜、X 光片、听诊器,金属和非金属物品、球、镜子、透镜、万花筒、手电筒、管子温度计、滑轮、齿轮和轮子,土壤、石头、漏斗、筛子、水壶,滤锅、透明的塑胶管、吸管、海绵、杯子、勺子、水桶、小铲子、漏斗、电池、电路板、地图等。还可以收集各种自然事物如树叶、树枝、贝壳、骨头、皮革、果实、种子等
	辅助材料	安全剪刀、订书机、订书针、打点器、打洞器、糨糊、胶水、橡皮筋、铁丝、细绳子等
	拆解桌	电话、录音机、立体音响、随身听、录像机、电话答录机、照相机、时钟、收音机、护目镜,镊子、螺丝、起子、装零件的容器,纸张和彩色笔等

(四) 益智区

益智区主要是幼儿进行智力与操作小游戏的活动区角,它可以锻炼幼儿的手部肌肉,促进幼儿思维能力的发展。

益智区的作用主要有以下几个方面:

(1) 在操作中幼儿获得感官满足,并增进手眼协调、手指灵活及小肌肉发展。

(2) 在游戏中感受数、量、形,在操作中建立初步的数感。

(3) 在探索中养成主动思考的习惯,提高解决问题的能力。

在益智区,幼儿可以进行下棋、打牌等游戏活动,也可以进行拼图、建构物件等操作活动。通过小游戏和操作活动,幼儿既能获得感官满足,又能锻炼手部肌肉,还能发展智力。

表 8-4　益智区投放材料一览表

	材料	具 体 内 容
益智区	开放性玩具	毛毡板、乐高积木、彩色立体方块、珠子、穿线洞洞板、数数棒、镶嵌玩具(如雪花片)、拼花地板木块、小型花纹积木等
	合作游戏玩具	乐透纸牌、配对玩具、纸牌玩具、桌面玩具、棋类游戏玩具、骰子等
	结构性玩具	魔方、小拼图、大型地板拼图、练习板、甜甜圈玩具、盒子、杯子、架子和圆柱等

(五) 图书阅读区

图书阅读区是通过语言活动,激发幼儿语言活动兴趣,提高幼儿语言能力的活动区角。在图书阅读区,幼儿可以阅读图书、听故事,开展朗诵、演讲等活动。

图书阅读区的作用有以下几个方面:

(1) 练习听、说、读、画基本技能,养成听、说、读、画良好习惯。

(2) 培养阅读兴趣,掌握阅读方法,形成阅读习惯。

(3) 在看、听、读的过程中,培养幼儿的语言表达能力和审美能力。

(4) 运用语言表达个人情感、需求、意愿和观点,促进幼儿相互了解、相互沟通、相互影响、相互学习。

在图书阅读区,幼儿可以读书,看报纸、杂志,看、听故事,画故事情节,还可以朗诵、演讲、认识简单的汉字等活动。幼儿通过这些语言阅读活动,促进其语言能力的发展。

表 8-5　图书阅读区投放材料一览表

	材料	具 体 内 容
图书阅读区	阅读材料	各类纸质图书、报纸、杂志、图片、标识、月历、卡片、明信片、书信等
	音像材料	录音机、播音机、影碟机、录音带、VCD、CD、DVD、耳机等

续 表

	材料	具体内容
	书写印刷材料	各种铅笔、彩色笔、粉笔、蜡笔、黑板、画板、夹板、模板、印章、印泥、复印纸、白纸、书面纸、复写纸、笔记本、打孔机、订书机、糨糊或胶棒、旧的挂历、剪刀、回形针、削铅笔机、字母贴条等
	其他	桌子、椅子、沙发、凳子、抱枕、地毯等

（六）角色扮演区

角色扮演区是让幼儿在创设的生活化的活动区里开展角色扮演游戏活动,通常扮演区创设的生活活动区有餐厅、银行、娃娃家、医院、超市、邮局、车站等。角色扮演区创设的生活场景多是幼儿日常生活场景,为幼儿所熟悉和常见。

角色扮演区的作用有以下几个方面:

（1）帮助幼儿了解人际关系,通过不同角色身份的扮演,发展幼儿的社会性。

（2）帮助幼儿学习友好交往的技能。如轮流、分享、协商、互助、合作等。

（3）培养幼儿大胆表达个人意愿、情感、见解,能相互沟通,发展语言交流能力。

（4）发展表征能力,如能以物代物,激发想象力及能创造性地反映现实。

（5）学习适度表达个人情绪,了解他人情感,调整与伙伴间的相互行为关系。

角色表演区一般需要的空间比较大,以便于幼儿活动时走来走去,大声交谈。因此,一般布置在活跃的区域而远离安静的区域,也可以利用家具、柜子和纸箱等将其与其他区角隔离开。

角色扮演区由于创设的生活场景是多种多样的,因此所需要的材料也是不同的,教师创设什么生活场景,就需要积累什么材料来投放布置。

角色扮演区开展的活动基本是角色扮演游戏活动,幼儿在生活化的活动区角里开展这些活动,既熟悉了生活,又锻炼了交往与社会生活能力等,是幼儿十分喜爱的活动区角。

表 8-6 各种角色扮演区投放材料一览表

	材料	具体内容
角色扮演区	娃娃家	家具,如床、小型桌椅等;娃娃、娃娃用品,如各式服装、奶瓶、各种饰物、梳子、毛巾等;家用电器,如电视机、电冰箱钟表、电话等;厨房用具,如炉灶、锅、碗、铲、勺、碟、壶、杯子、筷子;各种食物,如蔬菜、食品、水果等
	医院	视力表、听诊器、血压计、体重计、针玩具筒、绷带、空药罐、床、垫子、毯子、椅子、病历夹和纸夹板、护士服、护士帽、口罩、手电筒、洋娃娃、棉签、担架等
	超市	购物篮、购物车、食品盒、罐头、不同区域的标示牌(肉类、蔬菜类等)、玩具食物,纸袋、价钱标签、标语、货架、收音机、胶带、玩具钱或塑料钱,折价券和超市广告单等
	理发店	镜子、剪刀、梳子、电吹风、脸盆、围布、卷发器、洗发水、发屋标志、发型图像等
	其他	略

(七) 音乐表演区

音乐表演区是通过艺术氛围营造,引导幼儿开展音乐艺术表演等活动的区角。在音乐表演区,幼儿可以使用乐器演奏、歌唱歌曲、表演戏剧舞蹈、进行情景表演等活动,满足幼儿的活泼好动需要,促进幼儿的艺术发展。

音乐表演区的主要作用有以下几个方面:

(1) 提供幼儿表演活动的舞台、材料和道具等条件,满足幼儿活动需要。

(2) 营造艺术氛围,激发幼儿音乐表演等方面的兴趣。

(3) 在各种音乐表演等活动中,可以发展幼儿的艺术感知力、表现力和创造力。

幼儿在音乐表演区的活动主要有:音乐欣赏活动、演唱活动、情景表演活动、戏剧表演活动、音乐律动与舞蹈活动等。

表 8-7　音乐表演区投放材料一览表

	材料	具体内容
音乐表演区	乐器	大小鼓、铃鼓、碰铃、摇铃、口琴、电子琴、砂槌、三角铁等
	道具	斗篷、头饰、扇子、彩带、丝巾、木偶、玩偶等
	辅助材料	录音机、影碟机、录音带、VCD、CD、DVD、耳机等

(八) 玩沙玩水区

玩水玩沙区一般设置在户外,便于清洁。玩水区和玩沙区相邻,方便幼儿取水。玩沙区和玩水区最好是沙池子和水池子。

玩沙玩水区的主要作用有以下几个方面:

(1) 帮助幼儿认识自然物的性质。

(2) 满足幼儿摆弄物体的愿望,激发他们的探索精神,培养他们的自主性。

(3) 在玩沙玩水游戏中,区别干湿、冷热、粗细、多少、深浅等不同的概念。

(4) 活动后的收拾整理,培养幼儿清理、打扫的技能与习惯。

表 8-8　玩水玩沙区投放材料一览表

区域	具体材料
玩沙区	沙子、塑料轿车、玩具船、卡车、汽车、货车、小木人、塑料人、石头、木片、锅、碗、盘、杯、食物盒、各种容器、塑料挤压瓶、纸巾筒、匙子、铲子、勺子、筛子、滤器、漏斗、量杯和量匙、天平、罩衣、扫帚等
玩水区	自来水、塑料船、水车、塑料人、塑料管子、喷水罐、木刨花、木棍、浮木、海绵、肥皂、模型、放大镜、小旗帜、羽毛、吹泡泡的器材、防水围裙等

(九) 自然角

自然角是布置在活动室靠窗户的地方或者阳台有阳光的地方,是幼儿观察自然植物和动物生长的活动区角。

自然角的主要作用有以下几个方面:

(1) 将周围环境和广泛的自然物有选择地、集中地、分层次地、显明地展示于幼儿的眼前。

(2) 培养幼儿细致观察的能力,使幼儿自由地操作和探索。

(3) 培养幼儿对大自然的积极情感和态度,以及爱护自然、保护环境的意识。

表 8-9 自然角投放材料一览表

分类		具 体 内 容
自然角	植物	各种当地常见的花、草、藤、蔬菜、小植物等,栽种用的盆子、架子等
	动物	各种当地常见的小动物如蚕、虫子、乌龟等,养动物用的笼子、网格箱、盆子、玻璃缸等

(十) 种植养殖区

种植、养殖区类似于自然角。自然角设置在活动室内或阳台,其空间太小,不利于种植养殖。所以需在户外或室外阳光充足、土壤较好的地方设置种植养殖区,以自然状态种植与养殖动、植物。幼儿在种植养殖区可以长期种植大型植物、养殖动物,用以观察和研究。

种植养殖区的主要作用有以下几个方面:

(1) 有选择地将周围环境和广泛的自然植物和动物集中地、鲜活地展示于幼儿的眼前。

(2) 幼儿能够长期观察,了解动植物生长过程,获得一些自然常识并增强幼儿的观察力。

(3) 培养幼儿对大自然的积极情感和态度,以及爱护自然、保护环境的意识。

表 8-10 种植养殖区材料一览表

区域		具 体 材 料
种植养殖区	种植区	几块松软的土地,各种当地常见的花、草、树木、藤、蔬菜、瓜果等植物,栽种用的盆子、架子、栅栏等
	养殖区	各种当地常见的小动物如鱼、鸟、乌龟等,养动物用的水池、笼子、小屋、栅栏、盆子、水缸等

第二节　区角活动环境的创设

陈鹤琴先生认为:"怎样的环境,就得到怎样的刺激,得到怎样的印象,教育上的环境,在教育的过程中起着重要的作用。"《幼儿园教育指导纲要(试行)》也指出:"环境是重要的教育资源,应通过环境的创设和利用,有效地促进幼儿的发展。""幼儿园的空间、设施、活动材料和常规要求应有利于引发、支持幼儿的游戏和各种探索活动,有利于引发、支持幼儿与周围环境之间的相互作用。"区角活动环境的设置是区角设置的核心问题。我们既要提供一个有准备的精心设计的、有序的区角环境,又要提供开放的、变化的、有多种探索发现机会的环境;既要有幼儿个别活动的活动区域,又要有集体活动的空间;既要有活动室环境的整体布局,还应有细节的暗示及空间的动静区分等。区角活动环境的创设一切都是为幼儿服务的,使幼儿在其中充分活动、和谐发展。

一、区角活动环境的布置

活动区角空间布置是教师根据活动需要,在活动室内外布置活动区角,规划活动空间。在"某省一类幼儿园评估指标体系"中就有规定:"每个幼儿班必须创设 5 个以上的活动区角,为幼儿提供充足的成品和半成品操作材料,确保每个幼儿都有机会和条件参与区角活动。每班每天安排 5 个以上区角活动,采取多种形式引导全班幼儿积极参与尝试和探索,能根据幼儿的兴趣、教育目标、教育内容、活动进度、季节等因素及时增减、更换。每班每天室内自主游戏不少于 1 小时。"

在小小的活动室内,要布置多个区角,还要留有空间让幼儿走动或集体活动,这就需要教师精心设计,合理布局,充分利用活动室空间来创设区角环境。

(一) 活动区角之间要明显分隔开来

不同的区角是不同的活动环境,区角之间分隔开来,有利于幼儿自主活动,而不相互干扰。教师在分隔区角时,可以利用各种现有的事物,如用放置玩具的柜子或布帘分隔,用矮屏风或小篱笆分割空间,或者用地毯、地板明确区分区角等。有研究表明:过于拥挤的环境有可能增加幼儿的攻击性行为,减少幼儿的社会性交往活动,使观望、旁观、不主动参与活动的幼儿人数提高。因此,教师在区角空间布置时,一定要留出通道和一定空间,既便于幼儿走动,也避免幼儿拥挤。

区角空间的分隔布置,也可以根据实际情况进行动态调整,这就需要教师布置一些活动性的分隔栏,在需要时能够及时调整相邻区角之间的空间大小,以利于幼儿的兴趣活动。如在美工区与科学区之间挂上布帘,当美工区人数剧增、科学区人数不多时,可以移动布帘,将原来科学区的空间的一部分暂时移给美工区,这样既满足了美工区幼儿活动需要,又充分利用了有限的区角活动空间。

(二)活动区角空间布局要合理

活动区角是幼儿活动的空间,区角布局的合理性直接影响区角活动的有效性,合理的布局不仅发挥了每个区角的重要功能,也促进了相邻区角之间的积极互动。在区角布局上,教师除了要考虑干湿分开、动静分开、方便畅通和就近规划外,还要注意封闭性与开放性结合、空间大小不同、空间拓展、避免"死角"等问题。

区角活动有主动或主静的,有用水或不用水的,有独立或合作的,有易脏或干净的等。如主静的区角有科学区、益智区、阅读区、美工区等,而主动的有角色扮演区、表演区、积木区等。在设置区角空间布局时,要将动静区分开,以免相互干扰。如图8-1所示。

图 8-1 活动室区域划分示意图

(三)活动区角之间要保持道路畅通,留有一定的空场地

活动区角空间布置,教师需要综合考虑幼儿的活动和需要,还要考虑幼儿的走动,因此区角布局要首先合理合适,尽量避免幼儿相互干扰和碰撞。区角空间布置,至少预留三分之一的空间,还要保留通畅的走道,有利于幼儿从这个区角到那个区角的活动。另外,区角的布置还要保持一定的开放性,不要过于封闭,否则不利于教师的观察与指导。

当幼儿园活动室空间不够时,也可以暂时利用走道、过道、阳台或者门厅甚至院内空间来设置区角,以满足幼儿的活动需要。详见下图所示。

图 8-2 过道上的区角

图 8-3 阳台里的区角

图8-4　门厅里的区角　　　　图8-5　屋顶平台上的区角

(四) 区角环境布置要温馨、和谐、富有童趣

区角环境的创设与布置,除了要结合幼儿园的实际情况,教师还需考虑设置的大小、形状、结构等,更主要的是在视觉上就能刺激幼儿参与活动的兴趣,每个区角设计要与活动目的相适宜,区角的环境布置要具有生活性、情境性和新颖性,以吸引幼儿主动到区角来活动。

二、区角活动材料的投放

活动区角的环境创设与活动开展都离不开材料的投放,幼儿的区角活动更是受到材料的影响。因此区角环境创设中材料的投放至关重要。

(一) 材料投放确保安全环保,丰富多样

(1) 保证投放的材料是安全环保无害的。一方面教师提供的材料要足量,能够满足幼儿活动需要;另一方面,就是要保证材料的安全卫生。如废旧材料的利用,必须在使用前进行消毒处理,防止有害物质或病菌的残留,而"小医院"就绝对不能够使用废旧医疗器械。

(2) 要提供丰富多样的活动材料。一方面,材料随着不同活动内容而不同;另一方面,同一活动内容,材料也需多种多样。

> **案例:阅读区的材料投放**[①]
>
> 在阅读区,有的幼儿喜爱一本图画书,看了又看,把里面的细节都找出来,有的幼儿喜爱看老师刚讲过的图书,有的幼儿喜爱独自翻阅图书,有的幼儿喜欢合看一本书,有的喜欢表演,有的喜欢绘画。因此,阅读区材料的摆放要有合有分,书架上既应有几个星期前幼儿爱看的图书,也应有本星期刚讲过的书;在展示架上,每周还要放上将要看的新书,以及幼儿扮演故事角色的照片、绘画、记录等。当一个新主题出现时,教师还应及时提供与主题相关的图书,并采用集中展览的方式供幼儿挑选。在阅读区内,如果不加挑选就陈列图书,主要摆满就是,从开学到学期结束也不变换,这样只会导致所陈列的图书无人问津或被破坏。

---

① 朱家雄.幼儿园教育活动设计与实施[M].北京:高等教育出版社,2008:79.

（二）材料投放要具有层次性和适宜性

幼儿因个体的差异，会对事物不同的认识，其操作与利用材料也可能大相径庭。因此，教师在投放区角活动材料时，要在同一区角，投放不同层次的材料，以满足不同幼儿的个性需要。

（1）不同年龄的幼儿区角活动材料投放差异显著。同样的区角，大、中、小班的活动材料以及环境布置有很大差异。如阅读区，小班幼儿阅读的图书要画面简单，颜色鲜艳，以家庭生活、幼儿园的生活、小动物的内容为主，情节不宜复杂，篇幅不宜太长；中班幼儿可以阅读一些有关日常生活和人物方面的图书，图书的篇幅可以有所增加；大班幼儿则可以阅读配有简单文字的图书，图书内容的科学性可有所增加，可以提供较多的知识书和一些寓言故事。再如"数学区"，大、中、小班都有，但材料和功用差别明显，见表8-11。

表8-11 大、中、小班数学区材料及内容①

班级	活动名称	材料提供	活动目标	活动提示
大班	自然测量	底板两块，长颈鹿、大象、熊猫、小鸡、小白兔图片，树叶，小棒，小圆片若干，记录纸一张	用树叶、小棒、圆片等材料测量动物身高，能用正确的方法进行测量	1. 将两块底板拼在一起 2. 将小动物放在规定的线上 3. 用小棒、树叶、圆片当测量工具测量小动物身高 4. 及时记录测量结果
中班	小熊找东西	大小不同的材料（玩具熊、面包图片、椅子、玩具碗各五个）	1. 通过操作，了解从大到小、从小到大的排序 2. 培养幼儿一一对应的能力	1. 将箩筐里的小熊从大到小或从小到大排成一排 2. 将椅子、碗、面包一一对应地排列在玩具熊的下面
小班	三色猫	操作盒（月饼盒上贴红、黄、蓝小猫，小猫口处挖空），红、黄、蓝三色小鱼	1. 感知颜色配对 2. 发展手指小肌肉 3. 学说一句话："×小猫，请你吃×小鱼"	1. 从方盒里取一条鱼放入同色小猫口里 2. 边放边说："×小猫，请你吃×小鱼" 3. 打开盒子，检查盒里小鱼是否放置正确

（2）在相同的年龄班级，同一区角也要投放不同层次的材料，以适应同一年龄层次不同幼儿的需要。

① 林佩芬.幼儿园区域活动的实践与研究［M］.宁波：宁波出版社,2004:60.

> **案例：科学区"图形拼拼拼"**
>
> 在科学区活动"图形拼拼拼"中,教师投放了三个层次的材料。第一层次的材料是现成的瓶盖、小棍,用瓶盖和小棍拼简单的图形,可以适应一部分幼儿的发展水平。第二层次的材料有各种不同形状的图形,可以满足较高发展水平的幼儿,用不同图形拼摆,发现图形中的组合变化。第三层次的材料,是在此基础上,添加白纸,鼓励幼儿把自己拼摆的图形记录下来。

(三) 活动区角材料要及时更新

活动区角的材料要有动态性,教师应根据幼儿的需要和兴趣,及时更新。一些活动区角的材料投放时间过长,一开始幼儿很感兴趣,但时间长了就会慢慢失去兴趣,最后这些材料就成了摆设。因此,区角的材料需要定时更新,增加一些新的材料,删减一些不用的材料,这样就会激发起幼儿的活动兴趣。

> **案例：美工区材料的更新①**
>
> 美工区,幼儿进行竹根装饰彩绘。教师观察到大部分幼儿只是在根据竹根的自然形状对竹根进行简单的装饰时,就适时地增添了棉花、橡皮泥、小细管等材料。新材料立即引起了幼儿的兴趣,他们纷纷拿起竹根,利用教师投放的新材料,进行新的探索。有的幼儿把竹根装饰成长长的"龙",有的幼儿利用橡皮泥将竹根装饰成一台"机器人"……

(四) 投放材料要方便幼儿拿取和收拾

幼儿年龄小,个子不高。活动区角里投放的材料要能够让幼儿方便取用。因此教师在选用柜子和架子时,要考虑幼儿的身高,不能把材料放在高处,否则幼儿无法取用。另外,材料要开放式地存放在架子上,以方便幼儿查看和拿取。材料的投放还要有规律地放置,以便于幼儿寻找并整理归位。总之,教师投放材料的目的是给幼儿玩、用,而不是摆设。因此对于投放的材料,幼儿要能够很容易地取用和收拾整理。否则,材料就会被束之高阁,不能发挥功用。

三、区角活动规则的制定

适宜的规则是区域活动有序开展的重要保障,是规范幼儿行为的准则,对于增强幼儿的自律行为、规则意识和责任感具有重要意义。区角是幼儿活动的小区域,无论是区角材料的

---

① 秦元东,王春燕.幼儿园区域活动新论:一种生态学的视觉[M].北京:北京师范大学出版社,2008:143.

使用,还是进入区角的人数,抑或区角的活动,都需要有合理的规则来协调,以保证区角活动的顺利开展。活动区角的规则并不都是预先制定好的,有些需要教师和幼儿在活动中议定,还有的则是幼儿们自己协商出来。

活动区角的规则一般包括五个方面的内容:①进区角的人数规定;②进区角活动的时间规定;③操作活动的方法提示;④行为要求;⑤游戏的规则。

(一) 区角活动规则的制定方式

区角活动规则并不是教师一步到位地制定出来让幼儿遵守的,而是在区角活动中逐步完善、逐步到位的。当规则制定出来,就要加强宣传教育,以各种方式提醒和暗示幼儿了解规则,形成遵守规则的好习惯。

其一,教师在区角环境创设时,制定规则。这些规则往往是保障幼儿活动安全、卫生和秩序的重要前提,因此教师要求幼儿务必遵守。如使用玩具要注意安全、卫生;进入图书区要保持安静,不得喧哗;玩水区要注意不要将水撒泼到别人身上等。

其二,在活动过程中,产生规则。当区角活动中出现幼儿自行无法解决的问题时,需要教师介入,了解情况,与幼儿一起协商,共同议定规则,通过议定或修改规则来解决问题。当然,在活动过程中,幼儿也会自己协商,从而商定规则,推动区角活动的顺利开展。

案例：玩沙区的困扰——怎样能使自己的作品保存下来[①]

在玩沙区,幼儿玩得很尽兴,但每次的作品却无法保留下来,为此幼儿非常苦恼。当让幼儿动脑思考这个问题时,幼儿的答案是多种多样的:"收玩具时,我们自己踩坏了""别人把我的踩坏了""我挖了一个洞,可一会儿它自己塌了"……"那怎么才能使你们的材料保持更长久呢?"最后经过探索,很多幼儿把他们所思考的答案告诉我:"玩时小心一下就不会弄坏别人的作品了""建的时候要牢固些,就不会坏了""收玩具时从沙池旁边走就不会弄坏""在沙池中建一条路让小朋友走,就不会踩坏了"……在大家的建议下,最后制定了保护作品的方法和区域中的规则。

(二) 制定区角活动规则的方法

1. 环境暗示法

环境暗示法即通过环境的创设,将规则蕴含在区角环境之中,通过环境来暗示幼儿规则。环境暗示法具有潜移默化的影响,能够让幼儿在不知不觉中遵守规则,养成规则意识和习惯。如用"小脚丫""插红花"的方式告诉幼儿标识用完了,就表示区角里的人就满了。

---

① 张晓辉,倪志明.幼儿园课程[M].北京:北京师范大学出版社,2012:165.

　　为了使幼儿遵守积木区的规则,教师在积木区入口处的地板上贴上几双小脚印,鞋跟朝向积木区的地毯(因幼儿进区时从容,出区时匆忙,这样放鞋方便穿着),而鞋印画得很有趣:将一双双摆放正确的鞋(左右脚正确)画成两个相向而笑的人脸,以提醒幼儿:当你的鞋放成一对好朋友姿势时,左右脚便不会穿错。这样鞋印不仅是积木区满额人数的标志,而且成了训练幼儿生活技能的"无言之师"。

2. 图示法

　　图示法即将规则设计成图案、图形或图表、符号形式,提示幼儿区角活动规则。如阅读区墙上的"安静"图示,美工区"请勿乱丢垃圾"的图示,还有用某些标记指示放置玩具或材料的地方等。见图8-6、8-7所示。②

图8-6　美工区的图示规则　　　　图8-7　建构区的图示规则

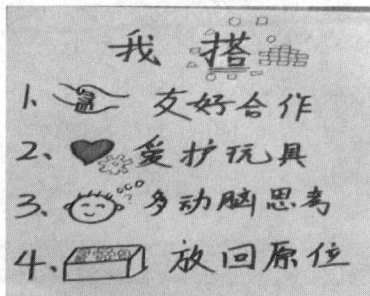

3. 提示法

　　提示法即教师或幼儿及时提醒幼儿遵守规则的方法。幼儿因为活动注意力集中,往往会遗忘规则,不能自控。这就需要教师及时提醒,或者其他幼儿及时提示帮助。

　　益智区的夹珠珠活动中,小朋友们都专注地玩着,嘟嘟也走进来参与了此活动,可没过一会儿就听见小朋友们你一言我一语:"嘟嘟,你不能用手抓,要用筷子夹。""我偏不!"嘟嘟满不在乎地说。"如果你再这样我们就不让你和我们一起玩。""老师说在夹珠珠时一定要用筷子夹,不能把珠子扔来扔去……""可是我不会。"只听嘟嘟说。"那我们来教你,你这么拿筷子,这么抓,你看我。""好吧!"嘟嘟笑着说:"你是我的小老师。"就这样,刚开始的争吵声消失了。

---

① 本案例来源于安徽池州市市直机关幼儿园。
② 图片由安徽池州市妇联实验幼儿园提供。
③ 张晓辉,倪志明.幼儿园课程[M].北京:北京师范大学出版社,2012:166.

第三节 区角活动的实施与指导

区角活动是幼儿的自主性活动,教师在区角活动中的作用与其他教育活动中的作用有所不同。当幼儿自主开展活动时,教师适时的指导也是至关重要的,有助于幼儿自主活动的顺利开展。

一、教师在区角活动中的角色地位

区角活动既不是休闲式娱乐,也不是功课式学习,它是幼儿自主性的作业活动、探索活动或游戏活动。因此,幼儿在区角活动中是真正的主人,教师在区角活动中的角色地位发生着一些变化,从教育活动的指挥者、调控者变成幼儿活动的观察者、支持者、合作者和引导者。

(一) 教师是区角环境的创设者和活动材料的提供者

让环境和材料说话是幼儿园区角活动的最大特点。在幼儿园区角活动中,教师要始终关注区角活动中幼儿对活动材料的选用以及与环境的互动,这反映了区角活动是否能够满足幼儿的兴趣需要和活动要求。教师需要不断地增减区角里的材料,让幼儿保持着区角的新鲜感和吸引力,持续地推动幼儿的区角活动的深入发展。

(1)教师是区角环境的创设者。教师和幼儿一起创设区角,教师规划区角,选择材料,装饰区角,和幼儿一起布置区角。幼儿和教师一起布置,可以让其对区角环境有所熟悉,能够激发其区角活动兴趣。

(2)教师是区角活动材料的提供者。教师要密切关注区角中材料的使用,了解区角材料哪些常用,哪些用得较少,哪些不常用。在此基础上,教师不断增减材料,用新材料增加区角活动的吸引力,保持区角环境的丰富性和变化性,不断促进幼儿的区角活动深入发展,增强幼儿区角活动的创造性。尤其需要避免的是,教师将区角布置好后一成不变,甚至一学期都保持一个样子,因为这样的区角很难激发幼儿的区角活动的自主性。

(二) 教师是幼儿区角活动的合作者

在幼儿园区角创设活动中,教师应该和幼儿一起来创设和布置区角,合作完成区角环境的创设和材料的摆放,这也有利于幼儿养成收拾整理玩具材料的好习惯。在材料的投放上,教师对投放的每一件材料都要亲自去玩、去摆弄,这样才能体验材料的玩法和难易程度。同时,在幼儿开展区角活动过程中,教师也要常常与幼儿一起活动,引导幼儿的活动开展和发展,与幼儿交流活动的感受与心得,鼓励幼儿克服困难,获得成功。当幼儿活动中的问题一时无法自行解决时,教师便可以合作伙伴的身份加入活动,与幼儿共同探讨,通过研究引导幼儿解决问题,促进幼儿的成长。

教师与幼儿合作活动,应更多地以支持者、引导者的角色出现。当幼儿遇到问题时,教师可以参与其中,共同活动,但要以一个"未知者"的身份参与,要和幼儿一起思考,可以作恰当的提醒,引导幼儿自己解决问题。教师切忌包办代替,代替幼儿解决问题,这样会阻碍幼儿的探索活动,妨碍幼儿问题解决能力的提高,也会养成幼儿不爱思考、依赖别人的惰性和习惯。

当幼儿在区角活动中兴趣减弱或转移时,教师可以以玩伴的身份参与活动,观察幼儿的活动行为,了解清楚情况,采取针对性的措施,可以激发幼儿的活动兴趣。

(三) 教师是幼儿区角活动的观察者和记录者

幼儿的区角活动是幼儿的自主活动,教师在幼儿活动时,要对其进行观察指导。教师要以关怀、接纳、尊重的态度仔细观察幼儿的行为,耐心倾听,努力理解幼儿的想法和感受,验证自己对幼儿的解读,分析幼儿的活动行为,反思自己的教育行为。

教师在幼儿活动过程中,要积极关注所有幼儿的区角活动,同时对幼儿的活动行为作适当的记录。记录是一种良好的过程手段,是教师分析幼儿行为、反思自己的重要手段,也是记录与保存幼儿学习状态的主要材料,还是评价幼儿学习和发展的重要信息资料。因此,区角活动中,教师要以多种手段来记录幼儿的活动过程和活动成果,记录同时也是分享幼儿成果的一种重要方式。

教师对区角活动的观察,有全面观察,也有重点观察;有旁观式观察,也有参与式观察。教师的观察不在于全面系统,而在于关注活动中幼儿的活动兴趣、认知水平、个性表现和他们的规则意识如何。例如,教师以旁观者的身份去观察幼儿的活动时,既可以当听众,倾听幼儿之间的交流、感受;也可以当观众,察看幼儿的行为表现。教师在倾听与观察中,阅读幼儿,分析幼儿行为,既能锻炼教育直觉,又可反思教育行为。

(四) 教师是幼儿活动的支持者和协调者

在区角活动中,幼儿的活动难免会出现问题,其愿望难以自我实现,这时候就需要教师出现在孩子身边,支持幼儿的活动,鼓励幼儿大胆尝试,启发幼儿学会学习。

当幼儿在区角活动中出现人际矛盾时,教师应该利用自己的影响力进行协调,与幼儿平等对话与协商,帮助幼儿解决矛盾,促进幼儿和谐共处。

(五) 教师是幼儿区角活动成果的分享者

区角活动是幼儿的自主自由活动,孩子们往往沉浸在活动之中,乐此不疲,他们不断地探索和学习,获取成功,体验着成功的喜悦。正如陈鹤琴先生所说:幼儿有七好,其中就有一好是"好成功"。成功对于幼儿而言,不仅仅是喜悦,更是代表着他们的成长。所以,孩子们做好了一件事,往往就会邀请他人一起分享他的成功。当幼儿通过努力感到自己获得成功、有所收获时,教师应该为他祝贺,欣赏他的作品,宣传他的成果,一起分享他成功的喜悦。这既是对幼儿活动的承认,也是对幼儿活动的激励,还能够激发幼儿活动的兴趣和动力。

二、教师指导幼儿区角活动的策略

幼儿的区角活动是幼儿的自主性活动,但并不是说教师在幼儿区角活动时就无所事事。实则相反,教师在幼儿区角活动时,需要密切关注幼儿活动,适时介入幼儿活动,指导幼儿活动的顺利开展。

(一)帮助幼儿熟悉活动区角

在活动区角创设的初期,幼儿对区角活动尚无经验,区角内丰富的材料吸引着幼儿的关注,但同时幼儿又不清楚活动的内容和方法,与此同时就会出现打闹、争吵、无所事事的状态。在此教师要向幼儿介绍区角的内容、材料和使用方法,使幼儿积极有序地进入区角开展活动。

> **案例:教室的一幕①**
>
> 某教师利用暑期时间对班级环境重新布置,并划分许多区域活动供幼儿活动、开学第一天,区域内的环境和材料吸引着幼儿的眼球,教师看到幼儿对区域活动的兴趣点大大提升,于是决定开放所有的区域和材料,要幼儿尽兴地玩,但现场秩序顿时混乱:"这是我的""你玩那个"……原有的安静被争吵声、玩具摔打声、哭声所掩盖,教师不知所措。

为避免上述案例中的现象发生,保证活动的有效和有序,教师应逐步开放区角,介绍一个区,开放一个区;除此之外,对于幼儿熟悉的区角,当投入新材料、新工具时,也要遵循此方法进行。

教师要通过正式或暗示的方式,帮助幼儿熟悉区角及其活动,需要幼儿熟悉区角的环境、区角容纳的人数、区角的材料及玩具、区角活动的规则等,使幼儿能够顺利开展区角活动。

(二)观察分析幼儿的区角活动

教师观察幼儿的区域活动,一方面获得各个活动区活动的现状和改善的信息,另一方面通过观察更好地发现幼儿、了解幼儿,为有效地指导幼儿奠定基础。教师观察幼儿区角活动,主要应该关注以下两个方面。

---

① 张晓辉,倪志明.幼儿园课程[M].北京:北京师范大学出版社,2012:167.

1. 活动区角本身的状况①

（1）各个区角的使用频率。观察幼儿是否经常进入某区角，进入后是否能持续活动一段时间，以了解当前区角设置是否符合幼儿的兴趣和需要，并及时调整。

（2）活动材料的数量和难易程度。材料太易或太难都不能吸引幼儿的兴趣，教师应以此来考虑材料的投放或变换问题。

（3）幼儿间的冲突是否受环境的影响。如区角过于窄小，而允许入区的人数过多；某种材料过少，而需要者太多……诸如此类的问题就需要通过对区角环境的改造来解决。

（4）事故与环境的关系。虽然在环境布置时，教师已充分考虑安全问题，但凡事不可能万无一失，一旦发现"事故"，应立即排除，属幼儿方面的，则应加强教育。

2. 了解幼儿的活动状况，重点观察以下方面

（1）幼儿的兴趣。看他们经常选择哪些区角和活动材料，经常从事什么活动。

（2）幼儿活动参与程度。观察幼儿对区角的选择以及进入区角活动的表现。

（3）幼儿的社交水平。幼儿在区角里经常是一个人玩，还是与人合作？他怎么表达自己的请求和愿望？会不会与同伴轮流分享？不同的表现反映出幼儿不同的社会性水平、交往能力、性格特征。

（4）幼儿的认知发展水平。通过观察幼儿的学习、操作和交流活动，据此判断幼儿的认知发展水平。

（5）幼儿遵守规则情况。目的在于了解幼儿的规则意识、任务意识和自我控制能力。

案例：益智区活动的观察与省思②

观察记录：

我最近观察发现，早上自由活动时，益智区是幼儿人数最多的区域。在 8：30 的户外探游时间之前，大多数的幼儿均在益智区玩。以今天的自由活动而言，已经来园的 22 位幼儿中就有 18 位在益智区活动。

省思探究：

我认为幼儿喜欢在益智区玩有以下的原因：

（1）近日老师们陆续说明各种玩具（教具）的玩法，幼儿除了能以自己先前探索的方式来玩之外，更增加了不同的玩法，他们或许觉得更为新奇有趣。

（2）益智区的玩具在不限定固定的玩法下，可单独玩也可群体玩，不论在人数或玩法上都有弹性。

（3）每一种玩具都用一个篮子装放，不论是拿取或收拾归位都很方便。相对地，积木区、娃娃区要花较多时间收拾。在益智区真正用来玩的时间明显比其他学习区更为完整。

---

① 冯晓霞.幼儿园课程[M].北京:北京师范大学出版社,2000:270.

② 廖信达.幼儿游戏[M].台北:群英出版社,2011:7—11.

（三）指导幼儿区角活动

区角活动尽管是幼儿感兴趣的活动，但幼儿活动的开展需要教师的指导，特别是幼儿在活动中遇到困难和问题时，教师恰当而有效的介入能够激发幼儿的活动兴趣，深化幼儿的活动，解决他们的问题，促进幼儿的发展。

1. 激发幼儿区角活动的兴趣

教师和幼儿布置好区角，投放好材料，创设好区角环境，这就会引起幼儿的兴趣。但幼儿的兴趣和需要是不同的，有的幼儿对某些区角活动不感兴趣时，教师就要介入幼儿活动，引导幼儿参与多种区角活动，以促进幼儿多方面的发展。

> **案例：美工区里的故事**
>
> 　　这段时间班上几个男孩对插枪特别感兴趣。只要有空，就立即跑进操作区用积塑粒拼插起来，对其他区域的材料，尤其是美工区用来折叠的纸张理也不理。而教师投放这些纸张的主要目的，是希望孩子们在折纸的过程中潜移默化地获得有关几何图形的变化、组合、等分等数学方面的直接经验，这是积塑拼插所不能代替的。怎么办呢？王老师冥思苦想，想到了一条妙计。下班后，她精心用纸折了一把手枪。
>
> 　　第二天，当那几个男孩又在津津有味地用积塑材料插枪的时候，王老师走到操作区，观察孩子们的活动。一会儿，她突然一下亮出了自己的"秘密武器"。孩子们一下子就被这只漂亮的"纸枪"吸引过来。"啊！这么棒的枪王老师让我玩一会儿。""不行，我只有一把枪，你们那么多人，不够分，再说我自己也要玩呀！"怎么办？几个孩子的胃口被吊得高高的："老师，你教我们做好不好？""好啊，想学吗？可是有点难啊！""想！难点也没关系。"简直是异口同声……
>
> 　　于是，孩子们跟着王老师一起心甘情愿地来到了曾经冷冷清清的美工区，全神贯注地投入了折纸活动中。

上述案例中的几个小男孩这段时间对美工区不感兴趣，而总在建构区活动。教师通过仔细观察幼儿的区角活动，利用幼儿感兴趣的事物（枪），将幼儿引导到美工区，让他们在美工区开展活动，制作他们感兴趣的"枪"。这有助于促进幼儿美工活动的兴趣和多方面的发展。

2. 介入指导幼儿活动

介入指导幼儿区角活动，是指教师介入到幼儿的区角活动之中，运用语言或动作指导幼儿的活动，引导幼儿思考与改变，帮助幼儿解决活动问题。这种方式也叫"介入式指导"。

案例:"娃娃家"活动的干预①

有几位幼儿在"娃娃家"玩,魏小美、李小芬站在面对着墙的桌前,各自假装煮东西,彼此并没有进一步的互动,如此持续了几分钟。

魏小美(面对着墙):"好吃的面,有谁要面吃?"(持续了一会儿,附近的幼儿并没有人回应)

老师:"魏妈妈,你要不要站在那边(背对着墙)?客人才看得到你。"(老师轻拉着魏小美的手转身走到墙边)

魏小美:"有谁要吃面?"

两位幼儿走过来,点了几种要吃的面。李小芬并未加入游戏,只是自己煮东西。

老师:"李妈妈,我看魏妈妈很忙耶,客人等很久了,你要不要帮忙一下?"

李小芬:"好啊……来,这是豆瓣面。"(把面交给客人)

魏小美:"还有牛肉面。"

上述案例中,教师观察到幼儿游戏的品质不高,游戏出现了难以为继的情况时,就果断介入,指导幼儿的活动,帮助幼儿掌握游戏方法,提高了游戏活动的成功率,也推动了幼儿游戏活动的持续发展。在介入指导中,教师以平行者身份,协助支持幼儿的游戏,而并没有介入幼儿的游戏活动之中,这样为幼儿的游戏活动创造了宽松的氛围,推动了幼儿之间的互动合作,启发了幼儿游戏的创造性行为。

3. 平行指导幼儿活动

平行指导是指教师不介入幼儿活动,在幼儿活动之外,利用语言和行为指导幼儿区角活动的方式。它是一种外在干预的指导方式。当幼儿的区角活动出现问题和难以为继时,教师利用自身的角色,在区角活动现场以间接的指导方式来影响幼儿的活动,促进幼儿活动的发展。

案例:"积木区"活动的示范指导

小班幼儿明明在积木区运用大小不同的积木搭建小木塔,可他搭了一会儿,木塔就垮塌了。他接着又尝试搭建一座新木塔,可又倒了。小明生气了,嘴里叽里咕噜个不停,眼泪都快流下来了。华老师在旁看着,明白小明搭塔失败的原因,是因为他将一些小积木放在了下面,大积木搭在了上面,头重脚轻,塔就塌了。华老师没直接说,而是坐到小明身边,也搭起一座小塔来。华老师边搭边自言自语:"小塔、小塔,搭起来;大积木,下面摆,小积木,上面垒;一摞一摞搭起来。"小明看着老师搭起来一座高塔,屹立不倒,拍手叫好。随后学着华老师的方法,小明也搭起来。结果他搭起了一座高高的木塔,小明高兴极了。华老师拉起小明的小手,和他一起拍手叫好。

---

① 廖信达.幼儿游戏[M].台北:群英出版社,2011:8—18.

上述案例中,华老师看见小明搭积木有问题,她并没有去直接干预,用语言指导小明,而是通过自己身体力行的示范作用,成功搭建木塔,让小明自己观察并理解,帮助小明解决了问题。通过示范行为,小明学会了木塔搭建的方式方法,也成功地搭建起了高高的木塔。这种指导方式也被称为"平行式指导"。

4. 参与式指导幼儿活动

区角活动多是一些合作性活动,教师在指导幼儿的区角活动时,可以以参与者的身份与幼儿一起活动,配合幼儿的自主活动,逐步引导并促进幼儿活动。这种参与式指导方式既尊重了幼儿自主活动的主控性,也相信幼儿自身的活动价值和活动能力,还能够在需要时指导幼儿的活动发展。在高品质的团体活动中,这种指导尤为重要,在适当的时机介入参与幼儿的活动,能够促进幼儿活动的持续性,对幼儿活动的品质提升也具有重要的影响。

> **案例:"娃娃家"里的"卖鞋子"游戏①**
>
> 两位幼儿在"娃娃家"摆放了几双鞋子,另有三位幼儿在一旁游戏。
>
> 幼儿甲:"来哟,来买美丽又便宜的鞋子哟!"
>
> 幼儿乙:"很便宜,一双只要一百元,不买你会后悔!"(其他三位幼儿并未回应幼儿甲、乙)
>
> 幼儿甲对在旁观看的老师说:"这位小姐,你想要买鞋子吗?"
>
> 老师:"是啊,我想买一双鞋子。"
>
> 幼儿乙:"你看这些鞋子,很好看的鞋子。"
>
> 老师:"真的很漂亮!"
>
> 幼儿甲:"你可以试穿看看,穿起来很舒服。"
>
> 老师(试穿鞋子):"穿起来有点太紧,你们还有其他的鞋子吗?"
>
> 幼儿甲:"你可以试试这一双(拿起另一双鞋交给老师),穿起来很舒服的!"
>
> 老师试穿后点头说:"我喜欢这一双,但是要怎样把鞋子弄得亮一点?"
>
> 幼儿乙:"等一下,我先用这个帮你擦亮。"(拿起鞋子,并用一块积木假装鞋油在鞋子上擦拭)
>
> 老师:"我要给你们多少钱?"
>
> 幼儿甲:"只要一百元。"

伍德等人指出,共同游戏中的教师常以三种语言行动参与幼儿的游戏,分别是:①询问信息;②要求指导;③回应幼儿的谈话或行动。这个案例中的教师就是采用了这三种方式给予了幼儿游戏的指导,并促进了幼儿的游戏。具体来看:

---

① 廖信达.幼儿游戏[M].台北:群英出版社,2011:8—14.

① 询问信息:"你们还有其他的鞋子吗?""我要给你们多少钱?"等。

② 要求指导:"但是要怎样把鞋子弄得亮一点?"

③ 回应幼儿的谈话或行动:"是啊,我想买一双鞋子""真的很漂亮!"或根据幼儿的指示试穿鞋子等。

教师在参与式指导幼儿的区角活动时,切忌包办代替,主动帮助幼儿活动,或直接教给幼儿活动方法。这样的指导尽管解决了幼儿的问题,但无益于幼儿的学习与发展,特别是不尊重幼儿区角活动的自主性,抑制了幼儿活动的主动性和创造性,不利于幼儿克服困难、自己解决问题能力的提高。

思考与练习

1. 什么是幼儿园区角? 幼儿的区角活动是什么? 有什么特点?

2. 幼儿园常见的区角有哪些? 各有什么功能与作用?

3. 幼儿园区角的空间如何布置?

4. 教师在幼儿的区角活动中起什么作用?

5. 教师如何指导幼儿的区角活动?

附录：幼儿园常见区角案例精选

图 8-7 种植养殖区

图 8-8 自然角

图 8-9 玩水区

图 8-10 玩沙区

图 8-11 益智区

图 8-12 音乐表演区

图 8-13　美工区

图 8-14　图书阅读区

图 8-15　积木区

图 8-16　科学区

图 8-17　娃娃家

图 8-18　角色表演区（医院）